季羡林文丛
图文珍藏版

季羡林 漫谈教书治学

季羡林 著
胡光利 梁志刚 编

沈阳出版社

图书在版编目(CIP)数据

季羡林漫谈教书治学 / 季羡林著；胡光利，梁志刚编.
—沈阳：沈阳出版社，2015.5
(季羡林文丛：图文珍藏版)
ISBN 978-7-5441-6639-3

Ⅰ. ①季… Ⅱ. ①季… ②胡… ③梁… Ⅲ. ①读书方法—文集 ②治学方法—文集 Ⅳ. ①G792-53②G795-53

中国版本图书馆 CIP 数据核字(2015)第 112697 号

出 版 者：沈阳出版社
（地址：沈阳市沈河区南翰林路 10 号　邮编：110011）
网　　址：http://www.sycbs.com
印 刷 者：辽宁泰阳广告彩色印刷有限公司
发 行 者：沈阳出版社
幅面尺寸：165mm×240mm
印　　张：21.875
字　　数：302 千字
出版时间：2016 年 1 月第 1 版
印刷时间：2016 年 1 月第 1 次印刷
责任编辑：沈晓辉
封面设计：Amber Design 琥珀视觉
版式设计：沈晓辉
责任校对：日　光
责任监印：杨　旭

书　　号：ISBN 978-7-5441-6639-3
定　　价：38.00 元

联系电话：024-24112447　024-62564922
E-mail：sy24112447@163.com

出版前言

我为季羡林先生做责任编辑

这是我第二次为季羡林先生做责任编辑。第一次为他做责任编辑是在十四年前，我有幸走近季老，从而走进他的世界。

作为图书编辑，能够出版东方语言文学大师季羡林的著作，为他的书做责任编辑，既是梦寐以求的事，也是不敢奢望的事。当这个机会降临时，我不知是在梦里还是在现实中。那是 2001 年 8 月，我和季老的两名学生如约去了他家，准备向他约《季羡林文丛》五卷本书稿。

季老的家在北大朗润园 13 号公寓，是一套很普通的三室单元房。第一次有机会近距离接触被国人高山仰止的伟大学者，我有些诚惶诚恐。只有真正和季老面对面，我才真切地感受到了他的朴素、随和，甚至几分幽默。就像平日里我们遇见的某一位和蔼、普通的老人，外表没有一丝“留德十年”的痕迹。季老衣着朴素，一身灰白色棉布衣。难怪在北大校园里经常会被人看成是学校的老工人，不止一次被报到的新生喊住，被看行李。而季老每次都原地不动地替新生看守好行李，一看就是一两个小时。季老很清瘦，虽然年过九旬，却精神矍铄，脸上泛着慈祥的笑容，说话一口山东腔，说洋文却不带口音。我先做了自我介绍，并呈上名片。季老认真地看了名片，然后放进上衣口袋。这时他幽默地说：我没有名片，头衔太多，二百多个，名片根本装不下……这番话，立刻让我全无初次见面的拘谨，话题便就此展开。我首先向季老汇报了我们沈阳出版社的选题方向和近年来的发展成绩，并表达了希望出版五卷本《季羡林文丛》的诚挚愿望。他对我们社的出版理念和求实精神给予充分肯定，欣然同意授权我们出版该套文丛。

当时，我们策划编纂的《季羡林文丛》，旨在对季老那些深受学者和读者欢迎的文章进行一次较为完整的梳理，并收录成册，共包括五卷：《感悟人生》《散文精粹》《学问之道》《耄耋新作》《修身与治学》。我在向季老汇报丛书的框架和结构体例时，他提出了指导意见，并强调了编选原则：首先，他不赞成出那种这里选几篇、那里选几篇拼凑而成的集子，因为那样做，重复总会难免，是对读者不负责任的表现；第二，要坚持高标准，一定要选录能够打动读者心灵的文章；第三，内容要有新意，宁缺毋滥；第四，编校质量要高标准。他说，他最反对书中错字连篇；还说，写作中他会经常查字典，并不以为有失身份，因为汉字太博大精深了。我当即向季老承诺，这套丛书的结构体例和整体设计一定会有特点和新意；编校质量一定会按照国家标准加以规范。季老的思路非常清晰，也十分健谈，言谈中可以深切地感受到他对我们出版人以及中国出版业的关切与期望。这些细节，勾勒出一位睿智、严谨、淡泊的季老。

汇报完毕，我们提出希望和季老合影留念，他答应了我们的请求。和季老合影时，不知道为什么，我非常希望和他靠得近些，更近些。我知道，季老那时是孤独的，几位亲人在几年里相继走向那阴阳相隔、永不回头的彼岸；唯一的儿子亦不在身边。也许是希望更加深切地感受大师的心灵，也许是想把内心的温暖传递给他，也许是两者都有吧。

在季老家聊了近两个小时，即将告辞之际，季老提出要送给我他的新作《千禧文存》和《三真之境》，我惊喜万分，不失时机地询问季老可不可以给我签名留念，他欣然答应。于是，秘书拿来书和笔。让我惊奇的是，季老并没有重新去翻检我的名片核对我的名字，而是直接在两本书的扉页上分别写下了“沈晓辉女士 季羡林 2001. 8. 20”。我十分惊讶于季老超凡的记忆力，当时，他毕竟已年过九旬了！我想，这也该是大师的超人之处吧！此后，这两部签名本一直珍藏在我的书柜里，这是季老留在我记忆中的一个注脚。

季老精通十二国语言，在语言学、历史学、佛教学等方面都有很深的造诣，是佛教梵文、中印古文化关系史和印度佛教史等研究领域的开辟者，中国东方学研究的一代宗师，至今无人可望其项背。与季羡林、金克木合称为“燕园三老”的张中行先生曾评价季老：“一身而具有三种难能：一是学问精深，二是为人朴厚，三是有深情。”对此，在文丛的编辑过程中我深有体会。季老的精神和情感跃然纸上，虽为一代宗师，学贯中西，可文章并不艰深晦涩，内容非常亲切，文字深入浅出，深于情，明于理。徜徉在季老的文字中，我常常会忘记是在工作，更多的时候，会不自觉地以一名读者的身份拜读文稿，每每为季老博大精深的学术成就和仁爱之心所感动。正是他的博学和中国气派，让他的文字源远流长。

不能忘怀的还有，在这套文丛的出版过程中，后来我又两次去了季老家，向他汇报出版大纲、结构体例以及出版进度等。与此同时，我还向季老请教过一些问题，比如：书稿内容的主次关系和取舍，某个异形词的正确使用，一些字的过去和现在的用法，还有梵文的排法等，季老都引经据典一一作答，并对我的务实求真态度给予充分肯定。文丛正式出版后，我将样书寄给了季老，后来他的秘书在电话里告诉我，季老对编校质量十分满意，说，至少目前还没有发现什么硬伤。对我再予鼓励。

教诲何尝不是营养！正是通过那次为季老编书，耳濡目染、言传身教，让我受益良多，从而对文字常怀敬畏之心。在日后的编辑工作中，我也会像季老那样经常查阅辞典，考证一字一词的用法和源流，反复推敲和打磨、一丝不苟。我明白，编辑终究是为他人作嫁衣的神圣职业，出版好书，奉献给今天和后世的读者，实现当代中国文化真正的繁荣，是编辑的神圣使命，是我今生的功课。

毕竟我与季老因书结下了不解之缘，我偏得了他如此之多的惠泽，在大家眼里，我成了天之骄子。每当媒体有季老的信息，亲朋好友都会从或近或远的地方，甚至从国外打来电话、发来信息提示我，生怕被我错过；多年来，我亲爱的父母会把家中订阅的报刊中任何有关季老的文章和消息如数为我留存。而我，通过为季老做责任编辑，字里行间的精神滋养，早已浸润进了魂魄。

此情可待成追忆。千山万水，原来你不在这里；万水千山，原来你也在这里。在2015年中，有近半年的时间我都在编辑季老的这新一套四卷本《季羡林文丛 图文珍藏版》。又一次在精神层面上与季老相逢，我常常试图从字里行间窥见往事，也因回忆过于壅塞而几度停了下来。现在，在它即将付梓的时候，距离第一次给季老做责任编辑，倏忽已十四个寒暑，季老辞世已悠悠六载。感慨万千之际，我想起了范仲淹在《严先生祠堂记》中的那句话："云山苍苍，江水泱泱，先生之风，山高水长。"生命的真谛，不在于带走什么，而在于留下什么。我希望季老的这新一套文丛同样能够为广大读者所喜爱；我愿意再次同广大读者共同分享这精神的盛宴；也希望季老的为人和为文能够成为国人的精神引领，作为一笔宝贵而巨大的精神财富，鼓舞生者，鞭策来人。

今生有幸为季羡林先生做责任编辑，让我的编辑生涯熠熠生辉。我无比珍爱"编辑"这一称谓。

这是我第二次为季羡林先生做责任编辑，接下来还会有第三次。我期待。

季羡林先生的精神活在他的文字里，活在他的读者心中，从来不曾离去。我相信。

沈晓辉

2015年12月12日

序言

过去几十年里，在中国最为杰出学人当中，如果说季羡林先生知名度最高，或不为过。然而，大多数人知道他，敬仰他，不是通过他的学术论著，而是通过他的散文和回忆、传记类文字，也是共知的事实。原因很简单，那就是，季先生的学问属于小众，且其中若干，又是名副其实的绝学，连小众之中也几乎无人能窥端绪。不过，先生终其一生都以学术研究为职志，探微发覆，从无倦时。他的具有永久意义的成就，无疑也在学术范围之内。因此，可以说，要想真正了解季先生，最好还是尽量接近他的学问，否则终究是雾中看花，难得真切。应该承认，接近他的学问本身是困难的。但是，倘若能够明白季先生的学问到底是怎样做成的，对于深入了解和认识他，却也不失为现实的门径。现在好了，摆在读者面前的这一套《季羡林文丛 图文珍藏版》就为我们提供了这样的门径。它用季先生自己的文字，讲述他的求学道路，追溯他的学术传承，概括他的研究范围，阐释他的治学方法。对于深入了解作为学者的季先生，进而认识他的学术，这套文丛会有很大帮助。

书成值得祝贺，编订者梁志刚和胡光利其功莫大。不料两位学兄却以曾经受学于季羡林先生为由，向我索序一篇，使我一时惶恐莫名。写序我没有资格，原不待言。然而梁、胡二位，一曾久仰，一为故交，执意固辞，拂其美意，毕竟非我所敢为。因此虽曾数萌退意，还是渐渐明白，除去应命，并无选择。实际上，对季先生的学问，我始终徘徊在门外，尽管有一窥堂庑之愿，但苦无学力支撑，到底难知究竟。这样，我能做的，便只有在学问之外，就他的治学态度中我所见到的，谈些感受了。

季先生的研究范围非常广泛，但他的爱好和倾向也很明显。在学问所谓义理、考据、辞章之中，季先生特重考据而不好义理。这是他明确表示了的。他认为哲学最能代表义理，曾说有一百个哲学家，就有一百种理论。言辞之间，颇有敬而远之之意。他“喜欢实打实，摸得着，看得见的东西”，而对于坐论玄谈，不感兴趣。他的这一倾向，或与他最佩服的老师陈寅恪有关。陈先生为学偏好考据而不喜玄学，对此俞大维先生在他纪念陈先生的讲演中，曾经多次提及。季先生的另一位老师汤用彤也是考据大师。只要读过他的《汉魏两晋南北朝佛教史》、《隋唐佛教史稿》等，都会有此印象。此外，季先生在德国的老师，如 E. Sieg、E. Waldschmidt，也都是举世闻名的考据大家。所有这些大学问家，季先生皆感佩其人而服膺其学，自己则“一生小心翼翼地跟在他们后面行走”。

考据所务，在求实证。而在作为实证的材料中，季先生又以选择和利用语言材料最擅胜场。这无疑与他精晓多种东西古今语言，对语言现象特别敏感，因而也特别关注有关。他认为，语言材料能够为科学推论提供坚实可靠的基础，其有效性无可怀疑，只要运用恰当，在结论的判定上，常可收一锤定音之效。借助对于语言材料的辨析考证，季先生确定了纸和造纸技术从中国传入印度的途径和时间、蚕丝从中国传入印度的时间，以及唐代中国人向印度学习制糖技术的具体情况。至于季先生如何让不同语言的语词告诉我们上述结论，有兴趣的读者可以阅读他的《浮屠与佛》、《中国纸及造纸法传入印度的时间和地点问题》、《中国蚕丝输入印度问题的初步研究》和《蔗糖史》所附的论文《一张有关印度制糖法传入中国的敦煌残卷》等。后文所指的残卷曾在数十年间辗转于多位学者之手，但格于关键难词，始终无人读通。季先生冥思苦想后悟出卷中“煞割令”一词乃古代文献屡屡提及的西极石蜜——一种高品质糖——的梵字音译。症结遂告化除，残卷所述制糖流程的全部内容也便通解无碍。这份残卷的解读，是季先生利用语言知识解决学术问题的典型实例。

典据翔实，考订详赡，是季先生论著的明显特点。在季先生尊为恩师的学者中，胡适先生是十分重要的一位。他对于胡适无征不信，有一分证据说一分话的主张，无疑是完全接受的。而他自己，则似乎犹嫌不足，乃至不辞就三分证据求一分话说。季先生在搜求证据上所下的功夫有时是我们难以想象的。即以《蔗糖史》的撰写为例，该书前后断续用去了季先生 17 年，其中 1993 年和 1994 年更是完全用于在北大图书馆内查阅典籍，收集资料，除周日外，“风雨无阻，寒暑不辍”。他所使用的资料，除一切近人的有关论著以外，还有中国古代的正史、杂史、辞书、类书、科技书、农书、炼糖专著、本草和医书、包括僧传及音义在内的佛典、敦煌卷子、诗文集、方志、笔记、报纸、中外游记、地理著作、私人日记、各种杂著、外国药典、古代语文（梵文、巴利文、吐火罗文）以及英、德等西语文献。类别几乎无所不包，数量可称汗牛充栋。古今典籍中凡他认为可资利用的，务必千方百计找来读过，穷搜极讨，尔后心安。经他翻检的图书，总计不下几十万页，每有所得，“便欣喜如获至宝”；而枯坐半日，终无所获，则同样可能。每遇此时，便只好“嗒然拖着疲惫的双腿，走回家来”。这就是季先生的研究方法和研究态度，以及他在研究过程中的情感历程。若问季先生的学术道路，此番景象，就是写照。

正因为掌握资料周备，准备工作充足，而论列遣词谋篇，亦已思考成熟，所以论著无论长短，一旦命笔，常能一气呵成。我读过他的《蔗糖史·国际篇》手稿。稿面极其整洁，40万字不见任何涂改痕迹，且逻辑、文字，均极畅达，可见写时已经成竹在胸，故才思泉涌，连绵不绝，一路演绎敷陈，得如行云流水。

季先生给我们留下了大量珍贵的学术遗产。他的学术活动对我们的启发也是多方面的。面对《吐火罗文〈弥勒会见记〉译释》和《蔗糖史》这样的不朽之作，仰望之余，浮现脑际的常常是汉武所谓“盖有非常之功，必待非常之人”。在我看来，季先生是非常的，在很多方面非常。而在这些非常之中，最为突出、对于我们最有启发意义的，是非常勤奋；或者还应加上超乎常人的毅力和献身精神。因此，读先生的论著，我们尽可以享受他淹雅流泻的文字，咀嚼文字揭示的道理，却切不可忘记那背后隐藏着的无限劳苦和艰辛。季先生的学问，虽然只有识者能够研究，但是他对待学问的态度，却是我们常人能够了解，可以学习的。季羡林先生天资卓异，且命途亦属平坦，不乏机遇，但他仍然毫不犹豫地把他的事业交给了勤奋。唯勤苦坚韧者可得天酬，我想这就是季先生以他不倦的学术实践向我们启示的人生真理。

葛维钧

2015年6月

目 录
CONTENTS

校风培养和师资队伍建设

新时期教育战线面临的任务

文理结合

文化交流

弘扬国学

五十年教书治学风雨路

1946～1949 年

1946 年从德国回国后，季羡林任北京大学教授，主持创办东方语言文学系，并任系主任长达四十年。

我于 1945 年秋，在待了整整十年之后，从哥廷根到了瑞士，等候机会回国；在瑞士 Fribourg 住了几个月，于 1946 年春夏之交，经法国马塞和越南西贡，又经香港，回到祖国。先在上海和南京住了一个夏天和半个秋天。当时解放战争正在激烈进行，津浦铁路中断，我有家难归。当时我已经由恩师陈寅恪先生介绍，北大校长胡适之先生、代理校长傅斯年先生和文学院院长汤锡予（用彤）先生接受，来北大任教。在上海和南京住的时候，我一点收入都没有。我在上海卖了一块从瑞士带回来的自动化的 OMEGA 金表。这在当时国内是十分珍贵、万分难得的宝物。但因为受了点骗，只卖了十两黄金。我将此钱的一部分换成了法币，寄回济南家中。家中经济早已破产，靠摆小摊，卖炒花生、香烟、最便宜的糖果之类的东西，勉强糊口。对于此事，我内疚于心久矣。只是阻于战火，被困异域。家中盼我归来，如大旱之望云霓。现在终于历尽千辛万苦回来了，我焉能不首先想到家庭！家中的双亲——叔父和婶母，妻、儿正在嗷嗷待哺哩。剩下的金子就供我在南京和上海吃饭之用。住宿，在上海是睡在克家家中的榻榻米上；

1946年，胡适就任北京大学校长。

在南京是睡在长之国立编译馆的办公桌上，白天在台城、玄武湖等处游荡。我出不起旅馆费，我还没有上任，根本拿不到工资。

在这样的情况下，我无书可读，无处可读。我是多么盼望能够有一张哪怕是极其简陋的书桌啊！除了写过几篇短文外，一个夏天，一事无成。一个人的生命是有限的。古人说："一寸光阴一寸金，寸金难买寸光阴。"我自己常常说，浪费时间，等于自杀。然而，我处在那种环境下，又有什么办法呢？我真成了"坐宫"中的杨四郎。

我于1946年深秋从上海乘船北上，先到秦皇岛，再转火车，到了一别十一年的故都北京。从山海关到北京的铁路由美军武装守护，尚能通车。到车站去迎接我们的有阴法鲁教授等老朋友。汽车经过长安街，于时黄昏已过，路灯惨黄，落叶满地，一片凄凉。我想到了唐诗"落叶满长安"，这里的"长安"，指的是"长安城"，今天的"西安"。我的"长安"是北京东西长安街。游子归来，古城依旧，而岁月流逝，青春难再。心中思绪万端，悲喜交集。一转瞬间，却又感到仿佛自己昨天才离开这里。叹人生之无常，嗟命运之渺茫。过去十一年的海外经历，在脑海中层层涌现。我们终于到了北大的红楼。我暂时被安排在这里住下。

按北大当时的规定，国外归来的留学生，不管拿到什么学位，最高只能定为副教授。清华大学没有副教授这个职称，与之相当的是专任讲师。至少要等上几年，看你的教书成绩和学术水平，如够格，即升为正教授。我能进入北大，已感莫大光荣，焉敢再巴蛇吞象有什么非分之想！第二天，我以副教授的身份晋谒汤用彤先生。汤先生是佛学大师。他的那一部巨著《汉魏两晋南北朝佛教史》，集义理、辞章、考据于一体，蜚声宇内，至今仍是此道楷模，无能望其项背者。他的大名我仰之久矣。在我的想象中，他应该是一位面容清癯、身躯瘦长的老者；然而实际上却恰恰相反。他身着灰布长衫，圆口布鞋，面目祥和，严而不威，给我留下了十分深刻的印象。暗想在他领导下工作是一种幸福。过了至多一个星期，他告诉我，学校决定任我为正教授，兼文学院东方语言文学系的系主任。这实在是大大地出我意料。要说不高兴，那是过分矫情；要说自己感到真正够格，那也很难说。我感愧有加，觉得对我是一种鼓励。不管怎样，副教授时期之短，总可以算是一个记录吧。

汤用彤

思想斗争

我在这里讲的“思想斗争”，不是后来我们所理解的那一套废话，而是有关我的学术研究的。我曾多次提到，在印度学领域内，我的兴趣主要在印度古代及中世佛典梵文上，特别是在“混合梵文”上。上述我的博士论文以及我在哥廷根写的几篇论文可以为证。然而做这样的工作需要大量的专业的专著和杂志。哥廷根大学图书馆和梵文研究所图书室是具备这个条件的。在哥廷根十年，我写论文用了上千种专著和杂志，只有一次哥廷根缺书而不得不向普鲁士国家图书馆去借，可见其收藏之富。反观我国，虽然典籍之富甲天下，然而，谈到印度学的书刊，则几乎是一片沙漠。这个问题，我在离开欧洲时已经想到了。我的所谓“思想斗争”就是围绕着这个问题而开始萌动的。

我虽少无大志，但一旦由于天赐良机而决心走上学术研究的道路，就像是过河卒子，只能勇往向前，义无反顾。可是我要搞的工作，不是写诗，写小说，只要有灵感就行，我是需要资料的，而在当时来说，只有欧洲有。而我现在又必须回国，顾彼失此，顾此失彼，“我之进退，实为狼狈”。正像哈姆莱特一样，摆在我眼前的是：走呢，还是不走？That is a question。在激烈的思想斗争之余，想到祖国在灾难中，在空前的灾难中，我又是亲老、家贫、子幼。如果不回去，我就是一个毫无良心的、失掉了人性的人。如果回去，则我的学术前途将付诸东流。最后我想出了一个折中的方案：先接受由 G.Haloun 先生介绍的英国剑桥大学的聘约，等到回国后把家庭问题处理妥善了以后，再返回欧洲，从事我的学术研究。这实在是在万般无奈的情况下想出来的一个办法。

一回到祖国，特别是在 1947 年暑假乘飞机返回已经离开十二年的济南以后，看到了家庭中的真实情况，比我想象的还要严重得多，我立即忍痛决定，不再返回欧洲。我不是一个失掉天良的人，我为人子、为人夫、为人父的责任，必须承担起来。我写信给 Haloun 教授，告诉了他我的决定，他回信表示理解和惋惜。有关欧洲的“思想斗争”，就

北京东城区翠花胡同，1946～1952 年季羡林在此处的北大文科研究所宿舍居住。

这样结束了。

然而新的“思想斗争”又随之而起。我既然下定决心，终生从事研究工作，我的处境已如京剧戏言中所说的：“马行在夹道内，难以回马”。研究必有对象，可是我最心爱的对象印度古代混合梵文已经渺如海上三山，可望而不可即了。新的对象在哪里呢？我的兴趣一向驳杂，对好多学问，我都有兴趣。这更增加了选择的困难。只因有了困难，才产生了“思想斗争”。这个掂一掂，那个称一称，久久不能决定。我必须考虑两个条件：一个是不能离开印度，一个是国内现成的资料充足。离开了印度，则我十年所学都成了无用之物。资料不够充足，研究仍会遇到困难。我的考虑或者我的“思想斗争”，都必须围绕着这两个条件转。当时我初到一个新的环境中，对时间的珍惜远远比不上现在。“斗争”没有结果，就暂时先放一放吧。

终于找到了出路

当时北大文学院和法学院的办公室都在沙滩红楼后面的北楼。校长办公室则在孑民纪念堂前的东厢房内，西厢房是秘书长办公室。所谓“秘书长”，主要任务同今天的总务长差不多，处理全校的一切行政

沙滩北大红楼

北大文学院

事务。秘书长以外，还有一位教务长，主管全校的教学工作。没有什么副校长。全校有六个学院：文、理、法、农、工、医。这样庞大的机构，管理人员并不多，不像现在大学范围内有些嘴损的人所说的：校长一走廊，处长一讲堂，科长一操场。我无意宣扬旧时代有多少优点，但是，上面这个事实确实值得我们深思。

北大图书馆就在北楼前面，专门给了我一间研究室。我能够从书库中把我所用的书的一部分提出来，放在我的研究室中。我了解到，这都是出于文学院院长汤锡予先生和图书馆馆长毛子水先生的厚爱。现在我在日本和韩国还能见到这情况，中国的大学，至少是在北大，则是不见了。这样做，对一个教授的研究工作，有极大的方便。汤先生还特别指派了一个研究生马理女士做我的助手，帮我整理书籍。马理是已故北大国文系主任马裕藻教授的女儿，赫赫有名的马珏的妹妹。

北大图书馆藏书甲大学的天下。但是有关我那专门研究范围的书，却如凤毛麟角。全国第一大图书馆北京图书馆，比较起来，稍有优越之处；但是，除了并不完整的巴利文藏经和寥寥几本梵文书外，其他重要的梵文典籍一概不见。燕京大学图书馆是注意收藏东方典籍的。可是这情况是1952年院系调整后才知道的，新中国成立前，我毫无所知。即使燕大收藏印度古代典籍稍多，但是同欧洲和日本的图书馆比较起来，真如小巫见大巫，根本不可能同日而语。

在这样的情况下，我真如虎落平川、龙困沙滩，纵有一身武艺，却无用武之地。我虽对古代印度语言的研究恋恋难舍，却是一筹莫展。

我搞了一些翻译工作，翻译了马克思论印度的几篇论文，翻译了德国女作家安娜·西格斯的短篇小说。我还翻译了恩格斯的用英文写成的《英国工人阶级状况》，只完成了一本粗糙的译稿，后来由中共中央马列著作翻译局拿了去整理出版，收入《马克思恩格斯全集》中。这些工作都不是我真正兴趣之所在，不过略示一下我是一个闲不住的人而已。

这远远不能满足我那种闲不住的心情。当时的东方语言文学系，教员不过五人，学生人数更少。如果召开全系大会的话，在我那只有十几平方米的系主任办公室里就绰绰有余。我开了一班梵文，学生只有三人。其余的蒙文、藏文和阿拉伯文，一个学生也没有。我"政务"清闲，天天同一位系秘书在办公室里对面枯坐，既感到极不舒服，又感到百无聊赖。当时文学院中任何形式的会都没有，学校也差不多，有一个教授会，不过给大家提供见面闲聊的机会，一点作用也不起的。

汤用彤先生正开一门新课《魏晋玄学》。我对汤先生的道德文章极为仰慕。他的著作虽已读过，但是，我在清华从未听过他的课，极以为憾。何况魏晋玄学的研究，先生也是海内第一人。课堂就在三楼上，我当然不会放过。于是征求了汤先生的同意，我每堂必到。上课并没有讲义，他用口讲，我用笔记，而且尽量记得详细完整。他讲了一年，我一堂课也没有缺过。汤先生与胡适之先生不同，不是口若悬河的人。但是他讲得细密、周到，丝丝入扣，时有精辟的见解，如石破天惊，令人豁然开朗。我的笔记至今还保存着，只是"只在此室中，书深不知处"了。此外，我因为感到自己中国音韵学的知识欠缺，周祖谟先生适开此课，课堂也在三楼上，我也得到了周先生的同意去旁听。周先生比我年轻几岁，当时可能还不是正教授。别人觉得奇怪，我则处之泰然。一个系主任教授随班听课，北大恐尚未有过，但是，这有什么关系呢？能者为师。在学问上论资排辈，为我所不取。

然而我心中最大的疙瘩还没有解开：旧业搞不成了，我何去何从？在哥廷根大学汉学研究所图书室阅书时，因为觉得有兴趣，曾随手从《大藏经》中，从那一大套笔记丛刊中，抄录了一些有关中印关系史和德国人称之为"比较文学史"（Vergleichende Literaturgeschichte）的资料。当时我还并没有想毕生从事中印关系史和比较文学史的研究工作，虽然在下意识中觉得这件工作也是十分有意义的，非常值得去做的。回国以后，尽管中国图书馆中关于印度和比较文学史的书籍极为匮乏，但是中国典籍则浩瀚无量。倘若研究中印文化关系史和比较文学史，至少中国这一边的资料是取之不尽、用之不竭的，而且这个课题至少还同印度沾边，不致十年负笈，前功尽弃。我反复思考，掂斤播两，觉得这真是一个极为灵妙的主意。虽然我心中始终没有忘记印度古代语言的研究，但目前也只能顺应时势，有多大碗吃多少饭了。

我终于找到了出路。

出路的表现

对于一个搞学术研究的人来说，出路只能至少是主要表现在论文上。我检查了一下从 1946 年到 1949 年所写的文章，我必须根据论文实际写作的情况，来探寻我那出路的轨迹。有一点我必须首先在这里说明白。我现在写的是“学术自述”，而不是别的。什么叫“学术”？可能每个人都有自己的理解。我只能根据我自己的理解来决定去取。凡是文学创作，比如写点散文什么的，都不包括在内。连写一些杂文一类的东西，也不包括在内。

就根据这个标准，我把这四年的回忆依照时间顺序写在下面。

（下略——编者）

出路主流中的一个小漩涡《浮屠与佛》

初回到北京，我根本没有考虑吐火罗文的问题，我早已在思想上把它完全放弃了。我偶然读《胡适论学近著》，里面有谈到汉译“浮屠”与“佛”字谁先谁后的文章，而且与陈援庵（垣）先生关于这个问题有所争论，好像双方都动了点感情。这一下子引起了我的兴趣。我想到吐火罗文 ptāñkät 这个词，也写作 pättāñkät；这个词是由两部分或两个字组成的，前一半是 ptā 或 pättā，后一半是 ñkät。ñkät 是“神”，旧译“天”，ptā 或 pättā是梵文 Buddha 的吐火罗文写法。中国过去有些人总以为 Buddha 的音译是“浮屠”、“佛陀”等等，而“佛”字只是“佛陀”的省略。可是在中国古代汉译佛典中，“佛”字先出，而“佛陀”则后出，说前者不可能是后者的省略，毋宁说后者是前者的延伸。那么，“佛”字应该说首先出于吐火罗文的 pät，因为最初佛教并不是直接由印度传来的，而是通过月支的媒介。在这样的考虑下，我就写成了这一篇论文《浮屠与佛》。文中也不是没有困难。对应汉文“佛”字的应该是以浊音 b 开头，而不是清音 p。为此我还颇伤了一番脑筋，特别请周祖谟先生为我解决了这个问题。当时我眼界不宽，其实是“天下本无事，庸人自扰之”。到了几十年以后，这个问题才终于得到了圆满的解决，见下面回忆。

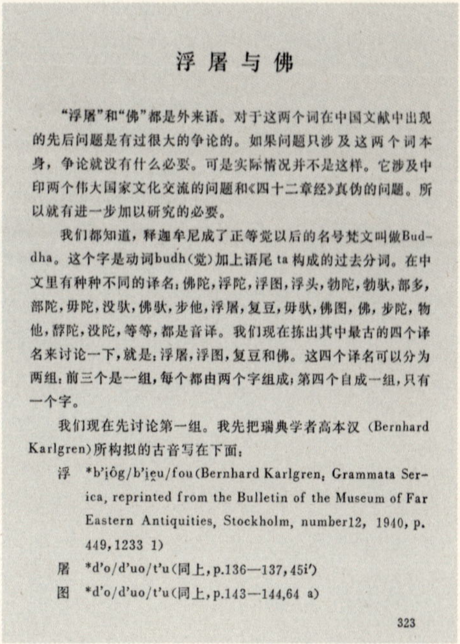
浮屠与佛

“浮屠”和“佛”都是外来语。对于这两个词在中国文献中出现的先后问题是有过很大的争论的。如果问题只涉及这两个词本身，争论就没有什么必要。可是实际情况并不是这样。它涉及中印两个伟大国家文化交流的问题和《四十二章经》真伪的问题。所以就有进一步加以研究的必要。

我们都知道，释迦牟尼成了正等觉以后的名号梵文叫做Buddha。这个字是动词budh（觉）加上语尾 ta 构成的过去分词。在中文里有种种不同的译名：佛陀，浮陀，浮图，浮头，勃陀，勃驮，部多，部陀，毋陀，没驮，佛驮，步他，浮屠，复豆，毋驮，佛图，佛，步陀，物他，馞陀，没陀，等等，都是音译。我们现在拣出其中最古的四个译名来讨论一下，就是：浮屠，浮图，复豆和佛。这四个译名可以分为两组：前三个是一组，每个都由两个字组成；第四个自成一组，只有一个字。

我们现在先讨论第一组。我先把瑞典学者高本汉（Bernhard Karlgren）所构拟的古音写在下面：

浮　*b'ịôg/b'ịə̯u/fou（Bernhard Karlgren，Grammata Serica, reprinted from the Bulletin of the Museum of Far Eastern Antiquities, Stockholm, number12, 1940, p. 449,1233 1）

屠　*d'o/d'uo/t'u（同上，p.136—137，45i'）

图　*d'o/d'uo/t'u（同上，p.143—144,64 a）

323

论文《浮屠与佛》

文章虽写了，我却并没有自信。乘到清华园晋谒陈寅恪师之便，向他读了一遍我的论文，他当时眼睛已完全失明。蒙他首肯，并推荐给了当时学术地位最高的中央研究院历史语言研究所集刊，发表在第二十本上。

1950～1956 年

陷入会议的漩涡中

1949 年迎来了解放。当时我同北大绝大多数的教授一样，眼前一下子充满了光明，心情振奋，无与伦比。我觉得，如果把自己的一生分为两段或者两部分的话，现在是新的一段的开始。当时我只有三十八岁，还算不上中年，涉世未深，幻想特多，接受新鲜事物，并无困难。

我本来是一个性格内向的人，最怕同人交际；又是一个上不得台面的人。在大庭广众中、在盛大的宴会或招待会中，处在衣装整洁、珠光宝气的男女社交家或什么交际花包围之中，浑身紧张，局促不安，恨不得找一个缝钻入地中。看见有一些人应对进退，如鱼得水，真让我羡煞。但是命运或者机遇却偏偏把我推到了行政工作的舞台上；又把我推进了社会活动的中心，甚至国际活动的领域。

人民政府一派人来接管北大，我就成了忙人。一方面处理系里的工作，有一段时间，由于国家外交需要东方语言的人才，东语系成为全校最大的系。教员人数增加了十倍，学生人数增加了二百多倍，由三四人扩涨到了八百人。我作为系主任，其工作之繁忙紧张，概可想见；另一方面，我又参加了教授会的筹备组织工作，并进一步参加了教职员联合会的筹备组织工作。看来党组织的意图是成立全校的工会。但是，到了筹建教职员联合会这个阶段遇到了巨大的阻力：北大工人反对同教职员联合。当时“工人阶级必须领导一切”的口号喊得震天价响。教职员被认为是资产阶级的，哪里能同工人平起平坐呢？这样一来，岂不是颠倒了领导者与被领导者的地位！这哪里能行！在工人们眼中，这样就是黄钟毁弃，瓦釜雷鸣，是绝对不行的。幸而我国当时的最高领导人之一及时发了话：“大学教授不是工人，而是工人阶级。”有了“上头的”指示，工人不敢再顶。北大工会终于成立起来了。我在这一段过程中是活跃分子。我担任过北大工会组织部长、秘书长、沙滩分会主席，出城以后又担任过工会主席。为此我在“文化大革命”中还多被批斗了许多次。这是对我非圣无德行为的惩罚，罪有应得，怪不得别人。此是后话，暂且不谈了。

当时北大常常请一些革命老前辈到沙滩民主广场来做报告，对我们进行教育。陈毅元帅就曾来过，受到全校师生极其热烈的欢迎。其次给我留下印象最深刻的是周扬同志的报告，记得不是在民主广场，而是在一个礼堂中。他极有风趣地说：“国民党的税多，共产党的会多。”他这一句话，从许多人口中都听到过，它确实反映了实际情况。一直到今天，半个世纪快要过去了，情况一点没有改变。有许多次领

当年的北大红楼民主广场

1951年6月1日，北大学生在民主广场欢迎较长马寅初。

导上号召精简会议，然而收效极微。暂时收敛，立即膨胀，成为一个极难治疗的顽症。

学校秩序还没有十分安定，中央领导立即决定，在全国范围内开展“三反”、“五反”、思想改造运动。

大家都知道，运动一来，首先就是开会；大会、小会、大会套小会，总而言之是会、会、会，会开得你筋疲力尽，一塌糊涂。在北大，在奉行极“左”路线的年代，思想改造，教授几乎是人人过关。自我检查，群众评议。这种自我检查，俗名叫“洗澡”。“洗澡”有“大盆”、“中盆”、“小盆”之别。校一级领导，以及少数同国民党关系比较亲密的教授们，自然必然是“大盆”。换言之，就是召开全校大会，向全校师生做自我检查。检查得深刻才能过关。深刻与否，全由群众决定。一次过不了关，再来第二次、第三次，一直检查到声泪俱下，打动了群众的心，这个“澡”才算洗完。有一位就在自己的检查稿上加上旁注：“哭！再哭!”成为一时的美谈。

我，作为一个知识分子，当然是“有罪”的。可惜罪孽还不够深重，地位也不够高，只能凑合着洗一个“中盆”。检查两次就通过了。我检查稿上没有注上“哭!”我也没有真哭，这样通过，算是顺利的了。

自己洗完了“澡”以后，真颇觉得神清气爽，心中极为振奋。我现在已经取得了资格，可以参加领导东语系的思想改造运动了；后来甚至于成了文、法两个学院的领导小组组长。秘书或副组长是法学院院长秘书余叔通同志，他曾是地下党员，是掌握实权的人物。这样一来，我当然更加忙碌了，表现出来就是开会越来越多了。白天开会，晚上开会，天天开会。

我真正陷入了会议的漩涡里了。

开了三四十年的会以后，我曾对人说过：我现在的专业是开会，专门化也是开会。可惜大学里没有开设“开会学”这一门课，如果开的话，我是最理想的主讲教授。我对开会真正下了工夫，费了时间。从上到下，从里到外，从大到小，从长到短，从校内到校外，从国内到国外，形式不同，内容各异，我都能应付裕如，如鱼在水，提其纲而挈其领，钩其要而探其玄，理论和实践，都达到了极高的水平。如果教委和国务院学位委员会批准建立“开会学”博士点，我相信，我将是第一个合格的“博导”。

（下略——编者）

批判的狂潮汹涌澎湃

当时流行最广也最有权威的说法是：马克思主义的本质是批判的，是斗争的。有人说：“与天斗，其乐无穷；与地斗，其乐无穷；与人斗，其乐无穷。”总而言之，斗，斗，斗，斗就是一切；批判是斗争的一种形式。有人连屁大一件小事也上纲到阶级斗争。虽然还没有像以后那样昭告天下：阶级斗争必须年年讲，月月讲，日日讲，时时讲，但是阶级斗争的势头已颇可观。并不是所有的领导人都同意这种观点。我曾在一次报告会上亲耳听到陆定一，当时的中央宣传部长，说到当年江西苏区的一件事。一个人在街上小便，被人抓住说：在街上小便，危害公众卫生；危害公众卫生，就是危害人民的性命；危害人民的性命，就是危害革命；危害革命，就是现行反革命。陆定一是反对这样做的。可惜并不是每一个领导人都有这样的认识。于是斗争之声洋洋乎盈耳，滔滔者天下皆是矣。

有的领导人认为，阶级斗争最集中的表现是在意识形态领域内，而搞意识形态工作的都是知识分子。因此，正如我在上面已经谈过的那样，斗争和批判的目标始终集中在知识分子身上。根据我个人的观察，每掀起一个批判的运动，总先找一个人，或一部书，或一个电影当做靶子，大家把批判的利箭都射向这个靶子。批判的过程是由小渐大，由近及远，一直到全国学术界都参加进来。批判的技巧是抓住片言只字，加以歪曲，杯弓蛇影，无中生有，越“左”越好，无限上纲，最后必须同封建思想、资产阶级思想、修正主义思想挂上钩。“修正主义”这个词，20世纪50年代前半期，似乎还不大习见。等到同苏联的关系闹翻，这个词才频频出现，因为中国认为苏联变成了修正主义。但是，究竟什么叫真正的修正主义，我看，当时弄清楚的人不多。大家习以为常，彼此糊涂，彼此心照不宣。

根据我的回忆——这种回忆我只能说大概是正确的，细节方面难免有点出入——最初被选中当靶子的是两部影片:《武训传》和《早春二月》。批判的程序就是我上面讲的那样。

第一部被选中批判的电影是赵丹主演的《武训传》。这一部影片的罪名很大，很可怕。有人说，武训是封建帝王的忠实走狗，为帝王的统治当帮凶，他那一套行乞的做法，比如趴在地上让人骑在他背上，以求得几文钱来办学，等等，都是蒙蔽迷惑别人的。总之，武训的目的是想延续封建帝王的罪恶统治，罪大恶极。赵丹的演技越超绝，起的作用也就越恶劣。对于这些刀笔吏式的指摘和谴责，我无论如何也想不通。到了后来，这种指摘和谴责竟加到了历代家喻户晓、万人争颂的清官头上，比如包拯、海瑞等等，他们都成了人民的罪人。因为他们的清廉缓和了人民与最高封建统治者皇帝之间的你死我活的矛盾，因此也就延长了封建帝王的统治。讲“辩证法”讲到这种程度，岂不大可哀哉!

还有一件与《武训传》有联系的极其重要的事件，必须在这里讲一讲，这就是江青的“露峥嵘”。毛泽东对江青是非常了解的。据说他有意限制江青的活动，不让她抛头露面。所以，中华人民共和国建立以后，有好多年之久，一般老百姓还都不大知道江青。然而，有朝一日风雷动，江青乘批

电影《武训传》中赵丹饰演的武训

判《武训传》的机会，从多年的“韬光养晦”中脱颖而出，顿时成为令人瞩目的人物，光芒四射，伏下了以后的祸机。原来毛泽东派江青赴山东武训的老家堂邑去调查武训的家世。个中详情，我们局外人是无法摸透的。也许因为江青原是电影演员，而《武训传》又是电影，所以就派她去调查了。所谓调查，其实是先有了结论的，只需使用演绎法，先有了公理，只需找到合乎这个公理的“事实”，加以罗织与歪曲，凡与此公理不合者一概在扬弃之列。这样的“调查”其实是非常容易的，然而江青一行却故作诡秘状，费了很长的时间才大功告成。结果在《人民日报》上发表了一篇长达若干万字的“调查报告”，把武训打成了地主狗崽子、地痞流氓，民愤极大，罪大恶极。批判《武训传》，一万个正确。从此，江青便也誉满天下、名扬四海了。

总之，对电影《武训传》的批判，是一出不折不扣的闹剧，而且埋下了极其危险的祸根。十几年后出现的“文化大革命”，与此不无关系。

批判《早春二月》是在西四西大街一所大院子里开始的。记得这是当时电影局（或另外别的名称）所在之地。把一批文化界的人士邀请了去，先让大家看电影，然后座谈，并没有什么人告诉你葫芦里卖的或者想卖什么药，只是让你随心所欲地发表意见。我的政治水平、思想水平和欣赏水平都奇低——也许并不低，因为过了几十年后，还是给《早春二月》平反了——我认为这部片子非常好，画面美丽，人情味极浓。如果我发言的话，我一定会大大地赞美一番的。可惜，或者幸而，我临时有事，提前离开会场，没有发言。过了不久，有人告诉我，在那一天发言赞美者都必须“主动”写文章，批判自己的发言，因为这一部电影被定为“坏片子”，是宣传资产阶级人道主义的。我这一次幸逃劫难，然而我却高兴不起来。

批判之风一起，便决不会仅仅限于《武训传》，跟着来的是批判资产阶级学术思想。我不知道为什么首当其冲的竟是俞平伯的对《红楼梦》的研究，我自己虽亲自参加了这一场声势也颇为浩大的批判，但是，我对幕后的活动并不清楚，估计也有安排，什么人发动，然后分派任务，各守一方，各司其职。最后达到了批倒批臭的目的，让所谓的“资产阶级学术思想”成为过街的老鼠，人人喊打。

批判一经开始，便不会自动停下，它会像瓜蔓一样，四处蔓延。大概是因为胡适也研究过《红楼梦》，于是首先就蔓延到胡适身上。尽管他当时并不在大陆，而是在台湾或者美国。搞一个缺席批判，也无不可。许多学人一哄而起，对胡适的方方面面都批判到了。因为他本人不在现场，人们批判起来，更用不着有什么顾忌。用的方法同以前一样，捕风捉影，无中生有，刀笔罗织，无限上纲。大家共同努力，演了一出杀鸡给猴看的闹剧。这场批判后来又扩散开来，牵涉到了许多有影响有造诣的著名学者，但并没有形成人人自危的局面，因为，达到被批判的水平并不容易，必须有相当高的学术地位，才有入选资格。尽管如此，一部分自认为有候选资格者，心中总是忐忑不安，空中好像悬着一把达摩克利斯之剑。

我的学术研究

我在上面讲到了批判和开会，批判除了写文章以外，就是开会，开会与批判紧密相连，于是无日不开会矣。诗人冯至套用李后主的词，写了两句话：“春花秋月何时了？开会知多少。”从中可见当时我们的心情。

我工作的单位是在学术界和教育界。可哪里有时间来进行学术研究呢？我在下面把我的学术研究的“成绩”逐年写一下。

（中略——编者）

写完了1950～1956年“我的学术研究”这一段，不算不知道，一算吓一跳，在整整七年中，有五年我的学术研究成果竟是一个零；其余两年算是写了两篇可以称得上学术论文的文章，差强人意。试问人生一世能有几个七年呀！对一个搞其他工作的人来说，这也许算不了什么。然而对我这个从事学术研究工作的人来说，时间就是性命，浪费时间，等于自杀。言念及此，心如刀割。然而，这才仅仅是一个开端，更严重的还在后头哩，奈之何哉！奈之何哉！

1957～1965年

政治运动

我为什么把1957年作为这一个阶段之首，而又把1965年作为其末呢？对解放后“阶级斗争”的历史稍有所了解的人都能明白，其中并无什么奥妙。这两个年头是两次最大的狂风骤雨之间的间歇阶段的一头一尾。头，我指的是1957年的反右运动；尾，我指的是1966年开始的“文化大革命”。两次运动都是中国人民亿金难买的极其惨痛的教训。

在反右斗争中，我处在一个比较特殊的地位上。一方面，我有一件红色的外衣，在随时随地保护着我，成了我的护身宝符。另一方面，我确实是十分虔诚地忠诚于党。即使把心灵深处的话“竹筒倒豆子”全部倒了出来，也决不会说出违碍的话。因此，这虽是一次暴风骤雨，对我却似乎是春风微拂。

学校虽然还没有正式宣布停课，但实际上上课已不能正常进行，运动是压倒一切的。我虽然是系主任，但已无公可办。在运动初期，东语系由于有的毕业生工作分配有改行的现象，所以有一部分学生起哄闹转系。我作为一系之长，一度成为一部分学生攻击的对象，甚至出现了几次紧急的场面。幸而教育部一位副部长亲自参加了处理工作，并派一位司长天天来北大，同我一起面对学生，事情才终于得到了妥善的解决。我也就算是过了关，从此成了“逍遥派”。这个名词儿当时还没有产生，它在“文化大革命”中出现，我在这里不过借用一下而已。

我成了“逍遥派”，既不被批，也不批别人，逍遥自在，为所欲

1958年，季羡林在北大校园参加劳动（左二拿扁担者）。

为。现在全校到处摆满了反击右派分子的战场，办公楼礼堂是最大的一个。此处离东语系最近，我有时候就坐在办公楼前的台阶上，听大礼堂中批右派分子的发言，其声清越，震动楼瓦。听腻了，便也念点书，也写点文章。我悠闲自在，是“解放”后心理负担最轻的一段时间。至于传闻的每一个单位都有划右派的指标，这样的会我没有参加过，其详不得而知。“右派”是一类非常奇怪的人，官方语言是“敌我矛盾当做人民内部矛盾来处理”，其中玄妙到现在我也不全明白。可是被戴上了这一顶可怕的帽子的人，虽然手里还拿着一张选票，但是妻离子散者有之，家破人亡者有之；到头来几乎全平了反。不知道这乱哄哄的半年多，牺牲时间，浪费金钱，到底所为何来！

1958年，又开始了“大跃进”，浮夸之风达到了登峰造极、骇人听闻的程度。每一亩地的产量——当然是虚构的幻想的产量——简直像火箭似的上升。几百斤当然不行了，要上几千斤。几千斤又不行了，要上几万斤。当时有一句众口传诵的口号：

20世纪50年代末，季羡林在北大校园。

1958年，中国作家代表团赴塔什干参加亚非作家会议，途经莫斯科。右二为季羡林，左四为杨沫。

“人有多大胆，地有多大产。”把人的主观能动性夸张到了无边无际。当时苏联也沉不住气了，他们说：把一亩地铺上粮食，铺到一米厚，也达不到中国报纸上吹嘘的产量。这本来是极为合情合理的说法，然而却遭到中国方面普遍的反对。我当时已经不是小孩子，已经四十多岁了，我却也深信不疑。我屡次说我在政治上十分幼稚，这又是一个好例子。听到“上面”说：“全国人民应当考虑，将来粮食多得吃不了啦，怎么办?”我认为，这真是伟大的预见，是一种了不起的预见。我佩服得五体投地。

然而，现实毕竟不是神话。接着来的是三年自然灾害。人们普遍挨了饿，有的地方还饿死了人。人尽管挨饿，大学里还要运动，这一次是“拔白旗”。每一系选几个被拔的靶子，当然都是资产阶级知识分子，又是批判，又是检查。乱哄哄一阵之后，肚子照样填不饱。

到了1959年，领导上大概已经感觉到，“共产主义是天堂，人民公社是桥梁”，仿佛共产主义立即能够实现，里面颇有点海市蜃楼的成分，不切实际。于是召开庐山会议，原本是想反“左”的，但后来又突然决定继续反右。会议情况，大家都清楚的，用不着我再来说。于是又一路“左”下去。学校里依然不得安静，会议一个接一个。一直到1965年，眼光忽然转向了农村，要在农村里搞“四清运动”了。北

20世纪60年代，季羡林在北大校园。

大一向是政治最敏感的地方，几乎任何运动都由北大带头。于是我也跟着四清工作队到了南口。因为“国际饭店会议”还没有开完，所以我到南口比较晚。我们被分派到南口村去驻扎，我挂了一个工作队副队长的头衔，主管整党的工作。日夜操劳，搞了几个月。搞了一些案子，还逮捕了人。听说后来多数都平了反。我们的工作，虽然还不能说全是“竹篮子打水一场空”，然而也差不多了。我们在南口村待到1966年6月4日，奉命回校。此时“文化大革命”已经来势迅猛，轰轰烈烈地展开了，一场运动就此开始了。

我是在写“学术自述”，为什么老讲政治呢？原因我想谁心里都明白：学术研究很难离得开政治。不写政治环境，学术研究是没有法子写的。并不是我偏爱政治，然而不得不尔也。

我的学术研究

我仍然按照以上使用过的办法，按照年份顺序来叙述。但因为我在这一阶段，毕竟在会议的夹缝中写了一些可以够得上是学术的论文，我就不再像前一阶段一样，把所有我写的东西都罗列出来了。我那样做是有用意的，我的用意是在“示众”。这一点我在字里行间已经说得很清楚，不必再解释了。我从此以后，只写学术论文，散文、杂文等等都在排除之列。

（下略——编者）

1966～1977 年

翻译《罗摩衍那》

季羡林谈起"文革"来，他的爱猫似乎都感受到了主人的心情。

这一阶段，前后共有十二年，约占我迄今为止的生命的八分之一。如果活不到我这样大年纪，则所占的比例还要大。"文化大革命"长达十年，对于这一场所谓"革命"的评价，稍微有点良知的人的心中都是有数的。它让我们伟大又有智慧的民族，一时失去了理智，好像是无端着了魔。这种耻辱永远是磨灭不掉的。我个人总能算上是一个有头脑的"高级"知识分子，在这次运动中，却并不比任何人聪明。一直到把我关进牛棚，受尽了殴打与折磨，我还忠心耿耿地拥护这一场"革命"。至今回想起来，我自己宛如做了一场噩梦，自己也无法解释。我认为，对"文化大革命"进行冷静反思和深刻剖析，对于整个中华民族进行教育，从而提高民族素质，应当是十分重要也是十分必要的事情。

在这十年中，我是自己跳出来的，却至今无悔无怨。虽然几乎把性命搭上，但证明了自己不是一个软骨头。有这一点，我愿已足，复何所求哉！我毕竟还是一个经得住考验的人。

然而，作为一个终生从事学术研究的人，在学术研究方面，这十年却成了一个空白点。幸而，在学术研究方面，我是一个闲不住的人。在这十年内，我除了开会，被“打倒”，被关进牛棚，被批斗，被痛打之外，没有时间和心情搞什么学术研究。到了后期，虽然我头上被诬陷而戴上的无数顶离奇古怪的帽子一顶也还没有摘掉，但已走出了牛棚，被分配到东语系的办公楼和学生宿舍去看守门房，收发信件和报纸，传送电话。我作为一个“不可接触者”，枯坐门房中，有时候忙，有时候又闲得无聊。让珍贵的光阴白白地流逝，我实不甘心，挖空心思，想找一点事干。想来想去，最后想出了一个好主意：翻译印度古代两大史诗之一的《罗摩衍那》。这一史诗部头极大，一时半时是译不完的。这正中下怀，我当时所需要的正是这一种时间拖得很长的工作，目的只在驱除寂寞；至于出版，我连想都没有想过。关于自己的前途，一片茫然。“解放”无日，生命有限，将来还不知被充军到什么地方去哩。于是我晚上回家后把《罗摩衍那》的诗体译成散文，写成小条，

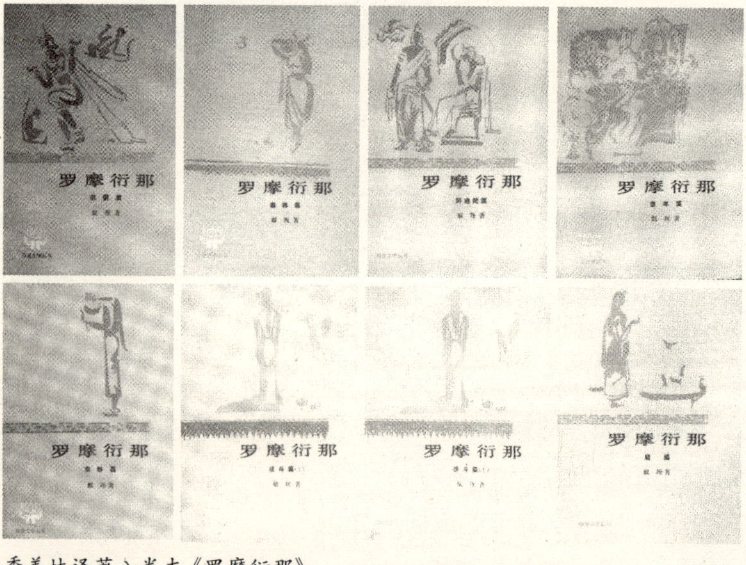

季羡林译著八卷本《罗摩衍那》

装在口袋里。第二天早晨去上班守门房。我当然不敢公开把小条拿出来，摆在桌子上。那样，如果被发现，必然多增加几次批斗，现成的帽子就在手边：“老保翻天”。我已经是一个被打翻在地，身上被踏上了一千只脚，永世不得翻身的人。“革命派”的掌权者，包括工宣队、军宣队和北大的一小撮人，都这样相信，我自己也这样相信。所以，我只能偷偷摸摸地从口袋里把小纸条拿出来，仔细推敲，反复考虑，把散文改成诗体，当然是顺口溜之类的东西。因为我有一个主张：原文是诗体，译文也只能是诗体，否则就是对不起原作者。不管译文的诗体多么蹩脚，反正必须忠实于原文，必须是诗体。我激烈反对有些人把原文的诗译成散文，那不能称作翻译，只能说是“释义”（paraphrase）。这就是我在“文化大革命”中最后几年所做的唯一的一件当时并没有认清它的重大意义、后来才慢慢认识到的工作。如果聊以自慰的话，这就是仅有的一点根据了。

“文化大革命”正式终结于1976年。但对我而言，1977年也是无所事事的一年。

1976年10月24日，天安门广场举行群众大会，庆祝粉碎“四人帮”胜利。

1978～1998年

政治环境

从我上面叙述的几十年的经验和教训来看，学术研究绝对脱离不开政治，决不能不受政治的影响，而且，不管你有意或无意，愿意或不愿意，不管是直接或间接，它总是会为政治服务的。在新中国成立后将近五十年的历史中，根据我个人的经验，别人的经验也差不多，什么时候政治气氛宽松一点，阶级斗争强调得少一点，极“左”的东西少一点，什么时候学术研究就开展得好一点。这是一个事实，唯物主义者应该首先承认事实。

根据我个人的经验，新中国建立后将近五十年可以分为两大阶段，分界线是1978年，前面将近三十年为一阶段，后面将近二十年为一阶段。在第一阶段中，搞学术研究工作的知识分子只能信，不能想，不允许想，不敢想。天天如临深履薄，天天代圣人立言，不敢说自己的话，不允许说自己的话。在这种情况下，想在学术研究中搞点什么名堂出来，真是难于上青天了。只有真正贯彻了“百花齐放、百家争鸣”的精神，学术才能真正繁荣，否则学术，特别是人文社会科学，就只能干瘪。这是古今中外学术史证明了的一条规律，不承认是不行的。

从1978年起，改革开放宛如和煦的春风，吹遍了祖国的大地。重点转入市场经济以后，我们的经济得到了发展。虽然还有一些不尽如人意之处，但成就却是不可忽视的。在意识形态方面，从事学术研究

虽历经磨难，依然神采奕奕。

工作的学者们，脑袋上的紧箍咒被砸掉了，可以比较自由地、独立自主地思考了，从而学术界思想比较活跃起来。思想活跃历来都是推动学术研究前进的重要条件。中国学术界萌生了生气勃勃的生机。

在这种非常良好的政治大气候下，我个人也仿佛从冬眠中醒来了，心情的舒畅是将近五十年来从来没有过的。

我自己也在我所从事的领域内追求真理、探索真理，一直探索了五六十年。我经常说，我少无大志。不但在中小学里没有立志成为学者，就是到了大学以后，除了写点散文之外，真正的学术论文没有写几篇。写成了的那几篇水平都不高。我是阴差阳错才走上现在这样一条道路的。但是一旦走了上来，我却能坚持不放。过去在极“左”思想黑云压城的时期，一个人如果想写点什么，想努力钻研点什么，现成的帽子就悬在你的头上：名利思想，修正主义。我搞了几十年的行政工作，在过去四十年中，至少有四分之一的时间是泡在无穷无尽的会议中，消磨在花样繁多的社会活动中。但是，我仍然坚持看书写作不辍，我是利用时间的边角废料来从事这项工作的。就时间来说，我每天不比任何人多一分一秒，在时间面前，人人平等。我一向被认为是智育第一，业务至上的。连带我工作的北京大学东语系也成了业务挂帅的典型。我却乐此不疲，坚持不改。每一次政治运动，我首先检查业务至上的“修正主义”，大家都认为是抓到了点子上，顺利地过了关，但是，我是一个“死不改悔”的顽固派，检查完了，运动一过，我照样搞我的“修正主义”：智育第一，业务至上。我担心不担心下一次运动呢？担心的。但是，我对自己那一套检讨的本领很有信心，抓自己的问题，一抓就灵。因此也不过分担心。现在回想起来，我真有点后怕，有点不寒而栗。如果我不是一个顽固派，一度检查，真心悔改，同“修正主义”一刀两断，同智育第一、业务至上划清界限，今天我在科学研究方面还能留下什么东西，就很值得怀疑了。“死不改悔”的顽固派有时候也会有点好处的，这就是我的结论。

那么，我搞这一套东西是不是为名为利呢？说一点都没有，那不是事实。但是我再三检查自己的动机，觉得并不完全是那个样子。研究一个问题，提出一个假设，经过反复的验证，得到了自己认为满意的结论，虽然不过是小事情上的真理，自己却往往大喜过望，以为人生之乐无过于此矣。我之所以拼命钻研，老而不已，置危险于不顾，视饥饿如儿戏，不是为名为利，而是为了探索真理。我想，很多科学工作者恐怕也有同我一样的动力。

我还想讲另外一个情况。我在上面曾提到令恪同志和李铮同志编的我的《著作系年》。我除了根据这个《系年》来挑选文章以外，还粗粗地检查了我在过去几十年中写作的情况。从 1932 年我二十一岁时起，几乎每年都写点东西。从 1937 年到 1942 年，表面上没有写什么东西，实际上是我一生学习最努力的时期。从 1967 年至 1977 年，在长达十一年的时间内，竟然一篇东西都没有，不能不令人吃惊。这情况我过去朦朦胧胧地意识到过，但是很不具体。现在一看《系年》，赫然白纸黑字，我真是震惊不已。至于为什么成为这个样子，大家心里都明白，用不着多说。我一个人如此，全国又不知道有多少成千上万的人也是如此。想到这里，所谓“文化大革命”究竟产生了多么严重的后果，不是清清楚楚了吗？我又有点后怕，又有点不寒而栗。如果真正让“文化大革命”七八年搞一次，一次搞上七八年，搞的结果恐怕要把全国知识分子的知识都搞成光板。卫星上不了天，是可以肯定的；所谓“红旗落地”，是否还有红旗都是值得怀疑的，还谈得上什么落地不落地呢？

在人生的征途上，我已经走了七十多年。如果照古人的说法：行百里者半九十，那么我走了还不到一半。但这是比喻，不是事实。应该承认，自己前面的道路有限了。可我也并不想现在就给自己做结论，我认为还不到时候。我在这一生选择了这样一条道路，走起来并不容易。高山、大川、深涧、栈道、阳关大道、独木小桥，我都走过了，一直走到今天，仍然活着，并不容易。说不想休息，那是假话。但是自谓还不能休息。仿佛有一种力量，一种探索真理的力量，在身后鞭策我，宛如鲁迅散文诗《过客》中的那一位过客一样，非走上前去不行，想休息恐怕是不可能的了。如果有人问：“倘若让你再活一生，你还选择这样一条并不轻松的路吗？”我用不着迟疑，立刻就回答：还要选这一条路的。我还想探索真理，这探索真理的任务是永远也完不了的。

1988 年是一个什么样的年头呢？改革开放的政策已经实行了十年，取得了异乎寻常的成功。经济繁荣，人民欢乐，知识分子这一个解放后历届政治运动都处在挨整的地位上的社会群体，现在身上的枷锁砸掉了，身心都感到异常的欢悦，精神又振奋了起来，学术界和文艺界真是一派大好形势。我自己当然也感觉到了这种盎然的春意。虽然早已过了退休的年龄，但是，学校决定我不退休，我感到很光荣，干劲倍增。不似少年，胜似少年，怡怡然忘记了老之已至。我虽然已经没有正式的行政工作，但是社会工作和社会活动，却是有增无减。全国性的学术团体中我被选为主席、会长或名誉主席、会长的有七八个之多。至于理事之类，数目更多。不顾不问的顾问，一个团体的或一部书的，总有几十上百个，确实数目，只有天老爷知道，我个人是搞不清楚的。大型丛书，上千册的，上百册的，由我担任主编的，也有三四部。至于电视采访，照相录音，也是常事。几乎每天下午都是宾客盈门。每天接到各式各样的来信也有多封。里面的请求千奇百怪。一些僻远省份青年学生的来信，确实给我带来很大的快乐。我从内心里感谢这些天真无邪的青年男女学生对我的信任。一名著名的作家，在自己的文章里提到我，说我每信必复。这却给我带来了灾难。我哪里能做到每信必复呢？即使我什么事情都不干，也是做不到的。我只能让我的助手和学生代复，这难免给一些男女大孩子带来了失望。我内疚于心，然而却无能为力。

我的学术研究

在这样优越的政治大气候中，我的学术研究工作能够比较顺利地进行了。但小的干扰仍然不时会出现。毫无收获的会，虽然次数有所减少，但远没有绝迹。此外，还新增了一些麻烦与干扰，这占去了我不少的时间和精力。心中极以为苦，却又无可奈何。但是，不管怎样，我的学术研究时间毕竟增多了，因而成果也就出得多多了。从 1978 年一直到今天的二十年中，我的研究成果在量和质两个方面都远远超过这以前的四五十年。我有时候胡思乱想，自己开玩笑：“如果天老爷或者阎王爷不让我活这样大年纪，让我早早地离开了这个世界，那么，我肚子里还有一些丝来不及吐出来，对于我自己，对别人也是这样，岂不是一个损失吗？”

在学术工作方面，有人说，我对自己太残酷。已经到了望九之年，虽然大体上说来，我的身体还算是硬朗的，但是眼睛和耳朵都已不太灵光，走路有点“飘”；可我仍然是不明即起，亮起了朗润园里的第一盏灯，伏案读写，孜孜不倦。难道我不知道，到圆明园或颐和园去遛弯儿，再远一点，到香山去爬山，不比现在这样更轻松愉快吗？难道我在名利方面还有什么野心吗？都不是的。我知道遛弯儿舒服，但我认为人活着不是为了多遛几个弯儿。那不是追求的目的。至于名利，

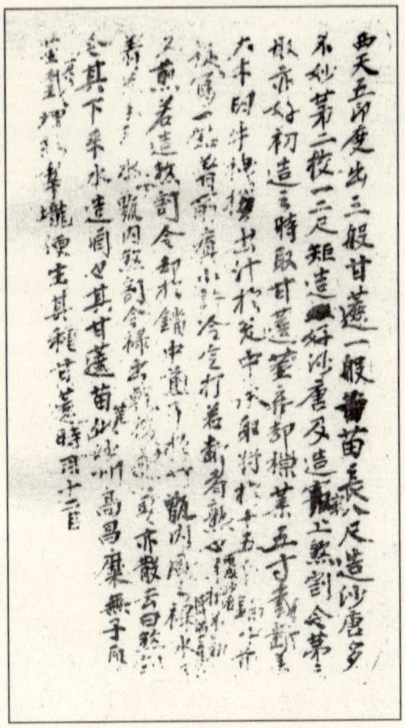

根据这张敦煌残卷上记载印度制糖法传入中国，季羡林写出八十万字的专著《糖史》。

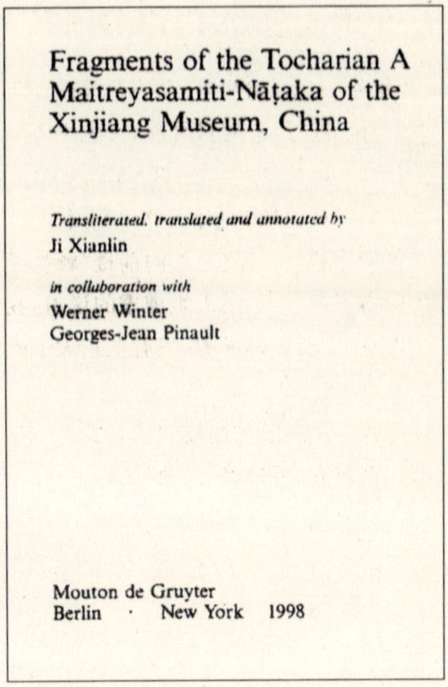

Fragments of the Tocharian A Maitreyasamiti-Nāṭaka of the Xinjiang Museum, China

Transliterated, translated and annotated by
Ji Xianlin

in collaboration with
Werner Winter
Georges-Jean Pinault

Mouton de Gruyter
Berlin · New York 1998

根据新疆出土的吐火罗文残卷，季羡林写出《〈弥勒会见记剧本〉译释》。图为有德法两国吐火罗文学者参与并在柏林和纽约出版的英译本《新疆博物馆藏甲种吐火罗语弥勒会见记残卷》扉页。

我现在不虞之誉纷至沓来；利的方面，爬格子爬出了点名堂，稿费也是纷至沓来。可以说，在名利两个方面我都够用了，再多了，反而会成为累赘。那么，我这样干的目的究竟是为了什么呢？我不愿说谎话，讲些为国为民的大道理。我只能说，这样做能使自己心里平静。如果有一天我没有读写文章，清夜自思，便感内疚，认为是白白浪费一天。习惯成自然，工作对我来说已经成了痼疾，想要改正，只有等待来生了。

计算一下，最近几年来，我每年写的文章，数目远远超过过去的任何一年。我平生最长最艰巨的两部书，都是在耄耋之年完成的。一部是长达八十万字的《糖史》，一部是也长达数十万字（因为部分用英文写成的，字数难以准确统计）的吐火罗文 A 方言（焉耆文）的《弥勒会见记剧本》的译释。我虽然是个杂家。但是杂中还是有重点的。

可惜，由于一些原因，不明真相的人往往不明白我干的究竟是哪一行。外面来的信，有的寄到中文系，有的寄到历史系，有的寄到哲学系，有的寄到西语系，有的甚至寄到社会学系。从中可以看出人们对我的了解。两部大书一出，估计可以减少点混乱。对我来说，这种混乱一点影响也没有的。

五十年教书治学经验谈

我对未来教育的几点希望

教育为立国之本，这是中国两千多年来的历代王朝都执行的根本大法。在封建社会，帝王的所作所为，无一不是为了巩固统治，教育亦然。然而，动机与效果往往不能完全统一。不管他们的动机如何，效果却是为我们国家培养了一批批人才，使我国优秀文化传承几千年而未中断。

今天，时移世迁，已经换了人间。教育为立国之本的思想，深入人心。我们政府提出了科教兴国的方针，受到了全国人民的热烈拥护。把教育的重要性提高到兴国的高度，可以说前承千年传统，后开万世太平。特别是在今天知识经济正在勃然兴起的大时代中，教育更有其独特的意义。知识经济以智力开发、知识创新为第一要素，不大力振兴教育，焉能达到这个宏伟的目标？但是，我要讲一句实话，我们的振兴教育，谈论多于行动。别的例子先不举，只举一个教育经费在国民总收入中所占的百分比之低，就很清楚了。我们教育所占的百分比，不但低于发达国家，在发展中国家中也是比较低的。这让很多人难以理解。我们国家正在努力建设，用钱的地方很多。这一点谁都理解，没有人想苛求；但是，既然把教育的重要性提高到那样的高度，教育经费却又不提高，报纸上再三辩解，实难令人信服。现在，据我了解所及，全国各类学校经费来源十分庞杂，贫富不均的程度颇为严重。大学的党委书记和校长，主要任务是“找钱”。连系主任的主要任务也是“创收”。如果创收不力或不利，奖金发不出去，全系教员就很难团结好。学校的根本任务是教学和科研，是出人才，出成果。现在却舍

季羡林对中国未来的教育充满希望

本而逐末，这样办教育，欲求兴国，盖亦难矣。因此，我对未来教育的第一个希望就是切切实实地增加教育经费。

我的第二个希望是重视大、中、小学生的人文素质教育和伦理道德教育。现在我们中华民族的一般道德水平，实不能尽如人意。年轻的学生在这个大气候下，思想水平也不够高。他们对世界，对人生的看法，在像我这样的思想保守的老顽固眼中，有时实在难以理解。现在，全世界正处在一个巨大转变中，每个人都会受到影响的，特别是青年人，他们敏感易变，受的影响更大。日本据说有一个新名词“新人类”，可见青老代沟之深。中国也差不多。我在中外大学里待了一辈子，可是对眼前中国大学生的思想、情感等等，却越来越感到陌生。他们的一些想法和做法，有时候让我目瞪口呆。在我眼中，有些青年人也仿佛成了“新人类”了。

救之之法，除了教育以外，实在也难想出别的花招。根据我的了解，现在大学里的思想教育课，很难说是成功的。一上政治课，师生两苦，教员讲起来乏味，学生听起来无味。长此以往，不知伊于胡底！

我个人认为，抓学生思想教育，应该从小学抓起。回想我当年上小学时，有两门课很感兴趣，一门叫做公民或者修身；一门叫做乡土。后一门专讲本地的山川、人物、风土、人情。近在眼前，学生听起来有趣又愿听。讲爱国从爱乡开始，是一个好办法。

至于公民这一门课，则讲的都是极简单的处世做人的道理，比如热爱祖国，孝顺父母，尊敬老师，和睦同学；讲真话，不说谎话；干好事，不做坏事；讲公德，不能自私；帮助别人，不坑害别人；要谦虚，不能骄傲，等等，等等，都是些平常的伦理规范。听说现在教小学生也先讲唯心与唯物，存在与意识，物质与精神，小学生莫明其妙，只能硬背。这能收到什么效果呢？显而易见，什么好效果也是收不到的。到了中学和大学，依然是这一套，结果就是我在上面说到的师生两难。现在全国都在谈要重视学生的素质教育，足见这个问题已经引起了广泛的注意。这无疑是一个好现象。但是，我总觉得，空谈无补于实际，当务之急是采取适当的行动，才能走出目前的困境。

我对未来教育的希望，当然不止这两点。但限于目前的时间，我只能先提出这两点来，供有关人士，特别是政府主管教育的部门参考，一得之愚，也许还有可取之处吧。

1999 年 2 月 21 日

在首届北京大学文科论坛上的演讲

论坛学术演讲主持袁行霈教授的介绍

季羡林先生的学术领域非常广阔，他的研究非常精深。我实在没有资格做出恰当的介绍。在这里我只想介绍三点：

第一，早在1956年，季先生就当选为中国科学院哲学社会科学学部的委员，也就是文科的院士。据我所知，目前全国的文科院士已经寥寥无几了。

我要介绍的第二点是，从1978～1984年，季先生曾出任北京大学副校长。

我要介绍的第三点是，今年8月，季先生度过了九十华诞。让我们借此机会再一次向季先生祝寿。

季羡林的演讲

各位贵宾、老师们、同学们：

让我坐着讲，是一种特权，因为我已经超过九十岁了，所以我安然享受这种特权。

今天我讲两个问题：第一个问题是21世纪全人类所面临的最重要的问题是什么，第二个是理科和文科互相渗透的问题。对这两个问题我都是野狐谈禅，也可能是胡说八道，请大家“批判”。

第一个问题，21世纪我们所面临的最重要的问题是什么？不但在中国，而且在全世界，大家可能有多种想法，现在我谈我自己的想法。大概若干年以来，究竟多少年没有计算过，我们这个地球村里面，自然界发生了很多过去没有或者比较罕见的现象，比如气候变暖、淡水缺乏、生态平衡破坏、人口爆炸、动植物灭绝、臭氧层出洞、洪水泛滥、新疾病产生等等。我们自己想一想，这些问题，如果有一个解决不了，我们人类的前途和发展就有困难。比如水，我们从来没有想到水会发生问题。北大就是一个例子。最近，我看了一篇文章讲：如果现在发生了世界大战，大家不是争油，而是争水。由此可见水的重要性。

这些问题是怎么来的呢？我先举两句话，一句是德国的伟大诗人歌德说的："大自然从未犯错误，犯错误的是人。"第二句是伟大的思想家恩格斯讲的："我们不要过分陶醉于我们对大自然的胜利，每一次胜利，自然界对我们都进行了报复。"这两句话很值得我们品味。第一句是说，自然界不犯错误，问题总发生在人的身上。第二个呢，自然界会报复。我前面举的许许多多的自然现象就是自然界对我们的报复。是不是该这样理解？

为什么自然界对我们报复呢？中国和欧洲对待自然的态度不同。我们中国讲人与自然应该和谐相处，就是"天人合一"。"天人合一"这个词儿在中国哲学史上是很重要的一个词儿，大家对它的解释很不一样。这是我的一个解释：天就是大自然，人就是人类。大自然与人类要和谐统一，不要成为敌人。宋代大哲学家张载有两句非常著名的话："民吾同胞，物吾与也"，简称"民胞物与"，"与"是"伙伴"的意思。这两句话言简意赅，涵义深远。

在欧洲情况有些不同。查一下英文字典，"征服"是"conquer"，举的例子是"conquer the nature"，把自然看做是敌对的，否则怎么会谈到"征服"呢？最近几百年来科学技术的发展，应该说，给人类带来了很大的福利。今天我们开会的这个地方，在以前能够想象吗？这就是西方科学技术带给我们的福利。但带给我们福利的同时，也产生了上面提到的诸多问题。他们以为自然是个奴隶，是可以征服的。这

季羡林在燕园

种想法和事实不符。刚才我说的那些现象就证明自然不能征服。我个人认为，这些问题或弊端之所以产生。其根源就在于“征服自然”。

那怎么办呢？我们人类的衣食住行所有的东西都是从大自然来的，我们只能向大自然伸手要，我们才能活。否则，我们就活不下去。不征服怎么办呢？只有一条路，就是：我们和自然做朋友，天人要合一。

中国古代也有征服自然的想法，荀子想制天，想能够胜天，能够战胜自然。但现在事实证明，你想征服自然，你想制天，必定为天所制。

“天人合一”不限于中国，在印度也是讲“天人合一”的，讲个人与宇宙是统一的。印度古代婆罗门教有一句著名的话：tat tvam asi。tat 就是英文的 that，指的是宇宙、大自然。tvam 意思是“你”，asi 的意思是“是”。这一句话的意思就是“你就是那个”，“you are that”，也就是“你与宇宙大自然是一体的”，这也就是中国的“天人合一”。

我归纳东方文化的特点是“天人合一”。我们讲人和自然是一致的，不是敌对的。

第二个问题是文科和理科的问题。回顾一下北京大学校史，大概是 1917 年（具体的年份记不清楚了，发表的地方也需再查），蔡元培校长当时提出了一个意见：文科的学生必须学一门理科的课。这个意见后来怎么执行的呢？1917 年，当时我只有六岁，不知道。后来，1930 年，我考北大，考清华。当时北大出的国文题目非常奇怪：“何谓科学方法，试分析详论之”，这不像一个国文题。当时我听说北大文科的学生必须学一门科学方法的课来代替理科的课。文科的学生是文科高中毕业的，对理科实在很隔膜，所以文科学生必须学一门理科的课。当时就有一本书叫《科学方法论》，作者是化学家王星拱。

清华大学的做法不一样。清华大学出的国文题目是《梦游清华》（这是陈寅恪为 1932 年高考出的作文题，这里应是作者记错了——编者）。从这两个题目就可以看出来，北大和清华的校风很不一样。

当时我两个学校都考上了，因为想出国，想镀金，所以选了清华。那时我们出国和今天的不大一样，我们出国都想回来的，在国外镀镀金回来为国家服务。

我到了清华，学校要求文科的学生必选一门理科的课。如实在有困难的话，可用逻辑代替。当时教授不是太多，哲学系的三个教授，金岳霖、冯友兰、张崧年，都开了逻辑课。所以我们都用逻辑代替了。

蔡校长的想法是非常了不起的，但是我觉得我们的做法并没有体现出蔡校长原来的想法。将来怎么办？将来是否能体现？我们已经进入了 21 世纪，现在已是 21 世纪的第一年，新千年的第一年，文科和理科的关系怎么处理？刚才何芳川副校长讲的一句话叫文理互补。文科来补理科，理科来补文科。这句话讲得非常好。我想是不是可以再进一步，文理不但互补，而且互相渗透。这就非常困难啦。

我理科的知识不如在座的各位同学，具体我讲不出来，只有胡思乱想。

互补怎样补法呢？一个是文科学生学一点理科的课，比如学哲学的要学一门理科的课。不仅要互补，还要互相渗透。21 世纪要发展社会科学，推进理论创新，非文理结合不可。新世纪才过了十个月，还有九十九年零两个月，大家可以有很多的时间来考虑这个问题。

现在报纸上老讲网络与基因。理科同学可能理解的多一些，文科的可能理解的少一些。我是外行，不懂。有一天我突然看到一篇文章，说基因有坏基因、好基因。有善有恶，这就比较有趣了。

我们中国哲学讲性恶性善。孟子讲性善，荀子讲性恶。讲了几千年，不是讲性善的就是讲性恶。当时，我自己有一个想法，就是性不能有善，什么原因呢？人就是动物，动物都有本能。鲁迅把本能归纳为：第一要温饱，第二要发展，第三要传宗接代。动物植物都这样。北大有一种草，你走过就会粘到你身上。这是干吗？目的为传宗接代。桃为什么是甜的？苦的不好吗？甜的，人吃了以后，把桃核丢出去。传宗接代。动植物都有这种本能。中外的圣人都讲究道义，说一个人的本能不能过分发展，不能影响别人。影响别人，这个社会就无法存在。我们要自由，将北京的红绿灯都去掉，够自由了吧？但是，这样北京能存在一天吗？汽车不相撞吗？影响别人，你自己也发展不了。

基因有好的坏的。我家有个亲戚，四代包括外孙都长得很漂亮，这是为什么，别的家族没有这么漂亮。这是不是好基因，我不知道。

清华有两位大家，一位是大物理学家李政道，也是北大的教授；一位是大画家吴冠中，刚在中国美术馆搞了一个科学与艺术展，还出了一本书。展览会和书我都看了，说的是艺术和科学的相通之处。《光明日报》登过一个书评，评《物理学与艺术》，讲的是同一个问题。开座谈会时，北大物理系的一位教授参加了。我看了一下他们讨论的结果。人文科学和自然科学绝不像以前讲的那样泾渭分明。从一部科学史可以看到，科学越来越深化，越来越分化。最早的时候，只有哲学，后来分出物理、化学，再后来生物化学、物理化学等边缘学科越来越多。到了21世纪，我想边缘学科还要增加，增加的同时文科和理科的互相渗透能不能达到？我想真要创新，应该从这地方创起。

2001年11月2日

《北大研究生论文集》(文科版)序

北京大学的研究生同志们出一本论文集，要我写几句话作为前言。我愉快地接受了这一个任务。

集子里的文章我一篇也没有看。我这个前言只能说一些空话；但我确实希望，我的空话还能有一点实质性的内容，不至于流为废话。这一点有实质性内容的空话是我对青年们说过多少次的。这一次又能有机会对北大的研究生说一说，所以我感到愉快。

中国有两句老话：长江后浪推前浪，世上新人换旧人。又说：青出于蓝，而胜于蓝。这些话都是总结了人类发展的整个历史，也包括学术研究的历史在内而得出来的结论，是放之四海而皆准的。只有这样，人类才能发展，才能进步，才有光辉灿烂的前途。如果像九斤老太说的那样，一代不如一代，那么我们人类再过一些年就会退回到茹毛饮血的野蛮时代，再退恐怕就要退到猿猴阶段。这是完全不能够想象的。

但是，是不是年轻的一代，新的一代，只要有年轻这一个条件作为靠山，把枕头垫得高高的，大睡其觉，一点努力也不需要，只要守株待兔就能出于蓝而胜于蓝呢？当然不是。需要的正是它的反面。青年人一定要加倍努力，刻苦学习，持之以恒，锲而不舍，像马克思所说的那样攀登高峰，才能达到出蓝的境界。这里面，没有什么捷径，也没有什么灵丹妙药。一切懒惰的念头，一切取巧的办法，都要彻底丢掉。

中国的学术研究已经有了几千年的历史，已经有了不知多少代师生衣钵相传的关系，每一代人都有自己的使命，都有自己的贡献，每一代人都是踏在前一代人的肩头上向上攀登的，今天我们学术研究的光辉成就就是这一代代人接力赛似的创造出来的。其中也包括向外国的借鉴。

今后怎样呢？今后也决不会另外换一个样子。今天的青年人，今天的研究生，要从老师手里接过学术研究的火把，把它点得更亮，让它放出前所未有的光芒。要知道，将来还会有比你们更年轻的人出来接你们手中的火把，如此绵延不断，直至永恒。

我同你们年龄悬殊，任务也不尽相同，但在历史的长河中，我们总的方向是一致的。我们要共同努力，奋发图强。前进吧，年轻人！

1983年9月21日

“每一代人都有自己的使命。”（季羡林）

《学者论大学生的知识结构与智能》序

任何人的一生，都是一个学习——广义的学习的过程。区别只在于有的人意识到这一点，有的人没有意识到；有的人主动，有的人被动。而意识到这一点又主动去学习的，其效果往往高于没有意识到这一点、只是被动地去学习的。这个道理其实并不难理解，稍一思考，就豁然了。

我们现在把青少年时期的学习，划分为幼儿园、小学、中学、大学、研究院等阶段。这只是一种不得已而为之的办法，为了计算方便、工作方便，不得不尔。每一个阶段，都规定了具体的学习任务、具体的要求。看来阶段与阶段之间的界限，似乎十分分明，事实上决不是这个样子。从宏观上来看，一个人一生的学习，是一个浑然不可分割的整体。哪一个阶段学习完，也不等于整个学习任务完。古人说："学无止境"，就是这个意思。有的人认为，大学一毕业，或者研究院一毕业，就算学到头了，这是一种误解，是对学习很不利的。

同上面说的这一层意思有密切联系的，是另外一个事实。这就是，从知识结构上来看，它决不可能是一成不变的，而是须要随时变动，随时调节。知识结构在上述几个学习阶段中，都不可能，也不应该一样。世界在千变万化，社会在飞速前进，特别在今天所谓"信息爆炸"的时代，我们的知识结构，必须随时更新，随时调节。一天不更新，一天不调节，就可能被时代潮流抛在后面。我可以借用一句现成的话来表达这个看法：稍纵即逝。

就拿研究学问来说吧。一个人一生不可能只研究一个题目，探讨一个问题。学者们都往往要研究一个以上的题目。而且研究什么题目，往往很难预先制订计划，由一个题目想到另一个题目，其中难免有些偶然性。古今中外许多大学者都可以作证。从他们的著作中就能够看出这种情况。我们自己的经验，也能证明同一个事实。研究一个题目，只要深入下去，就会发现，自己的知识结构有不足之处。如果换一个题目，另起炉灶，那情况就更严重，非调节自己的知识结构不行。这种调节往往是螺旋式地上升的。开头时，所知甚少；但是随着研究工作的深入，随着调节的加多、加速，知识也越来越多，知识结构也调节得越来越能适应研究工作的要求。这反过来又能促进研究工作的深入和提高。如此循环往复，宛如芝麻开花节节高，以至无穷。

在这里，我不妨举几个我自己的研究工作来做例子。我是搞语言研究工作的，研究过古代印度语言——吠陀语、史诗梵语和古典梵语，后来把兴趣集中到佛教语言——巴利语和佛教混合梵语上，又扩大到中亚古代语言——吐火罗语。回国以后，受到资料的限制，被迫搞佛教史和中印文化交流史。从表面上看起来，都同自然科学联系不大。但是，当时想确定巴利语和混合梵语的 asiyati 这个字的含义时，就碰

1999 年 7 月 5 日，印度文学院院长罗摩坎达·赖特访问北大，向季羡林颁发印度文学院名誉院士证书。

到了水结冰后体积膨胀的问题，这属于自然科学。在这里，我必须调节一下自己的知识结构，看一点自然科学的书。后来，我因为探讨中外文化交流的问题，必须弄清楚中国砂糖制造的历史。在某些环节上，这又与自然科学联系起来了。我的知识结构又必须调节了。类似的例子还可以举出一些来。但是，我觉得，这两个例子也足以说明问题了。

怎样来调节自己的知识结构呢？

本书中王通讯同志的文章《知识结构与智能结构》，提出了调节知识结构两个要诀：一是靠反馈；二是靠预测。我认为，他提出这两个要诀是非常重要的，深中肯綮的。文章具在，我不必重复了。

我在上面讲到，在人生的青少年阶段上，人们人为地划分为许多阶段。每一个阶段同另一些阶段，既互相联系，又互有区别。从调节知识结构的观点上来看，也是如此。但是我在这里想特别强调一点：调节知识结构，大学（包括研究院）是一个关键时期。这是因为，在中小学时期，学习基本上是按部就班地进行，主动性少而被动性多。知识结构比较简单。学生独立思考问题者不多。到了大学，也就是按部就班学习的最后阶段，毕业后就要进入社会，转入人生一个新阶段。此时，按部就班的学习，虽然依然存在；但是学生的主动性增多，被动性减少。知识结构逐渐丰满，独立思考问题的必要与可能都与日俱增。在这个关键时刻，要最大限度地发挥自己的主观能动性，根据反馈与预测两个要诀，随时注意调节自己的知识结构。至于怎样进行调节，本书中许多老师的文章都讲到了自己的经验。只要仔细阅读，认真思考，必有收获。

最后，我还想再重复一遍我在开头时讲的那一段话：人的一生是一个学习过程。大学或研究院毕业，只是这个过程的一个阶段的结束，而决不是学习的终结。我们还要继续学习下去的，一直到不能学习的那一天。我们毕生的座右铭应该是：锲而不舍，持之以恒，老而不已，学习终生。

1990 年 11 月 29 日

对21世纪人文学科建设的几点意见

首先我要向大家表示抱歉，让我来邵逸夫科学馆报告厅作报告，很怕耽搁大家的时间。另外，我想简单说一说，为什么我是山东大学校友。这话说起来有点跟历史一样：1926年我十五岁，1928年我十七岁，我在山东大学附设高中（当时在北园白鹤庄）念书，所以我现在算是山大校友，当时我们校长是前清状元王寿彭。这件事交代完了以后，就来作我的所谓报告。昨天，我的学生，也是我的朋友，《文史哲》杂志主编蔡德贵教授“突然袭击”，说今天让我作报告。说句老实话，我没有这个思想准备。而他是这样讲的，您愿讲什么就讲什么，这就麻烦了。他给我出一个题，作八股好作，让我愿意讲什么就讲什么，这是一个天大的难题，因为我脑袋里乱七八糟的东西，古今中外的，杂七杂八什么都有。究竟讲什么？昨天晚上我就考虑这个问题。我想今天是不是结合我们这个讨论会，面向21世纪的人文学科建设这个总的方向，谈一谈我的几点意见。

我这个意见嘛，现在争论很大。学术上有争论的是好事，如果发表一个意见，没有人理，那最寂寞，最难过，有争论好。什么问题呢？就是中、西文化。

我这个人是搞语言的，很死板。清朝桐城派有义理、辞章、考据三门学问，我对义理最没有兴趣。可是到了晚年，却突然“老年忽发少年狂”，考虑义理就多了。我没有受过什么严格的训练，因为我讨厌这个东西。不过现在想起的问题，都跟义理有关。首先，是中西文化。中西文化有区别，这个大家都承认，可是讲中西文化有区别，不是现在才开始。在唐朝初年，也就是穆斯林运动开始的时候，大家知道，穆罕默德，按时代来讲，生在中国的陈朝那时，跨过隋，隋只有几十年，到唐初他才逝世。没有穆罕默德，就没有穆斯林，没有伊斯兰。在伊斯兰教初期，也就是相当于在中国的唐代初期，7 世纪，在阿拉伯国家，在伊朗（那时叫波斯），流传着一个说法。一个什么说法呢？就是世界的民族，只有两个民族有文化，一个是中国，一个是古代希腊。这话也没有错。可又说，希腊人只有一只眼睛，中国人有两只眼睛。这就是一个价值判断，就说明我们中国比希腊高。他们为什么这么讲呢？他们说希腊人只有理论，没有技术。这话也对，世界上几大发明希腊都是一点没沾边。中国呢，是只有技术，没有理论。这句话应该做点小小的纠正，中国也有理论，他们说得太绝对了。我们的四大发明一直到现在，在全世界起那么大的作用，希腊没有。因此就说中国人有两只眼睛。在 7 世纪，在阿拉伯国家，在伊朗，有这种说法，必然有它的根据。根据我在这里就不讲了。

这样，我就感觉到，中、西文化有区别的说法，不是现在才开始的。一千三百年以前，就开始了。区别到底在什么地方呢？根据我的经验、胡思乱想的结果，感觉到中、西文化既然叫文化，必然有共同的地方，不成问题。物质、精神两个方面，为人类造福，这就是文化。这个中、西都一样，没有什么差别。可区别在什么地方呢？区别就在于中、西思维模式、思维方式不一样。西方思维模式的基础是分析，什么东西都分析，一分为二，万世不竭。东方呢，思维模式是综合。综合是八个字：整体概念，普遍联系。这叫综合。举例子很简单，西医，要是头痛了，他给你敷上一块湿凉手巾，这就是我们说的头痛医头。中国呢，头痛了，他给你在下边，在涌泉穴扎针，中国是头痛医脚，西方是头痛治头。这就表现出我们是拿人作为一个整体，整体概念，普遍联系，头与脚是有联系的。我们有大宇宙、小宇宙，人是小宇宙。从这儿开始，我想中、西文化是有区别的。后来，我看了一本书，是中国科学院一个有名的数学家，大数学家吴文俊教授，他给《九章算术》写了一篇序，他就讲，数学（吴文俊教授并不搞哲学，也不搞什么中西文化，他就是数学家)，东方的数学与西方的不一样。西方的数学，从公理出发，亚里士多德三段论法：凡人必死，张三人也，故张三必死。它从公理出发。立一公理：凡人必死，凡人怎么怎么样，下面演绎。中国呢，是从问题出发，从实际出发，所以中国数学的发展，不是从公理来的，是从问题来的，是从实际来的。这是吴文俊先生的意见。后来有一次，我们在一起开会，吴文俊教授也参加了。他不搞文化，也不搞中西文化，这证明不但人文社会科学中、西不一样，就连自然科学也是中、西不一样。这个不一样，并不是说中国就能2+2=5，不是这个意思，而是说西方是从公理出发，中国是从问题出发，从实际出发。因此我更对自己的想法沾沾自喜。梁漱溟先生20年代初写过一部《东西文化及其哲学》，很出名，他讲的跟我们讲的不一样，他那个“西”，是把印度放在中间。我在这里考虑，我们“东”，包括印度、阿拉伯国家在内，相当于东方。我们东方思维，就是综合的，普遍联系，整体概念，是从整体来看问题的。因此，就讲“天人合一”。

我考虑“天人合一”问题也是很偶然的。我看到原来北京大学教授钱穆(他后来到台湾，到香港，现在已经过世了。若从辈分上讲，他应该是我的老师，但我没有听过他的课，我不是北大毕业的)的一篇文章，那意思就是搞了一辈子中国学问，可后来到了晚年忽然悟出一个道理来，这就是“天人合一”，讲得不是那么很清楚。后来他就过世了，没有写下去。可是我一想，“天人合一”到底应该怎么解释？在座的有好多哲学家，同学们也有许多研究哲学、研究历史的。“天人合一”，你翻看中国哲学史任何一本，从孔子、老子、墨子，一直到清代，谈“天人合一”的多得不得了，都讲“天人合一”。可是究竟什么叫“天人合一”，每个人都有一个说法，最近我写了一篇文章，可能会引起很大轰动，还没有发表，叫做《真理愈辩愈明吗?》，有时候我考虑真理不是愈辩愈明，而是愈辩愈糊涂。《新民晚报》有个副刊“夜光杯”要发。“天人合一”，你要讲清楚写文章，就是写上一万字，十万字，一百万字，也写不完。几乎每一个哲人，儒家、道家、佛家都讲“天人合一”。我写了一篇文章，叫《“天人合一”新解》。所谓“新解”也者，就是我的解释，跟孔子、老子、孟子，都没有关系，他们讲他们的“天人合一”，我讲我的“天人合一”。后来文章在全国古籍整理小组主办的杂志《传统文化与现代化》创刊号上发表以后，引起了全国很大的争论。我刚才说了，有争论就是好事。你发表一篇文章，提出一个看法，人家不理，那最难受。理的话，有两种理法，一种是赞成，一种是反对。后来，我想围绕这个问题的争论，全国实在是太多了，我就想了个办法，出一本书，叫《东西文化议论集》，不是辩论集，也不是讨论集，叫议论集。什么叫议论呢？就是你打你的，我打我的。《东方文化集成》是我几年前发起编写的一套专讲东方文化的书，五百种，不是五百册，可能是六百册、七百册，其中中国占一百种，日本给五十种，印度给五十种，阿拉伯国家给五十种，这是二百五十种，其余的二百五十种，各东方国家每个国家，最少一本，最多几本，韩国、朝鲜、蒙古、甚至马尔代夫，马尔代夫可能有些同学不知道在什么地方，是一个很小的国家。只要是东方国家，就给一本。最近我们搞了几年，现在开始出版了，出版了十种十一册。今天下午，我要献给我的母校。其中有一本书叫《东西文化议论集》。议论就是刚才说的，你打你的，我打我的。我写了一个序，我说我那篇《“天人合一”新解》发表以后，有人跟我辩论，有人跟我商榷，也有人赞成，外国也有赞成的，德国人、日本人都有赞成的，中国人也有反对的，激烈反对的，都好，都收录到里边来。我说我们共同唱一出戏——《十字坡》。《十字坡》是一出武松打店的戏，夜里边，是不是一丈青，不是一丈青，可能是母夜叉孙二娘，我忘记了，《水浒传》上的。因为在黑暗中，想杀人蒸包子，满台刀光剑影，可是谁也打不着谁。我们大家共唱一出《十字坡》，你耍你的，我耍我的，你也别碰我，我也别碰你，我也不给你“挡车”，你的意见我也给你发表。那个议论集共两本，两本还不够，再出两本也不够，这样一个大问题，就与21世纪的人文社会科学建设有关。

“天人合一”如果你觉得值得考证，那可以写成十万八万、一百万，都可以写，没有什么了不起，多搜集资料，多看几部古书就可以了。我跟那些无关，我是“新解”，新解是我的解释。说你怎么这么讲，现在有人对我激烈反对。我说你们忘记了，我是新解，是我自己的解释。说我跟哪个哪个不同啊，跟过去哪个哪个不一样啦，要一样的话，怎么叫新解呢？新解就是不一样。那么我的“新解”是什么呢？我的新解就是：天，就是大自然；人，就是人类。人类和大自然要合一，不应该矛盾。大家应该注意，英文词典里边的“征服”（Conquer），举的例子是征服自然（to Conquer the nature），这是西方的思想。西方人认为人与大自然是敌我矛盾。要不是敌我矛盾，那怎么还用“征服”呢？征服的结果是怎么样呢？我待会儿再讲这个问题。

我们中国，特别是到了宋代，张载、张横渠他不是有几句话吗？“民，吾同胞；物，吾与也。”民，就是人民，人民不限于中国人民。世界各国人民都是我的同胞兄弟；物，动物和植物都在内，“吾与也”，是我的伙伴。八个字当缩写为“民胞物与”。他是说，我们人对动物、植物，我们是一种伙伴关系。我们不是征服、被征服的关系。这是中、西最大的区别。西方征服自然的结果怎么样？大家看到了，现在环境污染，臭氧空洞，生态平衡破坏，新疾病的产生。前天我看到《参考消息》提到“宇宙垃圾”，我想宇宙怎么有垃圾呢？我一看，说是宇宙飞船在太空里边爆炸了会形成一些碎片，非常危险，要碰到地球上，碰着谁，谁就倒霉。宇宙垃圾多了就成灾。所有这些，怎么来的？我们现在全世界各国都搞环保，完全必要，不搞环保，我们人类没法生活。环保是怎么产生的？好像没有一个人讲过，怎么忽然要环保呢？我们唐朝为什么不讲环保呢？环境污染就是征服自然的结果。结果自然被征服了没有呢？是征服了，电灯、电话不都是西方的产物吗？我们用的话筒不是西方的产物吗？我们不能否定啊！宇宙飞船、火车、飞机呀，给人类带来很多便利，这是不能否定的。可同时也带来灾害，灾害就是生态平衡破坏，臭氧空洞。臭氧空洞是非常严重的，臭氧层把地球保护起来，使紫外线射不进来。臭氧出了空洞，紫外线能一直射到地球上，我们人类生活就会遇到重重困难。其他如人口爆炸，新疾病的产生，什么艾滋病，什么埃博拉病，还有好多疾病，所有的这一切，都跟征服自然、跟西方科技发展有关。我们一方面承认西方有成就，这不能否认，它给我们带来很大的福利；可同时也不能否认，它给我们带来很大的灾害。灾害如果不想办法去铲除，这样下去，那么我们人类将来在21世纪生存就有困难。现在济南不知道怎么样，北京污染得不得了，北京还不是全世界污染得最厉害的城市，像曼谷是最厉害的，北京也够呛，济南大概要好一点。这些问题你不正视不行，所以我讲"天人合一"，我现在不是讲哲学，新解就是我们怎么能够避免西方工业化造成的灾害，否则，人类的前途，生存会有困难。这个道理是非常明显的，用不着很深奥地去解释。"天人合一"不但中国有，印度也有，阿拉伯我不敢说，蔡德贵同志，你是专家。我想东方都有这个特点，人类和大自然交朋友，不能当敌人，不能征服。我们人类的生活，衣食住行，所有的这些东西，都是大自然给的。大自然不给我们，我们没法活。所以我们必须向大自然伸手要东西，要吃要喝要穿要住，不然我们没法生活，可是绝对不能用你不给我就征服这种态度，这是不行的。我们中国的哲学虽然有与大自然交朋友的思想，可是我们也没有做到。现在，森林砍伐在中国还是很严重的。前几年四川、湖南闹大水灾，为什么闹大水，因为山上森林砍光了，水土流失，所以闹大水。不但是我们，就连世界最大的原始森林，南美洲亚马逊流域也还在那儿砍，联合国作了决议不能砍，可还是照样砍。我们政府，我们党也作了决议，可是云南、四川、西藏，我听说照样有人在砍。现在我们到了20世纪末，转眼就要到21世纪了，我们必须正视这个问题。这个问题怎么解决？现在有人讲，你说那个"天人合一"有什么用，还得用科学来解决。科学犯了错误，由科学自己来解决，来纠正。当然是要科学的，我不否定，科学还是要要的。不过，首先要解决思想问题，认识这个问题的重要性、严重性，否则的话，你会无能为力。我们中国工业发展比较晚，可是晚有晚的好处，最早要建工厂，根本不讲究怎么来处理工业废水，怎么处理烧煤的煤气，现在我们讲究了，有这个概念了。建工厂之前一定要处理好烧煤的技术设备，处理好冲向天空的煤烟，不然要出黑烟。黑烟里边据说有炭末，白烟就好一点。污水，要想办法花点钱治理，所以工业化晚有晚的好处。我们中国现在建工厂就已经意识到工厂非盖不行，现代化非盖工厂不行，不可能离开工厂，避免灾害的工作我们正在做，做到什么程度呢？还很难说。因此我就想到为了21世纪人类的生存，我们必须先解决思想问题，思想问题一解决，天，就是大自然，与我们人类要合一，要成为朋友，不能成为敌人，不能征服和被征服，那是不行的。解决思想问题以后，上下一致，然后再来发展我们的工业。不是不发展，工业不发展是不行的；可是弊端要避免，不避免也是不行的。总起来说，就是这么一个大体轮廓。我刚才说过，我自己不是搞义理这一行的，是搞语言的，很枯燥的，现在考虑这个问题，就发现东、西文化就是不一样，不承认这一点就不行。

前一阶段，我应邀到中国科学院去讨论21世纪科学的远景规划，我发言说首先要谈，要搞清楚中国与西方有什么不同。

“天人合一”思想是十分重要的，不然，这样子污染下去，到2050年（在座的有好多能到2050年，我到不了啦），到那个时候，人类就会很困难了，非常麻烦，因此要未雨绸缪。所以我们现在谈21世纪，讲人文科学，不但讲人文科学，连所有的科学，包括自然科学、技术科学也在内，必须考虑这个问题。不考虑是不行的。

现在有人对我的意见激烈地反对，说解决这个问题还得靠科学，我不是反对科学，是要科学来解决，但是科学是人来使用的一种东西，科学本身是活的。有人提倡科学主义，科学主义现在是个贬义词，认为科学能够解决一切问题。科学不能解决一切问题。因此21世纪人文科学的发展必须考虑这个问题，考虑东方与西方的不同之处，弘扬“天人合一”的思想，上上下下，脑子里的这根弦要绷得紧紧的，时刻想到这个问题，以后的事情就好办了。

我们搞社会科学的人有一个较一致的看法，就是在国际上没有中国人的声音，鲁迅说过“无声的中国”，没有我们的声音。这话是的，不但人文社会科学没有我们的声音，诺贝尔奖文学奖，直到现在中国没有一个获得者。这里边有个政治问题，诺贝尔文学奖政治性是非常强的，它歧视社会主义国家，原来也歧视苏联。反对苏联的作家（我不是说苏联多么好，现在苏联已解体了），它就给诺贝尔奖金。中国这么一个大国，诺贝尔奖快到一百年了（1901 年起），没有一个中国的，印度、日本，也都有两个三个的，就是没有中国的。瑞典科学院院士管中国的叫马悦然，是高本汉的弟子，他管这个事。有人问马悦然（我不认识他，他的弟子我认识），为什么中国拿不到诺贝尔奖金，你不是汉学家吗？你说话是管用的呀！他讲，中国的创作，诗歌、小说、戏剧、散文，翻译不好。他这话没有道理！什么是翻译不好啊？那日本人的作品就翻译得好吗？所以这里边有政治问题，我讲不要羡慕它，诺贝尔奖金不都是什么好东西。那里边也有优秀作家，不过二三流的作家占大部分。它给我们一个诺贝尔奖金，我们中华人民共和国照样存在；不给，我们也照样存在，我们还会越存在越好。这话说远了。我感觉我们人文社会科学在国际上没有声音，文艺理论、文艺批评没有我们的地位，美学也没有我们的地位。中国人真的那么蠢吗？现在世界上还没有哪一个人敢说中国人蠢。有人敢说的话，这个人就是最蠢的。为什么？我们不蠢，那是我们不勤奋吗？我不能说我们的学者都勤奋。这里我插一句。昨天蔡德贵教授让我讲一讲，人文社会科学，大学、社会科学院“水土流失”严重的问题。年轻人不愿意做，不愿干这一行，山大是这样，北大也一样。我是这么看：要建设一个国家，应该两手抓。我们讲两手抓，实际上有时候是一手抓。现在是重工轻理，重理轻文，工科是第一，理科是第二，文科是第三。这对学文科的人有影响。实际上，我看大家不必有多么大的心理负担。世界各国真正经济腾飞、文化发达的，都是两手抓，光抓科技不行。日本之所以发展那么快，是因为它抓文化，抓教育。我到日本去看过庆应大学，这是私立的，日本大学排榜能排第二或第一，早稻田和庆应，就像美国的哈佛和耶鲁一样，英国的牛津、剑桥一样。东京大学排第三位。庆应大学的创办人叫福泽谕吉，一进校门有一座塑像，他抓文化教育，办了个庆应大学。不搞文化不抓教育而想经济腾飞，小的可以腾，大的腾不起来。不要因为眼前文科显得用处不大，不要这么想。当然我并不是要大家都学文科。你们记着范老（文澜）的几句话：板凳甘坐十年冷，文章不写一句空。文科（其他科也一样）要出成绩，必须有这个本领。没有坐十年冷板凳的决心，一事无成。我并不反对有些年轻人下海、留洋，我叫它"海洋主义"。"海洋主义"我不反对。因为大学里边用不了那么多人，社会科学院里也用不了那么多人。有的青年下海还有好处，我不反对。留洋我只反对不回来。我对不回来的深恶痛绝，可我没有办法。到一个国家留学不回来，在国外做一个三等公民。现在大家排了排，在美国甚至要做到五等公民，不是三等，不够三等。第一等是美国人，第二等是西欧移民，第三等是拉美移民，第四等是黑人，第五等才是我们华人。所以不是做三等公民，而是五等公民，你这样舒服吗？饭吃得下去吗？天天吃大餐，肯德基、麦当劳，天天吃那个玩意儿，你吃得舒服吗？我觉得真正想有成就，真正爱我们国家，就得在我们国内才有前途。到美国可以教个书，当个教授，甚至当个终身教授，没有什么了不起，真正有出息是在中国。再等十年、二十年，你再想一下当年季羡林讲过这么一句话，真正有出息是在中国。这不是狭隘的爱国主义。所以，我想昨天蔡德贵面授机宜，让我讲一点看法，我就讲一点看法。

现在再回头来讲我们的 21 世纪人文社会科学。我觉得 21 世纪的人文社会科学，现在的基础要发展，但是必须有新的指导思想，就是我刚才说的"天人合一"，有了这个指导思想以后，不管是人文科学、社会科学、自然科学、工程技术，都一样，有这个指导思想和没有这个指导思想很不一样。要没有这个指导思想，21 世纪还跟在西方的屁股后头转，还是无声的中国，那就太惨了。

拿文艺批评来讲，拿语言学来讲，西方是过几个月就出现一个新学说。出来以后，过不久就销声匿迹，然后再出现一个新学说。可是这里边我们中国为什么就没有？我想这里边有好多问题，其中有一个，就是"贾桂思想"，老觉着自己不行。《法门寺》这出戏剧里不是有个贾桂吗？觉着自己不行，只有洋人能够脑袋瓜灵，能创新学说，我们中国人创不了。哪有那么回事啊？西方人的那些东西，什么流派，不管是文艺理论、语言学，还是其他的学问，我们应该注意，它对你讲什么东西，一定要注意，一定要研究，可是无论如何不要迷信，没有什么了不起。清代赵翼有一首诗：“李杜诗篇万口传，至今已觉不新鲜。江山代有才人出，各领风骚数百年。”江山代有才人出，各领风骚数百年。这句话实际上没有说对。各领风骚数百年，李杜已领了一千多年了，我们现在还要念李白、杜甫啊！这句话本身是不对的，这里我不管它，我套用了一句：现在世界上不少学说是“江山年有才人出，各领风骚数十天”。庄子讲“蟪蛄不知春秋”，好多学说刚一出就完了。也有比较长一点的，但现在也不行了。而我们偏偏迷信，好像只有他们才能创新学说，我们不能创。我对这种现象深恶痛绝。

我举一个具体的例子，最近我写了一篇“怪论”——《美学的根本转型》。美学，在座的有好多是研究美学的，我们山大的周来祥教授是美学专家。我也来谈一谈美学的根本转型。我看过一篇文章，叫《美学的转型》，讲美学这门学问是舶来品，是传进来的。传进来以后，有人就跟着西方学者屁股后头转，转到今天，转到死胡同里去了。讨论什么美是客观的，美是主观的，美是主客观相结合的，越讨论越糊涂，谁也说服不了谁。现在有的美学家就提出要转型，我也写了《美学的根本转型》。什么叫“根本转型”呢？根本转型就是把西方的那一套根本丢掉。我不是瞎说的，美学这个词儿是舶来品，美学这个词英文是 aesthetics，是从希腊文来的，是讲感官，与外界接触得到的美感。感官有眼、耳、鼻、舌、身等五官。我们现在看西方美学，什么黑格尔、Croce，他们在五官里边只讲两官：一官指眼睛，看雕塑，看绘画，讲美学是用眼睛看的。另一官指耳朵，听的是音乐。五官只讲两官，光讲眼睛和耳朵，光讲美术和音乐，是不是这个情况？当年我在大学念书的时候，听过朱光潜先生讲的美学，“文艺心理学”，当时对我影响很大，后来没有怎么接触。最近我忽然想到，西方美学之所以走到绝路，因为它不全。中国怎么办呢？美学是研究美的学问，中国人的美，跟西方人不一样。有的当然一样，如这个姑娘很漂亮，中国人眼中看着漂亮，西方人眼中看着也漂亮，有共同的地方。但也有很大的区别，是“美”这个字，美这个字，一查《说文》在羊部，“羊大为美”。羊长大了，肉很好吃，是讲舌头的。我们不是说美味佳肴吗？美跟味联在一起，是讲舌头的。西方美学不讲舌头，是讲别的。中国人讲美学，要讲中国人的美。中国的美首先不是从眼睛出发，不从耳朵出发，而是从舌头出发。善，善良的善，也是羊部；仁、义、礼、智、信的义，也是羊部，都是羊。我们中国人喜欢吃，这个事情也很简单。我的想法是中国在游牧社会，羊大了，吃羊肉，就觉得美得不得了。从这开始，从味觉开始，然后是美人啊，就到了眼睛了。很美的音乐，就到了耳朵了。是不是这么个道理？中国美和西方美不一样。美学的根本转型，就要把西方的那一套都丢掉，根据我们中国人的美，我们认为什么是美，我们认为是五官，不光是眼睛和耳朵，一官或两官。是不是这样子？这篇文章大概年内可以发表，社科院的《文学评论》要发表。它为什么要压一压呢？他们说你这篇怪论，很有意思，到了快年终的时候，发你一篇文章，引起争论，可以增加订数，这是开玩笑。我说没有关系，这篇怪论你什么时候发都行。反正副标题就叫《一篇怪论》(这篇文章已经发表了，在《文学评论》今年第五期上)。我举这么个例子，就说明我们到21世纪，要搞人文科学，必须搞出我们中国的特色。文艺理论也一样。文艺理论的一篇已经发表了，在《文学评论》今年春天发表的，第二期听说就有反对我的意见的文章。我还是那个老办法，你打你的，我打我的，我也不跟你商榷，也不讨论。你赞成，我同意；你不赞成，我也同意。这就是要考虑我们中国特点，要考虑中、西不一样。美这个英文词是beautiful，讲人beautiful可以。讲这个菜，说beautiful不行，面包是美味，说beautiful bread，没有这个说法。从语言学来讲，也不一样。我们讲美味佳肴，香港美食城，山东不知道有没有美食城。我们的美是从舌头出发的，讲美学的话，应该讲眼、耳、鼻、舌、身，不能光讲眼睛和耳朵。

美，有以心理为主要因素的，有以生理因素为主的。以心理为主要因素者为眼、耳，以生理为主要因素者为鼻、舌、身，部位不同，但是同为五官，同为感觉器官则一也。其感觉之美，虽性质微有不同，其为美则一也。在中国当代汉语中，“美”字的涵盖面非常广阔。眼、耳、鼻、舌、身五官，几乎都可以使用“美”字。比如眼：这幅画美，人美，自然风光美。耳：乐声美。鼻：香味美。舌：味道美。只有身稍微困难一点，但是从人们口中常说“美滋滋的”，也可以表示“舒服”，这样使用到“身”上，也就没有困难了。这样含义涵盖广，难道同“美”的词源有关吗？五官所感受的美好的东西，既然可以同称“美”，其间必有相通之处。只要抓住这相通之处，加以探讨，必然有成。在西方则不然。以英文为例，含义是“美”的字眼，比如beautiful、pretty、handsome 等等，涵盖面都有限，恐怕只限于眼。耳可用 sweet 等。鼻也可用 sweet，fragrant，aromatic。舌用 delicious 等。身用 comfortable 等。这些例子不全，也用不着全，只不过想略表中、西之不同而已。

中国现在的美学研究既然走到死胡同，那就要改弦更张，另起炉灶，建构起一个全新的美学框架，扬弃西方美学中没有用的误导的那一套东西，保留其有用的东西。但是西方美学只限于眼、耳，是不全面的，中国美学“美”字的语源意义，只限于舌，也是不全面的，都必须加以纠正补充。要把眼、耳、鼻、舌、身所感受到的美都纳入美学框架，把心理和生理所感受的美冶于一炉，建构成一个新体系。这是大破大立，是根本转型，而不是修修补补。21 世纪要发展人文社会科学，必须有新东西，要根据我们中国自己的实际情况。

语言学也是这样。我不知道在座的有没有搞语言学的。中国语言学在世界上是最古老的，许慎《说文》《尔雅》，都很古老。可到现在呢，在国际上没有中国的理论，只有外国的。原因是汉语的研究方法，应该彻底改变。现在研究汉语的方法，实际上是从《马氏文通》来的，是用研究英文、法文、拉丁文等有曲折变化的语言的方法来研究没有曲折变化的汉语。那能行吗？英文等的语序可以不那么固定，如我打你，你打我，“你”、“我”都有专词表述，语序不那么固定，也可以的。但在中文里不得了，是很大的不同。梵文的语序可以随便。中文就复杂，不能那么随便。如人，你说是名词，那韩愈的“人其人”，第一个“人”是动词。如火，也是韩愈的“火其书”，第一个“火”是动词，这种现象在印欧语系是没有的。所以拿英文的方法研究汉文是不行的，也要改弦更张，要根据汉语的具体情况来研究，不能用外国那一套。

建立一种理论也是这样。怎么能够使我们在国外没有声音？是我们自己没有发。我觉得我们中国人的聪明才力，不差于任何国家，不低于任何国家。首先要去掉“贾桂思想”，觉得我们很不行，这是很不对的。

研究文学批评也是这样。现在有好多学派。研究文学批评有一些理论，当年主要是从苏联来的，毕达柯夫，在座中文系的老先生都知道，他的教科书，他的文艺理论也是西方的。我们过去也有文艺理论，《文心雕龙》、几个《诗品》，那就是文艺理论，很高的文艺理论。我们研究文艺理论要用中国的做法，我在《门外中外文论絮语》一文中讲过，中国的文论家从整体出发，把他们从一篇文学作品中悟出来的道理或者印象，用形象化的语言，来给它一个评价，比如“清新庾开府，俊逸鲍参军”，对李白则称之曰“飘逸豪放”，对杜甫则称之为“沉郁顿挫”，这是与西方文论学家把一篇文学作品加以分析、解剖，给每一个被分析的部分一个专门名词，支离繁琐，很不一样。中国诗，没法翻译成英文，翻译成英文谁也不懂，如“池塘生青草”，翻成英文是池塘旁边长出了青草来，这算是什么诗啊。又比如“明月照高楼”，这也是名句，翻译成英文，完了，成了月亮照着高楼。中外不一样。中国文艺理论

1992年3月，季羡林在中国作家协会鲁迅文学院授课。

的书不多，《文心雕龙》，钟嵘、司空图各有一部《诗品》，这些都值得读一读。中国有诗话。诗话这东西很奇怪，我注意到，诗话世界上只有两个国家有，中国和韩国，日本没有诗话。

中国人吃东西，我写过两篇东西，是给《新民晚报》“夜光杯”用的，一篇是论中餐、西餐，另一篇题目挺吓人：《从哲学的高度来看中餐和西餐》，大家可以看看，并不吓人。我讲的是实话，中餐和西餐没有什么差别，很简单，中餐就是肉、菜炒在一起；肉与菜分离，就是西餐，就这么简单。实际情况当然不那么简单。法国西餐就好，做得比德国的好。看问题要抓住要害。不要迷信外国，外国要研究，不要迷信。一定要有我们的雄心壮志，不是只有蓝眼睛、高鼻子的人才能提出理论。山东大学在中国的大学里边，在山东当然是最高学府，在中国的综合大学里也是排在前边的。我自己作为一个山东人，作为山大的一个老校友，我是双重校友，既当过学生，又当过教员，我在济南“省立高中”教过书，高中是山大附中改建的。希望我们山大能够一天比一天好，为山东争光，为中国争光。

为了能适应21世纪人文社会科学发展的需要，我劝文科的同学多学习点理科的内容，至少选修一门理科的课程。原来，我1930年上清华大学时，有一个规定，文科学生必须学一门理科的课。当年蔡元培先生在北大也有这个规定，文科学生必须学一门理科的课程。可惜，清华用了一个通融办法，逻辑可以代替，结果三个逻辑教师讲，三个教室还都是满的。原因是什么呢？我是文科高中毕业的，生物、物理、化学是理科，我都不懂，你让我怎么学理科？其他人也有和我一样的，所以，三个逻辑课教室都满堂。我看这是变了样的，不对的。蔡元培先生也提出这个意见来，北大用另外一种方式来改变了一下，即用“科学方法”。大家都不熟悉。我1930年同时考北大、清华，北大出国文题就是：“何谓科学方法？试分析评论之”，这是国文题，也不大对头。到今天，过了有六十多年了，现在的青年同学、青年学者，你们一定要通一门理科。我这么讲的原因，就是从学术发展来看，学术交融越来越明显。在最初，欧洲只有物理，只有化学、生物，分得清清楚楚，现在呢？物理化学、生物化学，已经交叉了。现在我看 21 世纪，文、理都很难分。所以文科必须用理科的知识，理科必须用文科的知识。这一点从学术发展的情况来看，绝对没有问题。21 世纪，文、理科到底会融合到什么程度？这个我不敢说。这是我对青年学生要求的第一点。

第二点，就是学文科、理科，不管是什么科的同学，你必须掌握好一门外语。听说写读译，五会，一会不行，二会不行，三会、四会也不行，必须五会，有了一门外语，研究学问，出国参加学术会议，都有好处。同时对你们研究学问有好处，不能满足于现状，那是不行的，必须与外语结合。具体地讲，就是英语。英语现在实际上是世界语，会了英语，走遍世界不困难。根据我的经验，就是走到原苏联时碰到过一点困难。一过苏联边界，一到波兰，英文什么都解决了。苏联当时只讲俄文，我在那里还闹过一个笑话。因为我学过俄文，拿辞典勉强可以看书。但有一个词“香肠”我忽然忘了怎么说，在旅馆吃早点，想吃香肠，怎么比划，服务员都不懂，最后就没吃到香肠。学会英语走到哪儿都不会碰到困难。原苏联只是一个特例。

第三点，要不断扩大知识面，吸收新知识。现在我有点倚老卖老了，但是我还是报纸、杂志，都翻一翻。有的年龄和我相当的一些老先生，报纸也不看，杂志也不翻，那就有点玄乎。

最后一点，最好要能掌握电脑。电脑，我不会的，有人要教我，说五分钟包会，我说五分钟我也不干，我是老顽固。因为学电脑有个过程，因为我们写文章，舞文弄墨几十年，写的过程就是构思的过程，一改变工具，我这构思就没法构思，灵感就没有了。所以我没有办法，我说我现在就原样对付几年吧。你们年轻人一定要掌握电脑，新的通讯知识，一定要掌握。年轻人到 21 世纪要是缺乏刚才我说的这些基础，我觉得有点困难。现在我们就整个中国学术界来讲，人文社会科学我们现在还是有人，不能说没有人。不过有的学科有点后继无人，像北大这个学校，到明年一百年了，当然要算的话，可以算两千年，从周朝开始，但是我们不那么算，从 1898 年算起。现在就是这样子，北大的台柱是哪个系？我没有研究过，办学不能平均撒胡椒面儿，要办出特点来，你不可能每个系都是全国第一，你要选那么几个重点出来。北大大家一致的意见是，全校重点应是文科的中文、历史、哲学。我们过去一个副校长王路宾，山东人，做过济南市委书记、公安厅长，他是搞理科的（我与他同时当副校长），但是我的文章他看。我问过他，路宾同志，你考虑要北大办出特点来，哪个系？他说：文、史、哲。就是蔡德贵他们这个杂志《文史哲》，这个道理是很正确。可最近，我们文、史、哲“水土流失”厉害，年轻人留不下，留下的呢，他没法养家，这都是实际问题。不过尽管这样，实际上一个系里边，真正有学问有造诣有声望的教授用不了多少，多了也用不着。年轻人，老、中、青这个班子，一个系里有十个八个二十个，就够了。这同国外的大学情况一样，你这个大学有没有名，你这个系有没有名，决定于教授。过去，我进的那个哥廷根大学，从19世纪末到20世纪20年代，是世界数学中心。不是德国的，是世界的。因为当时有两个大师，一个叫希尔伯特（David Hilbert），一个是Klein，还有Gauss，我去的时候高斯早已不在了，希尔伯特还活着。这几个人一不在，大学里的数学水平立刻就下降。如果有接班人可以，没有接班人立刻就下降。所以，我有个怪论，就是办学究竟应该怎么办？北京大学现在举行百年校庆展览，来征求我的意见，我说我有个怪论，大学的组成部分有四部分：第一部分是教师，第二部分是学生，这个为主。第三部分是图书馆、实验室，第四部分，行政管理。行政管理怎么排在第四部分？这是因为第三、第四部分是为第一、第二部分服务的。没有第一、第二部分，第三、第四部分没有存在的必要。他们觉得这也有道理。没有学生，没有教员，图书馆干吗？实验室干吗？行政班子干吗？大学里学生是非常重要的，你招的学生的素质不一样，培养出来的学生，人与人之间就很不一样。要是你考进来的时候素质高，再加上教授的水平高，实验设备好，图书馆好，行政管理好，必然出人才，为我们国家建设，为我们学术发展，必然出人才。现在大家不愿意在学校，我感觉是暂时的。现在我们国家财政上有困难，我们应该体谅国家。

工资我们跟外国人没法谈。就是香港大学的工资也没法比，我自己是知识分子，在知识分子堆里混了七八十年，我写过一篇文章《一个老知识分子的心声》，里边也有刺，也有牢骚，可是也有正面的。中国知识分子的最大特点是最爱国家，我说句不好听的话，我们老知识分子的爱国，恐怕比你们中年还要厉害。这话怎么讲呢？是唯物的。我们在解放前过过半封建半殖民地的生活，你们没过过。中国人在海外的，华侨最爱国，因为什么呢？因为他在国外，离我们中国、母国、祖国，很远，但实际上给他以很大影响。1951 年，我到印度去访问，到了一个叫海德拉巴地方的一个中国餐馆，主人一定要请我们吃饭。我们那个团很大，是建国后第一个大型代表团，有很多名人，这么多人一定要请吃饭，我们问他为什么？他说，中华人民共和国一成立，我们在印度人眼中的地位立刻升高。你说他能不爱国吗？很简单，这是唯物的。年老的吃过那个苦头，你们年轻一点的不知道。我刚才讲的，涉及业务的几个条件，都是我自己根据经验谈出的一点意见，仅供参考。谢谢大家。

[编者附记]

1997 年 10 月 4 日至 6 日，由《文史哲》编辑部和山东大学文学院、历史文化学院、哲学系、古籍整理研究所及山东大学出版社等单位联合召开了“面向 21 世纪的人文学科建设暨季羡林学术思想研讨会”，季羡林应邀出席会议并发表演讲，就人文学科在 21 世纪的发展进行了预测，对青年学子如何适应未来世界的发展提出了殷切的希望。

接受新华网记者采访时的谈话

路是这样的。从学术来讲，我这条路是乱七八糟的，并不是自己愿意乱七八糟，是由环境决定的。按照步骤来讲，在清华之前谈不到这种学术研究，到清华以后，应该说开始了吧。当时搞的是西洋文学，后来是德国文学，是用英文写的一篇关于德国一个诗人的论文，那个阶段没有多大成绩。到了德国以后，开始学梵文、巴利文、吐火罗文，我一生学术研究走上正路的是德国。在那儿十年，应该说还做了一些工作，就是写了几篇文章，不管大家赞成也好，反对也好，反正提出了一些新东西，就是对我这门学科起到推动的作用。现在媒体介绍我的地方非常多，但是我在德国十年究竟干什么东西，知道的不多。因为用德文写的，在国内能看德文的不多。这是一个阶段。十年以后一回国，在国内工作没法进行，因为缺少资料，缺少杂志，缺少论文等等，被迫改行，改来改去就改成今天这样一个杂家，面涉及得很广，但是里面真正很深入的不是特多。后来情况稍微好了一点，什么叫好了一点呢？跟国外来往多了一点，我们需要的杂志，我们需要的著作能够得到了。最有意思的一个转折点，也是机遇，什么问题呢？就是吐火罗，我在德国念的吐火罗，是人们发掘出来的，是拉丁字的，我得到时是 80 年代初，在新疆焉耆县那个地方，一个牧民在一个石窟旁边捡了八十八页四十四张，两面写的，捡了这么一堆东西，不知道是什么玩意儿。后来送给新疆博物馆，新疆博物馆也不知道是什么玩意儿，就找到我，得，我一看就是吐火罗。说你把四十四张八十八页撰写出来加工，当时我没有敢答应，因为什么原因呢？因为在德国学的

季羡林在书房

是这个，但是一直没干，几十年了。现在这些东西过来，事先没有人搞，当时我拒绝了。后来新疆博物馆的人说不行，就得你搞。我说试试吧，拿来了，然后先撰写成拉丁字，最初也不知道，碰巧了，因为书名就在乱七八糟的那个四十四张，第四十四张就是书名，是乱的，不是按顺序的。一找到书名就好办了。这工作做起来非常困难，什么原因呢？因为没有一章是全的，甚至没有一行是全的。字母跟我们现在的英文写法不一样，英文是一个字一个字都分开，它是写在一起。要分开非常困难。我就在搞别的工作之余来搞这个东西，搞了十几年。最后一直到了80年代算是搞完了，四十四张八十八页，翻译成英文的。这工作算结束了。

2001年9月4日

接受《走进崇高》杂志记者采访的谈话

记者：您是怎样做学问的？或者说怎样才能做好学问？

季羡林：这个问题太大了。第一，要专心不二，要坐得住冷板凳。大千世界，五彩缤纷，刺激人欲望的事情太多了。但是要想做学问，就不能有太多的欲望，认准了你要研究的学问，就一心不二、拼全力地完成它。也许你几年内看不到战果，但你不必灰心，要百折不挠、持之以恒，坚持下去一定会有收获的。但是，我不同意所有的人都来做学问，那样我们就会饿死了；当然，我也不同意所有的人都下“海”经商，那样就会被商海淹没。国家是架庞大的机器，要正常运转，就要机件齐备，缺一不可，还有配合默契。总之，根据各人的条件，国家的需要，合理分工，各人都发挥其长，我们的国家才有长足的发展。第二，要实事求是，不要弄虚作假。这就是说做学问要有老老实实的态度。知之为知之，不知为不知，是知也。不可强不知以为之。大学问家王国维说：“《诗经》我总共懂不了50％”，他这是老老实实的态度，这才是一个真正的学者的态度，是值得尊敬的。现在如果有人说，《诗经》我全部读懂了，我说他是吹牛；如果有人说，我什么都会，我断言他是个大骗子。偷别人的研究成果为己有，东抄西凑，沽名钓誉。这样为国为人都没有益处，为自己也只能是炫耀一时，久之必败。古人做学问讲究“才、学、识”，我给增加了一个“德”，德就是真，就是诚，就是实，就是道德，不讲道德的治学是没有出息的。

记者：三个战场同时展开又交叉进行，这样不会打断思路吗？

季羡林：不。这好比磨刀，每换一个战场，等于磨了一次刀。我同时进行的战场往往是截然不同的，这边是刻板的文字，那边是丰富的想象，另一边是严密的考证。这样交叉进行可以使我大脑的兵力轮番休整互为补充，还有一个好处是，研究的课题不同，所用的资料也不同，不同的课题分别摆开就等于根据目标固定兵力，用起来既方便也节约了时间。这样不仅不能打断我的思路而且很快进入情况，投入战斗……

记者：那么您酝酿、构思的最佳时间和环境是什么？

季羡林：浪漫诗人拜伦每闻到烂苹果就灵感涌动、诗兴大发；而欧阳修视马上、枕上、厕上为构思诗文的最佳场所；我有我的新“三上”，即机（飞机）上、路上、会上。由于乘飞机的机会太多，养成了在飞机上写作、构思的习惯；自己漫步路上是思考问题的大好时机，常有灵感爆发，因此，我不希望别人陪我、送我；我兼职多，参加的会议多，而当今的会议套话、空话、形式太多，加之主讲人哼哼啊啊的口语，只用四分之一的听力就记住了会议的全部精神，其余四分之三就可以用以思考与写作了，久而久之，我一置身于会场就像拜伦闻到烂苹果的味道，思路格外活跃。记得一次在人民大会堂开会，灵感涌动，不写不快，可是进大会堂不准带包，身边无纸，急中生智，我

季羡林每天凌晨四点起床，潜心写作，号称“燕园第一盏灯”。

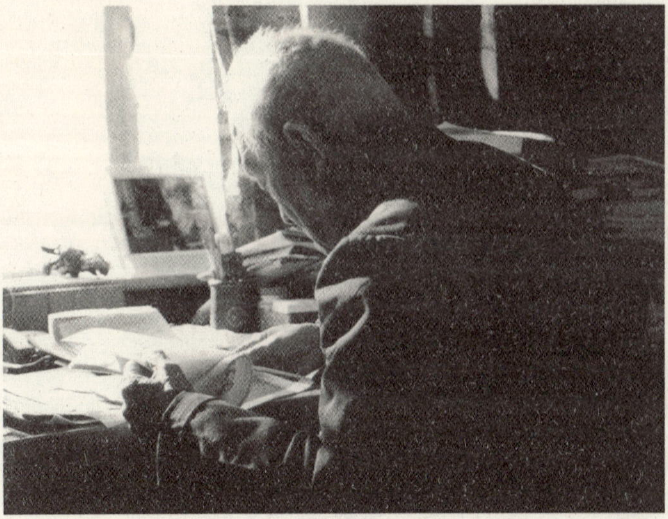

东方现出鱼肚白，季羡林读兴正浓。

就用请柬写，一张请柬的反正两面都写满了还没有写完，邻座的同志递过来他的请柬，并会心地一笑，我居然险些不好意思起来……噢，对了，你不要把这一习惯宣扬出去，大家都这样，众多的主持会者该来找我算账了！这是环境造成的习惯，我当了三十多年的系主任，每天要按时上班，社会活动又多，加之神经衰弱，早上不干点活，就没时间干活了。

记者：季老，听说您很欣赏陶渊明的一首诗？

季羡林：是的，“十年浩劫”之后，我成了陶老夫子的志同道合者。“纵浪大化中，不喜亦不惧，应尽便需尽，无复独多虑。”我现在就是抱着这种精神，昂然走上前去。只要有可能，我一定做一些对别人有益的事，决不想成为行尸走肉。今后无论遇到什么风雨，我都不愁不惧，我都会昂然前进的。

才、学、识

我认为，要想从事科学研究工作，应该在四个方面下工夫：一、理论；二、知识面；三、外语；四、汉文。唐代刘知几主张，治史学要有才、学、识。我现在勉强套用一下，理论属识，知识面属学，外语和汉文属才，我在下面分别谈一谈。

理　论

现在一讲理论，我们往往想到马克思主义。这样想，不能说不正确。但是，必须注意几点：一、马克思主义随时代而发展，绝非僵化不变的教条；二、不要把马克思主义说得太神妙，令人望而生畏，对它可以批评，也可以反驳。我个人认为，马克思主义的精髓就是唯物主义和辩证法。唯物主义就是实事求是。把黄的说成是黄的，是唯物主义。把黄的说成是黑的，是唯心主义。事情就是这样简单明了。哲学家们有权利去作深奥的阐述，我辈外行，大可不必。至于辩证法，也可以作如是观。看问题不要孤立，不要僵死，要注意多方面的联系，在事物的运动中把握规律，如此而已。我这种幼儿园水平的理解，也许更接近事实真相。

除了马克思主义以外，古今中外一些所谓唯心主义哲学家的著作，他们的思维方式和推理方式，也要认真学习。我有一个奇怪的想法：百分之百的唯物主义哲学家和百分之百的唯心主义哲学家，那是没有的。这就像真空一样，绝对的真空在地球上是没有的。中国古话说："智者千虑，必有一失"就是这个道理。因此，所谓唯心主义哲学家也有不少东西值得我们学习。我们千万不要像过去那样把十分复杂的问题简单化和教条化，把唯心主义的标签一贴，就"奥伏赫变"。

知识面

要求知识面广，大概没有人反对。因为，不管你研究的范围多么窄狭，多么专门，只有在知识广博的基础上，你的眼光才能放远，你的研究才能深入。这样说已经近于常识，不必再做过多的论证了。我想在这里强调一点，这就是，我们从事人文科学和社会科学研究的人，应该学一点科学技术知识，能够精通一门自然科学，那就更好。今天学术发展的总趋势是，学科界线越来越混同起来，边缘学科和交叉学科越来越多。再像过去那样，死守学科阵地，鸡犬之声相闻，老死不相往来，已经完全不合时宜了。此外，对西方当前流行的各种学术流派，不管你认为多么离奇荒诞，也必须加以研究，至少也应该了解其轮廓，不能简单地盲从或拒绝。

外　语

外语的重要性，尽人皆知。若再详细论证，恐成蛇足。我在这里只想强调一点：从今天的世界情势来看，外语中最重要的是英语，它已经成为名副其实的世界语。这种语言，我们必须熟练掌握，不但要能读，能译，而且要能听，能说，能写。今天写学术论文，如只用汉语，则不能出国门一步，不能同世界各国的同行交流。如不能听说英语，则无法参加国际学术会议。情况就是如此地咄咄逼人，我们不能不认真严肃地加以考虑。

汉 语

我在这里提出汉语来，也许有人认为是非常异议可怪之论。“我还不会说汉语吗？”“我还不会写汉文吗？”是的，你能说，也能写。然而仔细一观察，我们就不能不承认，我们今天的汉语水平是非常成问题的。每天出版的报章杂志，只要稍一注意，就能发现别字、病句。我现在越来越感到，真要想写一篇准确、鲜明、生动的文章，绝非轻而易举。要能做到这一步，还必须认真下点工夫。我甚至想到，汉语掌握到一定程度，想再前进一步，比学习外语还难。只有承认这一个事实，我们的汉语水平才能提高，别字、病句才能减少。

我在上面讲了四个方面的要求。其实这些话都属于老生常谈，都平淡无奇。然而真理不往往就寓于平淡无奇之中吗？这同我在上面引鲁迅先生讲的笑话中的“勤捉”一样，看似平淡，实则最切实可行，而且立竿见影。我想到这样平凡的真理，不敢自秘，便写了出来，其意不过如野叟献曝而已。

1988年

季羡林在指导日本博士研究生辛岛静志

治学四法

也许是因为我自己的研究范围间有与饶选堂先生共同之处，比如中印关系、梵语语言等等，所以，我只要得到选堂先生的著作，必仔细拜读。我个人觉得，选堂先生的学术研究有四大特点：第一，研究范围广，使人往往有汪洋无涯之感。这在并世学人中并无第二人。第二，选堂先生的论文引用材料范围极广。古典文献，固无论矣，对当代学人的文章，他也几乎是巨细不遗。当前国内出版的学报，数量极大。我们注意的往往只是几个著名大学的学报，穷乡僻壤的一些师范学院的学报，往往被我们所忽视。选堂先生则不然：这些生僻的学报，他也往往尽收眼中，加以引用。第三，选堂先生非常重视考古发掘的新资料。他对大陆考古发掘情况了如指掌。不用举更多的例子，眼前这一部新著就是最好的证明。第四，由于具备了以上诸

“学术研究，必须时有新创获，这样学术才能前进。”(季羡林)

条件，加以能读书得闲，所以饶先生在论文中时有新的创获。

以上四项中，第四项最为重要。学术研究，必须时有新创获，这样学术才能前进。如果每个学人都陈陈相因，固守旧说，不敢越雷池一步。那么，学术必然会原地踏步，毫无进展，学术研究也就根本没有意义了。

这一点道理，谁都明白。然而，创新何易言哉！创而中，则必令人有石破天惊之感，如夏日饮冰，痛快淋漓：创而不中，则如真理超过一分即成谬误，令人啼笑皆非矣。近世学人能创新者盖亦有人，我只举闻一多、郭沫若二先生。他们的著作中，创新之处颇多，能令人叹服。但令人啼笑皆非者，亦复多有。大胆假设固佳，小心求证更难。世之学人，不能不以此自儆也。

我决不是说，选堂先生文章中就有此类现象，决不是的。我只不过是在谈到选堂先生的创新时偶然发了一点感慨，如此而已。

1999 年 2 月 2 日

[编者附记]

本文是作者为饶宗颐《中国宗教思想史新页》一书写的序言。

研究学问的三个境界

王国维在他著的《人间词话》里说了一段话：

> 古今之成大事业大学问者，必经过三种之境界："昨夜西风凋碧树，独上高楼，望尽天涯路。"此第一境也。"衣带渐宽终不悔，为伊消得人憔悴。"此第二境也。"众里寻她千百度，回头蓦见那人又在灯火阑珊处。"此第三境也。

尽管王国维同我们在思想上有天渊之别，他之所谓"大学问"、"大事业"，也跟我们了解的不完全一样。但是这一段话的基本精神，我们是可以同意的。

现在我就根据自己的一些经验和体会来解释一下王国维的这一段话。

"昨夜西风凋碧树，独上高楼，望尽天涯路。"意思是：在秋天里，夜里吹起了西风，碧绿的树木都凋谢了。树叶子一落，一切都显得特别空阔。一个人登上高楼，看到一条漫长的路，一直引到天边，不知道究竟有多么长。王国维引用这几句词，形象地说明了一个人立志做一件事情时的情景。志虽然已经立定，但是前路漫漫，还看不到什么具体的东西。

说明第二境界的那几句词引自欧阳修的《蝶恋花》。王国维只是借用那两句话来说明：在工作进行中，一定要努力奋斗，刻苦钻研，日夜不停，坚持不懈，以致身体消瘦，连衣裳的带子都显得松了。但是，他（她）并不后悔，仍然是勇往直前，不顾自己的憔悴。

在三个境界中，这可以说是关键。根据我自己的体会，立志做一件事情以后，必须有这样的精神，才能成功。无论是在对自然的斗争中，还是在阶级斗争中，要想找出规律，来进一步推动工作，都是十分艰巨的事情。就拿我们从事教育和科学研究工作的人来说吧，搞自然科学的，既要进行深入细致的实验，又要积累资料。搞社会科学的，必须积累极其丰富的资料，并加以细致地分析和研究。在工作中，会遇到层出不穷的意想不到的困难，我们一定要坚忍不拔，百折不回，决不容许有任何侥幸求成的想法，也不容许徘徊犹豫。只有这样，才能得到最后的成功。

工作是艰苦的，工作的动力是什么呢？对王国维来说，工作的动力也许只是个人的名山事业。但是，对我们来说，动力应该是建设社会主义社会和共产主义社会。所以我们今天的工作动力同王国维时代比起来，真有天渊之别了。

所谓不顾身体的瘦削，只是形象的说法，我们决不能照办。在王国维时代，这样说是可以的。但是到了今天，我们既要刻苦钻研，同

季羡林的工作室兼卧室

时又要锻炼身体，一马万马的关系必须正确处理。

此外，我们既要自己钻研，同时也要兢兢业业地向老师学习。打一个不太确切的比喻，老师和学生一教一学，就好像是接力赛跑，一棒传一棒，跑下去，最后达到目的地。我们之所以要尊师，就是因为老师在一定意义上是跑前一棒的人。一方面，我们要从他手里接棒；另一方面，我们一定会比他跑得远，这就是所谓“青出于蓝，而胜于蓝”。

说明第三个境界的词引自辛弃疾的《青玉案（元夕）》。意思是：到处找他（她），也不知道找了几百遍几千遍，只是找不到。猛一回头，那人原来就在灯火不太亮的地方。中国旧小说常见的“踏破铁鞋无觅处，得来全不费工夫”，表达的也是这个意思。王国维引用这几句词，来说明获得成功的情形。一个人既然立下大志做一件事情，于是就苦干、实干、巧干。但是什么时候才能成功呢？对于这个问题大可以不必过分考虑。只要努力干下去，而方法又对头，干得火候够了，成功自然就会到你身边来。

这三个境界，一般地说起来，是与实际情况相符的。就王国维所处的时代来说，他在科学研究方面所获得的成绩是极其辉煌的。他这一番话，完全出自亲自的体会和经验，因此才这样具体而生动。

到了今天，社会大大地进步了，我们的学习条件大大地改善了，我们的学习动力也完全不一样了；我们都应该立下雄心大志，一定要艰苦奋斗，攀登科学的高峰。

1959 年 7 月

我的学术研究特点

特点只有一个字，这就是：杂。我认为，对于“杂”或者“杂家”应该有一个细致的分析，不能笼统一概而论。从宏观上来看，有两种“杂”：一种是杂中有重点，一种是没有重点，一路杂下去，最终杂不出任何成果来。

先谈第一种。纵观中外几千年的学术史，在学问家中，真正杂而精的人极少。这种人往往出在学艺昌明繁荣的时期，比如古希腊的亚里士多德，文艺复兴时期的达·芬奇，以及后来德国古典哲学家中的几个大哲学家。他们是门门通，门门精。藐予小子，焉敢同这些巨人相

“庆祝季先生九十华诞暨从事东方学研究六十六周年”庆典。（2001年5月17日）

比，除非是我发了疯，神经不正常。我自己是杂而不精，门门通，门门松。所可以聊以自慰者只是，我在杂中还有几点重点。所谓重点，就是我毕生倾全力以赴，锲而不舍地研究的课题。我在研究这些课题之余，为了换一换脑筋，涉猎一些重点课题以外的领域。间有所获，也写成了文章。

中国学术传统有所谓“由博返约”的说法。我觉得，这一个“博”与“约”是只限制在同一研究范围以内的。“博”指的是在同一研究领域内把基础打得宽广一点，而且是越宽广越好。然后再在这个宽广的基础上集中精力，专门研究一个或几个课题。由于眼界开阔，研究的深度就能随之而来。我个人的研究同这个有点类似之处；但是我并不限制在同一领域内。所以我不能属于由博返约派。有人用金字塔来表示博与约的关系。笼统地说，我没有这样的金字塔，只在我研究的重点领域中略有相似之处而已。

我的学术研究范围

既然讲到杂，就必须指出究竟杂到什么程度，否则头绪纷繁，怎一个“杂”字了得！根据我自己还有一些朋友的归纳统计，我的学术研究涉及的范围约有以下几项：

1. 印度古代语言，特别是佛教梵文
2. 吐火罗文
3. 印度古代文学
4. 印度佛教史
5. 中国佛教史
6. 中亚佛教史
7. 糖史
8. 中印文化交流史
9. 中外文化交流史
10. 中西文化之差异和共性
11. 美学和中国古代文艺理论
12. 德国及西方文学
13. 比较文学及民间文学
14. 散文及杂文创作

这个分类只是一个大概的情况。

学术研究发展的轨迹——由考证到兼顾义理

清儒分学问为三门：义理、辞章、考据。最理想的是三者集于一人之身，但这很难。桐城派虽然如此主张，但是，他们真正的成就多半在辞章一门，其他两门是谈不上的。就我个人而言，也许是由于天性的缘故，我最不喜欢义理，用现在的说法或者可以称为哲学。哲学家讲的道理恍兮惚兮，以我愚钝，看不出其中有什么象。哲学家公说公有理，婆说婆有理，天底下没有哪两个哲学家的学说是完全一样的。我喜欢实打实，摸得着，看得见的东西。这是我的禀赋所决定的，难以改变。所以，我在三门学问中最喜爱考证，亦称考据。考据，严格说来，只能算是一个研究方法，其精髓就是：无证不信，“拿证据来”，不容你胡思乱想，毫无根据。在中国学术史上，考据大盛于清朝乾、嘉时代，当时大师辈出，使我们读懂了以前无法读的古书，这是它最大的贡献。

在德国，实证主义的研究方法，其精神与中国考据并无二致，其目的在拿出证据，追求真实——我故意不用“真理”二字，然后在确凿可靠的证据的基础上，抽绎出实事求是的结论。德国学术以其“彻底性”（Gründlichkeit）蜚声世界。这与他们的民族性不无联系。

至于我自己，由于我所走过的学术道路和师承关系，又由于我在上面讲到的个人禀性的缘故，我在学术探讨中、在潜移默化中受到了中、德两方面的影响。在中国，我的老师陈寅恪先生和汤用彤先生都是考据名手。在德国，我的老师 Prof. Sieg 和 Prof. Waldschmidt 和后者的老师 Prof. H. Lüders，也都是考证巨匠。因此，如果把话说得夸大一点的话，我承受了中、德两方面的衣钵。即使我再狂妄，我也不敢说，这衣钵我承受得很好。在我眼中，以上这几位大师依然是高山仰止，景行行止。我一生小心翼翼地跟在他们后面行走。

可是，也真出乎我自己的意料，到了晚年，“老年忽发少年狂”，我竟对义理产生了兴趣，发表了许多有关义理的怪论。个中因由，我自己也尚不能解释清楚。

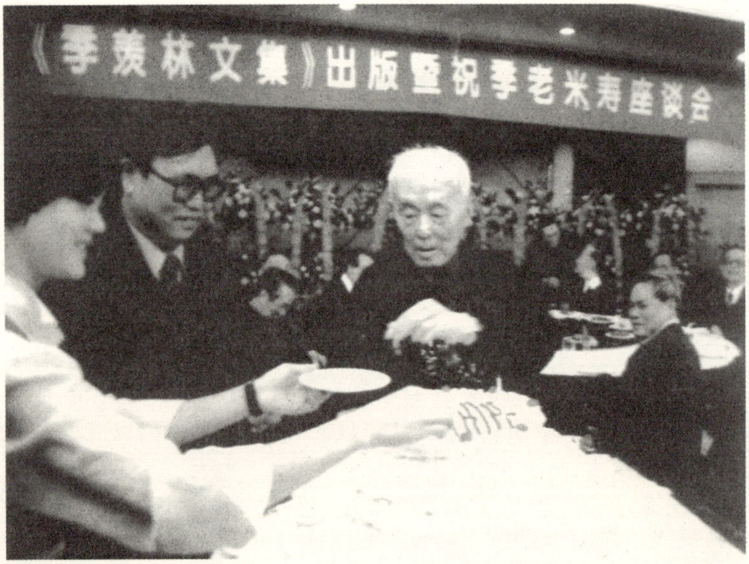

1999 年 12 月 9 日，北大举行“《季羡林文集》出版暨祝季老米寿座谈会”。

我的义理

我在上面提到的我一生所写的许多文章中都讲到我不喜欢义理，不擅长义理。但是，我喜欢胡思乱想，而且我还有一些怪想法。我觉得，一个真正的某一门学问的专家，对他这一门学问钻得太深，钻得太透，或者也可以说，钻得过深，钻得过透，想问题反而缩手缩脚，临深履薄，战战兢兢，有如一个细菌学家，在他眼中，到处是细菌，反而这也不敢吃，那也不敢喝，窘态可掬。一个外行人，或者半外行人，宛如初生的犊子不怕虎，他往往能看到真正专家、真正内行所看不到或者说不敢看到的东西。我对于义理之学就是一个初生的犊子。我决不敢说，我看到的想到的东西都是正确的；但是，我却相信，我的意见是一些专家绝对不敢想更不敢说的。从人类文化发展史来看，如果没有绝少数不肯受钳制，不肯走老路，不肯固步自封的初生犊子敢于发石破天惊的议论的话，则人类进步必将缓慢得多。当然，我们也必须注意常人所说的“真理与谬误之间只差毫厘”、“真理过一分就是谬误”。一个敢思考敢说话的人，说对了了不得，说错了不得了。因此，我们决不能任意胡说八道。如果心怀哗众取宠之意、故作新奇可怪之论，连自己都不信，怎么能让别人相信呢？我幸而还没有染上这种恶习。

总之，我近几年来发了不少“怪论”，我自己是深信不疑的，别人信不信由他，我不企图强加于人。我的怪论中最重要的是谈中、西文化同异问题的。经过多年的观察与思考，我处处发现中、西文化是不同的。我的基本论点是东西方思维模式不同：东综合而西分析。这种不同的思维模式表现在许多方面。举其荦荦大者，比如在处理人与大自然的关系问题上，西方对自然分析再分析，征服再征服。东方则主张“天人合一”，用张载的话来说就是：“民，吾同胞；物，吾与也。”结果是由西方文化产生出来的科学技术，在辉煌了二三百年，主宰了世界，为人类谋了很大的福利之后，到了今天，其弊端日益暴露；比如大气污染，臭氧层出洞，环境污染，淡水资源匮乏，生态平衡破坏，新疾病层出不穷，如此等等，哪一个问题不解决都能影响人类生存的前途。这些弊端将近二百年前英国浪漫诗人雪莱就曾预言过，如今不幸而言中。这些东西难道能同西方科技的发展分得开吗？

令人吃惊的是，到了今天，竟还有少数学者，怀抱“科学”的上方宝剑，时不时祭起了“科学”的法宝，说我的说法不“科学”，没有经过“科学”的分析。另外还有个别学者，张口“这是科学”，闭口“这是科学”，来反对中国的医学，如针灸、拔罐子等等传统医疗方法。把中国传统的东西说得太神，我也无法接受；但是实践是检验真理的唯一标准，经过国内外多年的临床应用，证明有些方法确实有效，竟还有人视而不见，听而不闻，死抱住他所谓的“科学”不放，岂不令人骇异吗？

其实，这些人的“科学”，不过是西方的主要在近代发展起来的科学。五四运动时，中国所要求的“赛先生”者就是。现在事实已经证明了，这位“赛先生”确实获得了一部分成功，获得了一些真理，这是不能否认的。但是，通向真理的道路，并不限于这一条。东方的道路也同样能通向真理。这一个事实，才刚露出了端倪，还没有被广大群众所接受，至于后事如何，21 世纪便可见分晓。

一些具体的想法

同我在上一文谈到的“我的义理”有一些联系的是我的一些具体的想法，我希望这些想法能变为事实。

我在下面把我目前所想到的一些具体的问题和做法加以简略的介绍：

关于汉语语法的研究

世界语言种类繁多，至今好像还没有一个为大家所公认的“科学”的分类法。不过，无论如何，汉语同西方印欧语系的语言是截然不同的两类语言，这是无论谁也无法否认的事实。然而，在我们国内，甚至在国外，对汉语的研究，在好多方面，则与对印欧语系的研究无大差异。始作俑者恐怕是马建忠的《马氏文通》。这一部书开创之功不可没，但没能分清汉语和西方语言的根本不同，这也是无法否认的。汉语只有单字，没有字母，没有任何形态变化，词性也难以确定，有时难免显得有点模糊。在五四运动期间和以后一段时期内，有人就想进行改革，不是文字改革，而是语言改革，鲁迅就是其中之一，胡适也可以算一个。到了现在，“语言改革”的口号没有人再提了。但是研究汉语的专家们的那一套分析汉语语法的方式，我总认为是受了研究西方有形态变化的语言的方法的影响。我个人认为，这一条路最终是会走不通的。

汉语有时显得有点模糊，但是，妙就妙在模糊上。试问世界上万事万物百分之百地彻底地绝对地清楚的有没有？自从西方新兴科学

“模糊学”出现以后，给世界学人，不管是人文社会科学家，还是自然科学和技术科学家，一个观察世间错综复杂的现象的新的视角，这对世界文化的进步与发展是大有裨益的。

因此，我建议，汉语语法的研究必须另起炉灶，改弦更张。

中国通史必须重写

从历史上一直到现在，在世界民族之林中，最重视历史的民族是中华民族。从三皇五帝一直到今天的中华人民共和国，在长达几千年的时期内，我们都有连续不断的历史的文字记录，而且还不止有一种，最著名的是《二十四史》，这是举世闻名的。我们每一个朝代都有断代史。正史之外，还有杂史。至于通史这种体裁，古代我们也有，司马迁的《史记》、司马光的《资治通鉴》都有通史的性质。我们决不敢说，这些史籍中所记录的全是事实，那是根本不可能的。但是，中华民族是一个颇为实事求是的，没有多少想入非非的不着边际的幻想的民族，却也是大家所公认的。

近代以来，一些学者颇写了一些《中国通史》之类的著作。根据丰富的历史资料，而观点则见仁见智，各不相同。这是很自然的事。这些书不同程度地受到了读者的欢迎。新中国成立后，大力提倡学习马克思主义。这事情本身应该说是一件好事，可惜的是，五六十年代我们所学的相当一些内容是“苏联版”的、带有“斯大林的印记”的。在这种情况下，我们的人文社会科学的研究，其中当然包括历史研究，都受到了感染。专以中国通史而论，历史分期问题议论蜂起，异说纷纭，仅“封建社会起源于何时”这一个问题，就争论不休，意见差距超过千年，至今也没有大家比较公认的意见，只好不了了之。我真怀疑，这样的争论究竟有什么意义。再如一些书对佛教的谩骂，语无伦次，连起码的常识和逻辑都不讲。鲁迅说，谩骂不是战斗。它决不能打倒佛教，更谈不到消灭。这样的例子，我还可以举出一些来，现在先到此为止吧。

在当时极“左”思想的指导下，颇写出了几本当时极为流行的《中国通史》，大中小学生学习的就是这样的历史。不管作者学问多么大，名气多么高，在教条主义流行的年代，写出来的书绝对不可能不受其影响，有时是违反作者本意的产品。有人称之为“以论代史”，而不是“以论带史”。关键在于一个“论”字。这是什么样的“论”呢？我在上面已经指出来过，这是带有前苏联印记的“论”，而不一定是真正马克思主义的“论”。历史研究，贵在求真，决不容许歪曲历史事实，削足适履，以求得适合某种教条主义的“论”。

因此，我主张，中国通史必须重写。

另外还有一些情况，我们必须注意，一个是中国历史长短的问题，一个是中国文化发源地广袤的问题。关于第一个问题，我们过去写通史，觉得最有把握的是，最早只写到商代，约公元前 17 世纪至 11 世纪，在《古史辨》派眼中，夏禹还只是一条虫，遑论唐虞，更谈不到三皇五帝。这样我们的历史只有三千多年，较之埃及、巴比伦，甚至印度，瞠乎后矣。硬说是五千年文明古国，不是硬吹牛吗？然而，近年来，由于考古工作的飞速进步，夏代的存在已经完全可以肯定，也给禹平了反，还他以人形。即以文字发展而论，被称为最古的文字的甲骨文已经相当成熟，其背后还必有一段相当长的发展的历史。我们相信，随着考古发掘工作进一步的发展，中国的历史必将更会向前推断，换句话说，必将会更长。

至于中国文化发源地的广袤问题，过去一般的意见是在黄河流域。现在考古发掘工作告诉我们，长江流域的文化发展决不可轻视。有的人甚至主张，长江早于黄河。不管怎样，长江流域也是中国文化发源地之一。这只要看一看《楚辞》便可明白。没有一个比较长期的文化积淀，《楚辞》这样高水平的文章是产生不出来的。长江流域以外，考古工作者还在南方许多地区发现了一些文化遗址。这一切都说明，过去只看到黄河流域一个地方，是不够的。今天我们再写历史，决不能再走这一条老路。

因此，我主张，中国通史必须重写。

中国文学史必须重写

在20世纪以前，尽管我们的正史和杂史上关于中国文学的记载连篇累牍，可是专门的中国文学史却是没有的。有之，是自20世纪初期始，可能受了点外来的影响。在新中国成立前的几十年中，颇出了一些《中国文学史》，书名可能有一些不同，但内容却是基本上一样的，水平当然也参差不齐。连《中国文学批评史》也出了几种。

新中国成立以后，四五十年来，更出了不少的文学史，直至今日，此风未息。应该说，对学术界来说，这都是极好的事情，它说明了我国学术界的繁荣昌盛。

但是，正如可以预料的那样，同上面讲到的《中国通史》一样，《中国文学史》的纂写也受到了极“左”思潮的影响。中国的极“左”思潮一向是同教条主义、僵化、简单化分不开的。在这种思想左右下，我们中国的夏学史和文艺理论研究，无疑也受到前苏联很大影响。50年代，我们聘请了一些苏联文艺理论专家来华讲学。他们带来的当然带有苏联当时的那一套教条，我们不少人却奉为金科玉律，连腹诽都不敢。前苏联一个权威把极端复杂的、花样繁多，然而却又是生动活泼的哲学史上哲学家的学说，一下子化为僵死、呆板、极端简单化了的教条。可在一段相当长的时期内，这就是我们研究中国文学史以及中国历史上文艺理论的一个指针。在这样的情况下，文学史和文艺理论的研究焉能生动活泼、繁荣昌盛呢？

在外来的影响之外，还有我们自己土产的同样贴上了马克思主义标签的教条主义的东西。不错，文学作品有两个标准，政治标准和艺术标准。但却不能只一味强调政治标准，忽视艺术标准。在其时，一般的中国文学史家，为了趋吉避凶，息事宁人，就拼命在第一条标准上做文章，而忽视了这个第二条艺术性标准。翻看近四五十年来所出版的几部部头比较大、影响比较大的《中国文学史》或者有类似名称的书，我们不难发现，论述一个作家作品的政治性或思想性时，往往不惜工本，连篇累牍地侃侃而谈，主要是根据政治教条，包括从前苏联来的洋教条在内，论述这位作家的思想性，有时候难免牵强附会，削足适履。而一旦谈到艺术性，则缩手缩脚，甚至潦潦草草，敷敷衍衍，写上几句倒三不着两的话，好像是在应付差事，不得不尔。

根据我个人的浅见，衡量一部文学作品的标准，艺术性绝对不应忽视，甚至无视，因为艺术性是文学作品的灵魂。如果缺乏艺术性，思想性即使再高，也毫无用处，这样的作品决不会为读者所接受。有一些文学作品，思想性十分模糊，但艺术性极高，照样会成为名作而流传千古，李义山的许多无题诗就属于这一类。可惜的是，正如我在上面说过的那样，近几十年来几乎所有的文学史，都忽视了作品艺术性的分析。连李白和杜甫这样伟大的诗人，文学史的作者对他们的艺术风格的差异也只能了草地说上几句话，很少有言之有物、切中肯綮的分析，遑论其他诗人。

这样的文学史是不行的。因此，我主张，中国文学史必须改写。

美学研究的根本转型

在中国古代，美学思想是丰富多彩的，但比较分散，没有形成体系。“美学”这一门学问，在某种意义上来看，可以说是一个“舶来品”，是受到了西方影响之后才成立的。这一个事实恐怕是大家所公认的。新中国建立以后，有一段时期，美学浸浸乎成了显学，出了不少人才，出了不少的书，还形成了一些学派，互相争辩，有时候还相当激烈。争论的问题当然很多，但是主要集中在美的性质这个问题上：美是主观的呢？还是客观的？抑或是主客观相结合的？跟在西方学者后面走，拾人牙慧，不敢越雷池一步，结果走进了死胡同，走进了误区。

何以言之？按西方语言，“美学”这个词儿的词源与人的感官（sense organ）有关。人的感官一般说有五个，即眼、耳、鼻、舌、身。中国和印度等国都是这样说。可是西方美学家却只讲两官，即眼与耳。美术、绘画、雕塑、建筑等属于前者，音乐属于后者。这种说

思维敏洁，谈笑风生。

法实际上也可归入常识。

可是，中国美学家忘记了，中国的“美”同西方不一样。从词源学上来讲，《说文》：“美，羊大也。”羊大了肉好吃，就称之为“美”。这既不属于眼，也不属于耳，而是属于舌头，加上一点鼻子，鼻子能嗅到香味。我们现在口头上时时都在讲“美酒”、“美味佳肴”等等，还有“美食城”这样的饭店。这些在西方都不能用“美”字来表述。西方的“美”不包括舌头和鼻子。只要稍稍想一想，就能够明白。中国学者讲美学，而不讲中国的“美”，岂非咄咄怪事！我说，这是让西方学者带进了误区。

现在，中国已经有了一些美学家谈论美学转型的问题。我认为，这谈得好，谈得及时。可惜这些学者只想小小地转一下型，并没有想到彻底走出误区，没有想到我在上面提到的那一些带根本性的问题。

我从20世纪30年代起就陆续读过一些美学的书，对美学我不能说是一个完全的外行。但是浅尝辄止，也说不上是一个真正的内行，只能说是一个半瓶醋。常识告诉我们，只有半瓶醋才能晃荡出声。我就是以这样的身份提出了一个主张：美学必须彻底转型，决不能小打小闹，修修补补，而必须大破大立，另起炉灶。

文艺理论在国际上“失语”问题

近七八十年以来，在世界范围内，文艺理论时有变化，新学说不时兴起。有的延续时间长一点，有的简直是“蟪蛄不知春秋”，就为更新的理论所取代。我常套用赵瓯北的诗句，改为“江山年有才人出，各领风骚数十天”。可是，令人奇怪的是，在国际文艺论坛上的喧嚣闹嚷声中，独独缺少中国的声音，有人就形象地说，中国患了“失语症”。

难道我们中国真正没有话可说吗？难道国际文艺理论的讲坛上这些时生时灭的“理论”就真正高不可攀吗？难道我们中国的研究文艺理论的学者就真正蠢到鸦雀无声吗？非也，非也。我个人认为，其中原因很多；但是最主要的原因之一是，我们有一些学者过多地屈服于“贾桂思想”，总觉得自己不行；同时又没有勇气，或者毋宁说是没有识见，去回顾我们自己有悠久历史传统的、水平极高的旧的文艺理论宝库。我们传统的文艺理论，特别是所使用的“话语”，其基础是我在上面提到的综合的思维模式，与植根于分析的思维模式的西方文艺理论不同。我们面对艺术作品，包括绘画、书法、诗文等等，不像西方文艺理论家那样，把作品拿过来肌擗理分，割成小块块，然后用分析的“话语”把自己的意见表述出来。有的竟形成极端复杂的理论体系，看上去令人目眩神摇。

我们中国则截然不同，我们面对一件艺术品，或耳听一段音乐，并不像西方学者那样，手执解剖刀，把艺术品或音乐分析解剖得支离破碎；然后写成连篇累牍的文章，使用不知多少抽象的名词，令读者如堕入五里雾中，最终也得不到要领。我们中国的文艺批评家或一般读者，读一部文学作品或一篇诗文，先反复玩味，含英咀华，把作品的真精神灿然烂然映照于我们心中，最后用鲜明、生动而又凝练的语言表达出来。读者读了以后得到的也不是干瘪枯燥的义理，而是生动活泼的综合的印象。比方说，庾信的诗被综合评论为“清新”二字，鲍照的诗则是“俊逸”二字，杜甫的诗是“沉郁顿挫”，李白的诗是“飘逸豪放”；其余的诗人以此类推。对于书法的评论，我们使用的也是同一个办法，比如对书圣王羲之的书法，论之者评为“龙跳天门，虎卧凤阙”，多么具体凝练，又是多么鲜明生动！在古代，月旦人物，用的也是同样的方式，不赘述。

我闲常考虑一个问题：为什么在中国文学批评史上，除了《文心雕龙》《诗品》等少数专门著作之外，竟没有像西方那样有成套成套的专门谈文艺理论的著作？中国的文艺理论实际上是历史悠久，内容丰富，而又派别繁多，议论蜂起的。许多专家的理论往往见之于《诗话》(《词话》)中，不管什么“神韵说”、“性灵说”、“肌理说”、“境界说”等等，都见之于《诗话》中；往往是简简单单的几句话，而内容却包罗无穷。试拿中国——中国以外，只有韩国有《诗话》——《诗话》同西方文艺理论的皇皇巨著一比，其间的差别立即可见。我在这里不作价值评判，不说哪高哪低，让读者自己去评论吧。

这话说远了，赶快收回，还是谈我们的“失语”。我们中国文艺理论并不是没有“语”，我们之所以在国际上失语，一部分原因是欧洲中心主义还在作祟，一部分是我们自己的腰板挺不直，被外国那一些五花八门的“理论”弄昏了头脑。我个人觉得，我们有悠久雄厚的基础，只要我们多一点自信，少一点自卑，我们是大有可为的，我们决不会再“失语”下去的。但是兹事体大，决不会是一蹴而就的事，我们必须付出艰苦的劳动，多思考，勤试验，在不薄西方爱东方的思想指导下，才能为世界文艺理论开辟一个新天地。任何掉以轻心的做法都是绝对有害的。

佛教梵语研究

我在德国十年学习期间，主要精力就用在学习梵文和巴利文上。Prof. Waldschmidt 给我的博士论文题目是研究佛教梵语的，有人也称之为“混合梵文”或“偈陀语言”。这是一种基本上是梵文但又掺杂了不少古代方言的文字。在小乘向大乘过渡的期间，或者在我称之为“原始大乘佛教”的期间，许多佛典都是用这种文字写成的。有的佛典原来是用纯粹方言写成的。随着“梵文的复兴”以及一些别的原因，佛典文字方言成分逐渐减少，而梵文成分则逐渐增多，于是就形成了所谓“佛教梵语”。在这些方言中，东部方言摩揭陀语占有很大的比重。于是，有的学者就推测，最初可能是用古代东部半摩揭陀方言纂成了“原始佛典”（Urkanon）。有人激烈反对这种说法；但是，依我之见，这种假设是合情合理的，反对者的花言巧语是一点也没有用处的，是徒劳的。

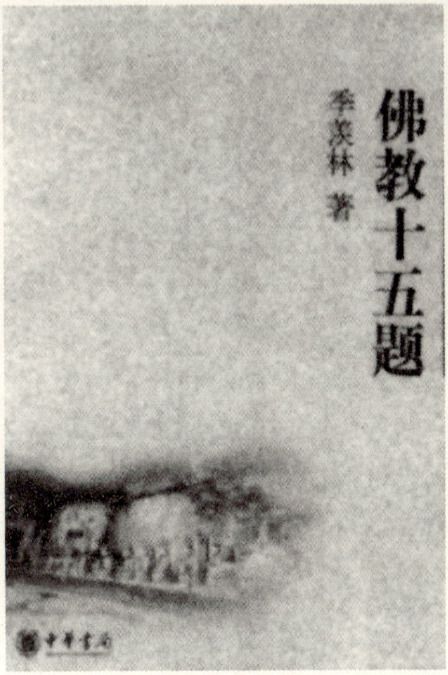

季羡林《佛教十五题》书影

我研究这种语言有我独特的特点，我不仅仅是为分析语法现象而分析，我有我的目的，我是尝试着通过语言现象来探寻一部经典的产生时代和地区。根据我个人的经验，这是行之有效的办法，而且是证据确凿的，别人想否定也是不可能的。印度古代有众多方言，既云方言，必然具有地域性，而且这地域性表现得十分明显；阿育王在印度许多地方树立的石碑和石柱，上面的铭文明确无误地指明了方言的地域性，是最有价值的参照资料。

先师陈寅恪先生以国学大师，特别是考证大师，蜚声国内外士林。但是，明眼人都能在陈师著作的字里行间窥探出其中蕴涵的义理。考证的目的在于求真求实，而真实又是历史研究的精髓。对史料不做考证求实的工作而妄加引用，或歪曲原意，或削足适履，不管有意还是无意，都是不道德的行为，为真正有良心的学者所深恶痛绝。寅恪先生的义理，内容极为丰富，笼统言之，不外中国文化的本质、中国文化的衍变、中国文化的传承、文化与民族的关系等等，总之是离不开中国文化的。以我愚钝，窃不自量力，也想在自己的语言形态变化的踏踏实实的考证中寓一点义理，义理就是我在上面讲的佛教历史的演变，以及部派的形成与传承等等。

我在1940年和1941年在德国哥廷根大学获得哲学博士学位。为什么我写成了两年呢？因为当时第二次世界大战正在激烈进行，我的导师 Prof. waldschmidt 被征从军。因此，我的博士答辩共举行了两次：一在1940年；一在1941年，这是极为少见的现象。这一点我从来没有讲过，我现在在这里补充说明一下。获得学位后，由于战事关系，我被迫留在哥廷根大学教书；同时仍然集中全力，在极端艰苦的条件下，从事佛经梵语的研究；发表过几篇我自认颇有分量的论文，我今天未必再能写得出来。第二次世界大战结束后，如果我继续留在哥廷根大学教书，或者赴英国剑桥大学去教书，那么，我的佛经梵语研究一定还会继续下去的，我自信在这方面还能有所发现，有所创造的。但是，人是无法真正掌握自己的命运的，我回到了祖国，来到了北京大学，一转眼就过了半个世纪。由于受到资料和信息的限制，我的佛经梵语研究无法继续下去，只好顺应时势改了行。我在科学研究方面是一个闲不住的人，我尝试了很多研究领域，成了一名“杂家”。现在追忆起来，有一个问题我自己也无法回答：是我留在欧洲在学术上发挥作用大呢？还是回到国内来发挥作用更大？一般的看法是后者发挥作用更大。我虽然还没有对自己的生命画句号的计划；但自己毕竟已经到望九之年，这个问题留待后人去回答吧。

关于佛教梵语的研究，我在前面“负笈德意志”部分的“梵文和巴利文学习”中已经有所涉及，请参考。

2000 年，季羡林迎接印度总统拉亚南访问北大。

吐火罗文的研究

关于我学习吐火罗文的过程，我在前面“负笈德意志”部分的“吐火罗文的学习”中已经做了相当详细的叙述，请读者参考。我在前面“负笈德意志”部分对Parallelversionen zur tocharischen Rezension des Puṇyavanta–Jātaka 这篇论文的叙述中也涉及这个问题，也请读者参考。

我在这里做一些必要的补充。

统观我在将近六十年中学习和研究吐火罗文的历史过程，大约可以分为三个阶段：

在德国哥廷根的学习阶段

这一阶段在上面已经叙述过，这里不再重复。

回国后长达三十多年的藕断丝连的阶段

1946 年回国以后，在吐火罗文研究方面，我手头只有从德国带回来的那一点点资料，根本谈不到什么研究。五六十年代，在极“左”思想肆虐的时期，有“海外关系”，人人色变。我基本上断绝了同德国以及其他国家的联系，偶尔有海外同行寄来吐火罗文研究的专著或者论文，我连回信都不敢写。我已下定了决心，同吐火罗文研究断绝关系。但是，在思想中，有时对吐火罗文还有点恋旧之感，形成“藕断丝连”的尴尬局面。

80 年代初接受委托从事在新疆焉耆新发现的《弥勒会见记剧本》（缩写为 MSN）的解读和翻译工作的阶段

80 年代初，新疆博物馆李遇春馆长亲自携带着 1975 年在新疆焉耆新出土的吐火罗文残卷，共四十四张，两面书写，合八十八页，请我解读。我既喜且忧。喜的是同吐火罗文这一位久违的老朋友又见面了；忧的是，自己多少年来已同老友分手，它对我已十分陌生，我害怕自己完成不了这一个任务。这个情况，我在前面已经比较详细地讲过了。总之，我一半靠努力，一半靠运气，完成了委托给我的任务。从那以后，我对吐火罗文的热情又点燃了起来，在众多的其他方面的写作和研究任务中，吐火罗文的研究始终占有一席地。从 1983 年开始，我就断断续续地用汉文或英文发表我的吐火罗文A《弥勒会见记剧本》的转写、翻译和注释。我使用的方法，利用的资料和帮助我的朋友们，我都在 1983 年的第一篇这一类的文章中一一说明了。请参阅，这里不再重复。到了现在，也就是我写这一篇“总结”的时候，1997 年 12 月，我对吐火罗文 A《弥勒会见记剧本》所应做的工作，已经全部结束。一部完整的英译本，明年（1998 年）上半年即可在德国出版，协助我工作的是德国学者 Prof. Werner Winter 和法国学者 Georges Pinault。这一部书将是世界上第一部规模这样大的吐火罗文作品的英译本，其他语言也没有过。这在吐火罗文研究方面有重大的意义。我六十年来的吐火罗文的学习和研究工作，也就可以说是画上了一个完美的句号了。

《糖史》

我对科技史懂得不多，我之所以走上研究糖史的道路，可以说大部分是出于偶然性。与其说我对糖史有兴趣，毋宁说我对文化交流更有兴趣。

糖是一种微末的日用食品，平常谁也不会重视它。可是“糖”这个字在西欧各国的语言中都是外来语，来自同一个梵文字 śarkarā。这充分说明了，欧美原来无糖，糖的原产地是印度。这样一来，糖一下子就同我的研究工作挂上了钩。于是我就开始注意这个问题，并搜集这方面的资料。后来，又由于一个偶然的机会，一张伯希和从敦煌藏经洞拿走的，正面写着一段佛经，背面写着关于印度造糖法的残卷，几经辗转，传到了我的手里。大家都知道，敦煌残卷多为佛经，像这样有关科技的残卷，真可谓是凤毛麟角，绝无仅有。从伯希和起，不知道有多少中外学人想啃这个硬核桃，但都没有能啃开，最后终于落到我手中。我惊喜欲狂，终于啃开了这个硬核桃。详情我在前面已经写过，请参看，这里不再重复。

时隔不久，我又写了一篇《蔗糖的制造在中国始于何时》的论文。这篇文章的意义，不在于它确定了中国制造蔗糖的时间，而在于它指出中国在唐代以前已经能够自制蔗糖了。唐太宗派人到印度去学习制糖法，不过表示当时印度在制糖技术的某一方面有高于中国之处。中国学习的结果是，自己制造出来的糖“色味逾西域远甚”。文化交流的历史往往如此。在以后的长时间内，中印在制糖方面还是互相学习的。下面还要谈到这个问题。

到了 1982 年，我又写了一篇《对〈一张有关印度制糖法传入中国的敦煌残卷〉的一点补充》。补充不牵涉重大问题。到了 1983 年，我写了一篇《古代印度砂糖的制造和使用》。促成我写这篇文章的原因是德国学者 O.von Hinüber 的一篇关于古代印度制糖术的文章。von Hinüber 的文章引用了一些佛典中的资料，但显得十分不够。我于是也主要使用汉译佛典中的资料，写成此文；资料比德国学者的文章丰富得多了，我们对于古代印度制糖术的了解也充实得多了。到了 1987 年，我又写了一篇文章《cīnī 问题——中印文化交流的一个例证》，讲的是中国白砂糖传入印度的问题。糖本是一件小东西，然而在它身上却驮着长达一千多年的中印两国文化交流的历史。同年，我还有一篇文章《唐太宗与摩揭陀——唐代印度制糖术传入中国的问题》。文章的内容上面已经屡次提到，这里不再重复。我在这篇文章里只是更有系统地、更深入地、更详尽地叙述传入的过程而已。

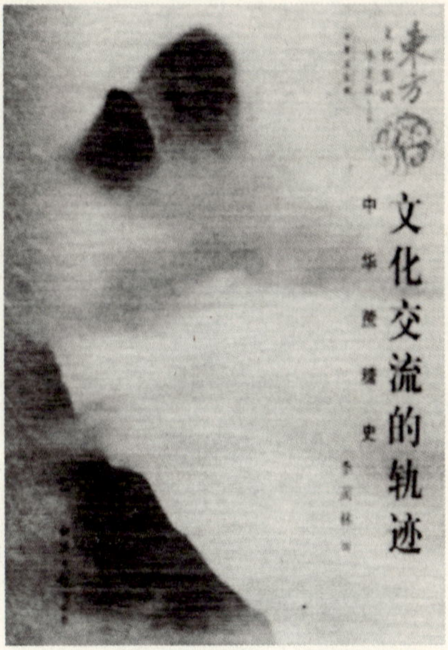

《糖史》书影

上面提到的这一些文章，加上以后所写的一些文章，我都搜集了起来，准备结集成一部《糖史》。据我所知，迄今世界上只有两部完整的《糖史》，一本是 von Lippmann 的，一本是 Deerr 的，一德一英，我在上面都已经提到过。二书的写法不尽相同，德文的谨严可靠，材料也丰富，英文的则差一点。二书都引用过中国资料，英文的引用时错误多而可笑，可见作者对中国以及中国材料是颇为陌生的。我的《糖史》既然后出，应当做到“后来居上”。至于我做到了没有，则不敢说。反正我除了参考以上两书外，有些东西我不再重复，我的重点是放在中国蔗糖史上，在我的《糖史》成书时，编为上编，国内编。我不讲饴糖，因为在饴糖制造方面不存在国际交流的问题。我的第二个重点是文化交流，在蔗糖制造方面的国际交流。这方面的文章在成集时，我编为下编，国际编。上编已收入我主编的《东方文化集成》中，改名为《文化交流的轨迹——中华蔗糖史》，已于1997年由经济日报出版社出版；将来出《季羡林文集》时，仍恢复原名：《糖史 上编 国内编》。

我现在想讲一讲我写《糖史》搜集资料的情况。写文章引用别人的著作甚至观点，是决不可避免的，但必须注明出处，这是起码的学术道德，我决不敢有违。如果想开辟一个新领域，创造一个新天地，那就必须自找新材料，偷懒是万万不容许的。我自知不是大鹏，而只是一只鷦鷯，不敢作非分想，只能低低地飞。即使是大鹏，要想开辟新天地，也必付出巨大的劳动，想凭空"搏扶摇羊角而上者九万里"，其结果必然是一个跟头栽下来，丢人现眼，而且还是飞得越高，跌得越重。搜集资料，捷径是没有的，现有的引得之类，作用有限。将来有朝一日，把所有的古书都输入电脑，当然会方便得多。可是目前还做不到。我只有采用一个最原始、最笨、可又决不可避免的办法，这就是找出原书，一行行、一句句地读下去，像沙里淘金一样，搜寻有用的材料。我曾经从1993年至1994年用了差不多两年的时间，除了礼拜天休息外，每天来回跋涉五六里路跑一趟北大图书馆，风雨无阻，寒暑不辍。我面对汪洋浩瀚的《四库全书》和插架盈楼的书山书海，枯坐在那里，夏天要忍受书库三十五六摄氏度的酷暑，挥汗如雨，耐心地看下去。有时候偶尔碰到一条有用的资料，便欣喜如获至宝。但有时候也枯坐半个上午，把白内障尚不严重的双眼累得个"一佛出世，二佛升天"，却找不到一条有用的材料，嗒然拖着疲惫的双腿，走回家来。经过了两年的苦练，我练就一双火眼金睛，能目下不是十行，二十行，而是目下一页，而遗漏率却小到几乎没有的程度。

我的《糖史》就是在这样的情况下写成的。

抓住一个问题终生不放

根据我个人的观察，一个学人往往集中一段时间，钻研一个问题，搜集极勤，写作极苦。但是，文章一旦写成，就把注意力转向另外一个题目，已经写成和发表的文章就不再注意，甚至逐渐遗忘了。我自己这个毛病比较少，我往往抓住一个题目，得出了结论，写成了文章；但我并不把它置诸脑后，而是念念不忘。我举几个例子。

我于 1947 年写过一篇论文《浮屠与佛》，用汉文和英文发表。但是限于当时的条件，其中包括外国研究水平和资料，文中有几个问题勉强得到解决，自己并不满意，耿耿于怀者垂四十余年。一直到 1989 年，我得到了新材料，又写了一篇《再谈“浮屠”与“佛”》，解决了那一个悬而未决的问题，心中极喜。最令我欣慰的是，原来看似极大胆的假设竟然得到了证实，心中颇沾沾自喜，对自己的研究更增强了信心。觉得自己的“假设”确够“大胆”，而“求证”则极为“小心”。

第二个例子是关于佛典梵语中 -am ＞ o 和 u 的几篇文章。1944 年我在德国哥廷根写过一篇论文，谈这个问题，引起了国际上一些学者的注意。有人，比如美国的 F. Edgerton，在他的巨著《混合梵文文法》中多次提到这个音变现象。最初坚决反对，提出了许多假说，但又前后矛盾，不能自圆其说，最后，半推半就，被迫承认，却又不干净利落，窘态可掬；因此引起了我对此人的鄙视。回国以后，我连续写了几篇文章，对 Edgerton 加以反驳。但在我这方面，我始终没有忘记进一步寻找证据，进一步探索。这些情况我在上面的叙述中都已经谈到过。由于资料缺乏，一直到了 1990 年，上距 1944 年已经过了四十六年，我才又写了一篇比较重要的论文《新疆古代民族语言中语尾-am＞u的现象》。在这里，我用了大量的新资料，证明了我第一篇论文的结论完全正确，无懈可击。

例子还能举出一些来，但是，我觉得，这两个也就够了。我之所以不厌其烦地谈论这个问题，是因为我看到有一些学者，在某一个时期集中精力研究一个问题，成果一出，立即罢手。我不认为这是正确的做法。学术问题，有时候一时难以下结论，必须锲而不舍，终生以之，才可能得到越来越精确可靠的结论。有时候，甚至全世界都承认其为真理的学说，时过境迁，还有人提出异议。听说，国外已有学者对达尔文的“进化论”提出了不同的看法。我认为，这不是坏事，而是好事，真理的长河是永远流逝不停的。

季羡林为北京正觉寺所题梵文匾额

搜集资料必须有竭泽而渔的气魄

对研究人文社会科学的人来说，资料是最重要的。在旧时代，虽有一些类书之类的书籍，可供搜集资料之用，但作用毕竟有限。一些饱学之士主要靠背诵和记忆。后来有了索引（亦称引得），范围也颇小。到了今天，可以把古书输入电脑，这当然方便多了。但是已经输入电脑的书，为数还不太多，以后会逐渐增加的。到了大批的古书都能输入电脑的时候，搜集资料，竭泽而渔，便易如反掌了。那时候的工作重点便由搜集转为解释，工作也不能说是很轻松的。

我这一生，始终从事人文社会科学的研究工作。我搜集资料始终还是靠老办法，笨办法，死办法。只有一次尝试利用电脑，但可以说是毫无所得，大概是那架电脑出了毛病。因此我只能用老办法，一直到我前几年集中精力写《糖史》时，还是靠自己一页一页地搜寻的办法。关于这一点，我在上面已经谈到过，这里不再重复了。

不管用什么办法，搜集资料决不能偷懒，决不能偷工减料，形象的说法就是要有竭泽而渔的魄力。在电脑普遍使用之前，真正做到百分之百的竭泽而渔，是根本不可能的。但是，我们至少也必须做到广征博引，巨细不遗，尽可能地把能搜集到的资料都搜集在一起。科学研究工作没有什么捷径，一靠勤奋，二靠个人的天赋，而前者尤为重要。我个人认为，学者的大忌是仅靠手边一点搜集到的资料，就茫然做出重大的结论。我生平有多次经验，或者毋宁说是教训，我对一个问题做出了结论，甚至颇沾沾自喜，认为是不刊之论。然而，多半是出于偶然的机会，又发现了新资料，证明我原来的结论是不全面的，或者甚至是错误的。因此，我时时提醒自己，千万不要重蹈覆辙。

总之，一句话：搜集资料越多越好。

八十岁高龄的季羡林还经常骑车到北大图书馆查阅资料

学术良心或学术道德

“学术良心”，好像以前还没有人用过这样一个词，我就算是“始作俑者”吧。但是，如果“良心”就是儒家孟子一派所讲的“人之初，性本善”中的“性”的话，我是不信这样的“良心”的。人和其他生物一样，其“性”就是“食、色，性也”的“性”；其本质是一要生存，二要温饱，三要发展。人的一生就是同这种本能作斗争的一生。有的人胜利了，也就是说，既要自己活，也要让别人活，他就是一个合格的人。让别人活的程度越高，也就是为别人着想的程度越高，他的“好”，或“善”也就越高。“宁要我负天下人，不要天下人负我”，是地道的坏人，可惜的是，这样的人在古今中外并不少见。有人要问：既然你不承认人性本善，你这种想法是从哪里来的呢？对于这个问题，我还没有十分满意的解释。《三字经》上的两句话“性相近，习相远”中的“习”字似乎能回答这个问题。一个人过了幼稚阶段，有意识地或无意识地会感到，人类必须互相依存，才都能活下去。如果一个人只想到自己，或都是绝对地想到自己，那么，社会就难以存在，结果谁也活不下去。

这话说得太远了，还是回头来谈“学术良心”或者学术道德。学术涵盖面极大，文、理、工、农、医，都是学术。人类社会不能无学术，无学术，则人类社会就不能前进，人类福利就不能提高；每个人都是想日子越过越好的，学术的作用就在于能帮助人达到这个目的。大家常说，学术是老老实实的东西，不能掺半点假。通过个人努力或者集体努力，老老实实地做学问，得出的结果必然是实事求是的。这样做，就算是有学术良心。剽窃别人的成果，或者为了沽名钓誉创造新学说或新学派而篡改研究真相，伪造研究数据。这是地地道道的学术骗子。在国际上和我们国内，这样的骗子亦非少见。这样的骗局绝不会隐瞒很久的，总有一天真相会大白于天下的。许多国家都有这样的先例。真相一旦暴露，不齿于士林，因而自杀者也是有过的。这种学术骗子，自古已有，可怕的是于今为烈。我们学坛和文坛上的剽窃大案，时有所闻，我们千万要引为鉴戒。

这样明目张胆的大骗当然是绝不允许的。还有些偷偷摸摸的小骗，也不能不引起我们的戒心。小骗局花样颇为繁多，举其荦荦大者，有以下诸种：在课堂上听老师讲课，在公开学术报告中听报告人讲演，平常阅读书刊杂志时读到别人的见解，认为有用或有趣，于是就自己写成文章，不提老师的或者讲演者的以及作者的名字，仿佛他自己就是首创者，用以欺世盗名，这种例子也不是稀见的。还有有人在谈话中告诉了他一个观点，他也据为己有。这都是没有学术良心或者学术道德的行为。

我可以无愧于心地说，上面这些大骗或者小骗，我都从来没有干过，以后也永远不会干。

我在这里补充几点梁启超在他所著的《清代学术概论》中谈到的清代正统派的学风的几个特色："隐匿证据或曲解证据，皆认为不德。""凡采用旧说，必明引之，剿说认为大不德。"这同我在上面谈的学术道德（梁启超的"德"）完全一致。可见清代学者对学术道德之重视程度。

此外，梁启超上书中还举了一点特色："孤证不为定说。其无反证者姑存之。得有续证，则渐信之。遇有力之反证则弃之。"可以补充在这里。

勤奋、天才（才能）与机遇

人类的才能，每个人都有所不同，这是大家都看到的事实，不能不承认的。但是有一种特殊的才能一般人称之为“天才”。有没有“天才”呢？似乎还有点争论，有点看法的不同。“文化大革命”期间，有一度曾大批“天才”，但其时所批“天才”，似乎与我现在讨论的“天才”不是一回事。根据我六七十年来的观察和思考，有“天才”是否定不了的，特别在音乐和绘画方面。你能说贝多芬、莫扎特不是音乐天才吗？即使不谈“天才”，只谈才能，人与人之间也是相差悬殊的。就拿教梵文来说，在同一个班上，一年教下来，学习好的学生能够教学习差的而有余。有的学生就是一辈子也跳不过梵文这个龙门。这情形我在国内外都见到过。

拿做学问来说，天才与勤奋的关系究竟如何呢？有人说“九十九分勤奋，一分神来（属于天才的范畴）。”我认为，这个百分比应该纠正一下。七八十分的勤奋，二三十分的天才（才能），我觉得更符合实际一点。我丝毫也没有贬低勤奋的意思。无论干哪一行的，没有勤奋，一事无成。我只是感到，如果没有才能而只靠勤奋，一个人发展的极限是有限度的。

现在，我来谈一谈天才、勤奋与机遇的关系问题。我记得六十多年前在清华大学读西洋文学时，读过一首英国诗人 Thomas Gray 的诗，题目大概是叫《乡村墓地哀歌(Elegy)》。诗的内容，时隔半个多世纪全都忘了，只有一句还记得：“在墓地埋着可能有莎士比亚”，意思是指，有莎士比亚天才的人，老死穷乡僻壤间。换句话说，他没有得到

“机遇”，天才白白浪费了。上面讲的可能有张冠李戴的可能；如果有的话，请大家原谅。

总之，我认为，“机遇”（在一般人嘴里可能叫做“命运”）是无法否认的。一个人一辈子做事，读书，不管是干什么，其中都有“机遇”的成分。我自己就是一个活生生的例子。如果“机遇”不垂青，我至今还恐怕是一个识字不多的贫农，也许早已离开了世界。我不是“王半仙”或“张铁嘴”，我不会算卦、相面，我不想来解释这一个“机遇”问题，那是超出我的能力的事。

季羡林部分著作和获奖证书

满招损，谦受益

这本来是中国一句老话，来源极古，《尚书·大禹谟》中已经有了，以后历代引用不辍，一直到今天，还经常挂在人民嘴上。可见此话道出了一个真理，经过将近三千年的检验，益见其真实可靠。

这话适用于干一切工作的人，做学问何独不然？可是，怎样来解释呢？

根据我自己的思考与分析，满（自满）只有一种：真。假自满者，未之有也。吹牛皮，说大话，那不是自满，而是骗人。谦（谦虚）却有两种，一真一假。假谦虚的例子，真可以说是俯拾即是。故作谦虚状者，比比皆是。中国人的“菲酌”、“拙作”之类的词，张嘴即出。什么“指正”、“斧正”、“哂正”之类的送人自己著作的谦词，谁都知道是假的；然而谁也必须这样写。这种谦词已经深入骨髓，不给任何人留下任何印象。日本人赠人礼品，自称“粗品”者，也属于这一类。这种虚伪的谦虚不会使任何人受益。西方人无论如何也是不能理解的。为什么拿“菲酌”而不拿盛宴来宴请客人？为什么拿“粗品”而不拿精品送给别人？对西方人简直是一个谜。

我们要的是真正的谦虚，做学问更是如此。如果一个学者，不管是年轻的，还是中年的、老年的，觉得自己的学问已经够大了，没有必要再进行学习了，他就不会再有进步。事实上，不管你搞哪一门学问，决不会有搞得完全彻底一点问题也不留的。人即使能活上一千年，也是办不到的。因此，在做学问上谦虚，不但表示这个人有道德，也表示这个人是实事求是的。听说康有为说过，他年届三十，天下学问即已学光。仅此一端，就可以证明，康有为不懂什么叫学问。现在有人尊他为“国学大师”，我认为是可笑的。他至多只能算是一个革新家。

在当今中国的学坛上，自视甚高者，所在皆是；而真正虚怀若谷者，则绝无仅有。我不认为这是一个好现象。有不少年轻的学者，写过几篇论文，出过几册专著，就傲气凌人。这不利于他们的进步，也不利于中国学术前途的发展。

我自己怎样呢？我总觉得自己不行。我常常讲，我是样样通，样样松。我一生勤奋不辍，天天都在读书写文章，但一遇到一个必须深入或更深入钻研的问题，就觉得自己知识不够，有时候不得不临时抱佛脚。人们都承认，自知之明极难；有时候，我却觉得，自己的“自知之明”过了头，不是虚心，而是心虚了。因此，我从来没有觉得自满过。这当然可以说是一个好现象。但是，我又遇到了极大的矛盾：我觉得真正行的人也如凤毛麟角。我总觉得，好多学人不够勤奋，天天虚度光阴。我经常处在这种心理矛盾中。别人对我的赞誉，我非常感激；但是，我并没有被这些赞誉冲昏了头脑，我头脑是清楚的。我只劝大家，不要全信那一些对我赞誉的话，特别是那些顶高得惊人的帽子，我更是受之有愧。

1997 年 9 月 27 日，季羡林为临清市“季羡林先生资料馆”题“知足知不足 有为有不为”。

我害怕“天才”

人类的智商是不平衡的，这种认识已经属于常识的范畴，无人会否认的。不但人类如此，连动物也不例外。我在乡下观察过猪，我原以为这蠢然一物，智商都一样，无所谓高低的。然而事实上猪们的智商颇有悬殊。我喜欢养猫，经我多年的观察，猫们的智商也不平衡，而且连脾气都不一样，颇使我感到新奇。

猪们和猫们有没有天才，我说不出。专就人类而论，什么叫做“天才”呢？我曾在一本书里或一篇文章里读到过一个故事。某某数学家，在玄秘深奥的数字和数学符号的大海里游泳，如鱼得水，圆融无碍。别人看不到的问题，他能看到；别人解答不了的方程式之类的东西，他能解答，于是众人称之为“天才”。但是，一遇到现实生活中的问题，他的智商还比不了一个小学生。比如猪肉三角三分一斤，五斤猪肉共值多少钱呢？他瞠目结舌，无言以对。

因此，我得出一个结论：“天才”即偏才。

在中国文学史或艺术史上，常常有几“绝”的说法。最多的是“三绝”，指的是诗、书、画三绝。所谓“绝”，就是超越常人，用一个现成的词儿，就是“天才”。可是，如果仔细分析起来，这个人在几绝中只有一项，或者是两项是真正的“绝”，为常人所不能及，其他几绝都是为了凑数凑上去的。因此，所谓“三绝”或几绝的“天才”，其实也是偏才。

可惜古今中外参透这一点的人极少极少，更多的是自命“天才”的人。这样的人老中青都有。他们仿佛是从菩提树下金刚台上走下来的如来佛，开口便昭告天下："天上天下，唯我独尊。"这种人最多是在某一方面稍有成就，便自命不凡起来，看不起所有的人，一副"天才气"，催人欲呕。这种人在任何团体中都不能团结同仁，有的竟成为害群之马。从前在某个大学中有一位年轻的历史教授，自命"天才"，瞧不起别人，说这个人是"狗蛋"，那个人是"狗蛋"。结果是投桃报李，群众联合起来，把"狗蛋"的尊号恭呈给这个人，他自己成了"狗蛋"。

这样的人在当今社会上并不少见，他们成为社会上不安定的因素。蒙田在一篇名叫《论自命不凡》的随笔中写道：

> 对荣誉的另一种追求，是我们对自己的长处评价过高。这是我们对自己怀有的本能的爱，这种爱使我们把自己看得和我们的实际情况完全不同。

我决不反对一个人对自己本能的爱。应该把这种爱引向正确的方向。如果把它引向自命不凡，引向自命"天才"，引向傲慢，则会损己而不利人。

我害怕的就是这样的"天才"。

1999年7月25日

没有新意，不要写文章

在芸芸众生中，有一种人，就是像我这样的教书匠，或者美其名，称之为“学者”。我们这种人难免不时要舞笔弄墨，写点文章的。根据我的分析，文章约而言之可以分为两大类：一是被动写的文章，一是主动写的文章。

所谓“被动写的文章”，在中国历史上流行了一千多年的应试的“八股文”和“试帖诗”，就是最典型的例子。这种文章多半是“代圣人立言”的，或者是“颂圣”的，不许说自己真正想说的话。换句话说，就是必须会说废话。记得鲁迅在什么文章中举了一个废话的例子：“夫天地者乃宇宙之乾坤，吾心者实中怀之在抱。千百年来，已非一日矣。”（后面好像还有，我记不清楚了）这是典型的废话，念起来却声调铿锵。“试帖诗”中也不乏好作品，唐代钱起咏湘灵鼓琴的诗，就曾被朱光潜先生赞美过，而朱先生的赞美又被鲁迅先生讽刺过。到了今天，我们被动写文章的例子并不少见。我们写的废话，说的谎话，吹的大话，也是到处可见的。我觉得，有好多文章是大可以不必写的，有好些书是大可以不必印的。如果少印刷这样的文章，出版这样的书，则必然能够少砍伐些森林，少制造一些纸张；对保护环境，保持生态平衡，会有很大的好处的；对人类生存的前途也会减少危害的。

至于主动写的文章，也不能一概而论。仔细分析起来，也是五花八门的，有的人为了提职，需要提交“著作”，于是就赶紧炮制；有的人为了成名成家，也必须有文章，也努力炮制。对于这样的人，无需深责，这是人之常情。炮制的著作不一定都是“次品”，其中也不乏优

著作等身

秀的东西，像吾辈“爬格子族”的人们，非主动写文章以赚点稿费不行，只靠我们的工资，必将断炊。我辈被“尊”为教授的人，也不例外。

在中国学术界里，主动写文章的学者中，有不少的人学术道德是高尚的。他们专心一致，惟学是务，勤奋思考，多方探求，写出来的文章尽管有点参差不齐；但是他们都是值得钦佩、值得赞美的，他们是我们中国学术界的脊梁。

真正的学术著作，约略言之，可以分为两大类：单篇的论文与成本的专著。后者的重要性不言自明。古今中外的许多大部头的专著，像中国汉代司马迁的《史记》、宋代司马光的《资治通鉴》等等，都是名垂千古、辉煌璀璨的巨著，是我们国家的瑰宝。这里不再详论。我要比较详细地谈一谈单篇论文的问题。单篇论文的核心是讲自己的看法、自己异于前人的新意，要发前人未发之覆。有这样的文章，学术才能一步步、一代代向前发展。如果写一部专著，其中可能有自己的新意，也可能没有。因为大多数的专著是综合的、全面的叙述。即使不是自己的新意，也必须写进去，否则就不算全面。论文则没有这种负担，它的目的不是全面，而是深入，而是有新意，它与专著的关系可以说是相辅相成的。

我在上面几次讲到“新意”，“新意”是从哪里来的呢？有的可能是从天上掉下来的，是出于“灵感”的，比如传说中牛顿因见苹果落地而悟出地心吸力。但我们必须注意，这种灵感不是任何人都能有的。牛顿一定是很早就考虑这类问题的，昼思夜想，一旦遇到相应的时机，便豁然顿悟。吾辈平凡的人，天天吃苹果，只觉得它香脆甜美，管它什么劳什子“地心吸力”干吗！在科学技术史上，类似的例子还可以举出不少来，现在先不去谈它了。

在以前极“左”思想肆虐的时候，学术界曾大批“从杂志缝里找文章”的做法，因为这样就不能“代圣人立言”；必须心中先有一件先入为主的教条的东西要宣传，这样的文章才合乎程式。有“学术新意”是触犯“天条”的。这样的文章一时间滔滔者天下皆是也。但是，这样的文章印了出来，再当做垃圾卖给收破烂的（我觉得这也是一种“白色垃圾”），除了浪费纸张以外，丝毫无补于学术的进步。我现在立一新义：在大多数情况下，只有到杂志缝里才能找到新意。在大部头的专著中，在字里行间，也能找到新意的，旧日所谓“读书得间”，指的就是这种情况。因为，一般说来，杂志上发表的文章往往只谈一个问题、一个新问题，里面是有新意的。你读过以后，受到启发，举一反三，自己也产生了新意，然后写成文章，让别的学人也受到启发，再举一反三。如此往复循环，学术的进步就寓于其中了。

可惜——是我觉得可惜——眼前在国内学术界中，读杂志的风气，颇为不振。不但外国的杂志不读，连中国的杂志也不看。闭门造车，焉得出而合辙？别人的文章不读，别人的观点不知，别人已经发表过的意见不闻不问，只是一味地写去写去。这样怎么能推动学术前进呢？更可怕的是，这个问题几乎没有人提出。有人空喊“同国际学术接轨”。不读外国同行的新杂志和新著作，你能知道“轨”究竟在哪里吗？连“轨”在哪里都不知道，空喊“接轨”，不是天大的笑话吗？

对待不同意见的态度

端正对待不同意见（我在这里指的只是学术上不同的意见）的态度，是非常不容易办到的一件事。中国古话说："良药苦口利于病，忠言逆耳利于行。"可见此事自古已然。

我对于学术上不同的观点，最初也不够冷静。仔细检查自己内心的活动，不冷静的原因决不是什么面子问题，而是觉得别人的思想方法有问题，或者认为别人并不真正全面地实事求是地了解自己的观点，自己心里十分别扭，简直是堵得难受，所以才不能冷静。

最近若干年来，自己在这方面有了进步。首先，我认为，普天之下的芸芸众生，思想方法就是不一样，五花八门，无奇不有，这是正常的现象，正如人与人的面孔也不能完完全全一模一样相同。要求别人的思想方法同自己一样，是一厢情愿、完全不可能的，也是完全不必要的。其次，不管多么离奇的想法，其中也可能有合理之处的。采取其合理之处，扬弃其不合理之处，是唯一正确的办法。至于有人无理攻击，也用不着真正的生气。我有一个怪论：一个人一生不可能没有朋友，也不可能没有非朋友。我在这里不用"敌人"这个词，而用"非朋友"，是因为非朋友不一定就是敌人。最后，我还认为，个人的意见不管一时觉得多么正确，其实这还是一个未知数。时过境迁，也许会发现它并不正确，或者不完全正确。到了此时，必须有勇气公开改正自己的错误意见。梁任公说："不惜以今日之我，攻昨日之我。"这是光明磊落的真正学者的态度。最近我编《东西文化议论集》时，首先自己亮相，把我对"天人合一"思想的"新解"（请注意"新解"中的

“新”字）和盘托出，然后再把反对我的意见的文章，只要能搜集到的，都编入书中，让读者自己去鉴别分析。我对广大的读者是充分相信的，他们能够明辨是非。如果我采用与此相反的方式：打笔墨官司，则对方也必起而应战。最初，双方或者还能克制自己，说话讲礼貌，有分寸。但是笔战越久，理性越少，最后甚至互相谩骂，人身攻击。到了这个地步，谁还能不强词夺理，歪曲事实呢？这样就离开真理越来越远了。中国学术史上这样的例子颇为不少。我前些时候在上海《新民晚报》“夜光杯”副刊上写过一篇短文：《真理越辩越明吗？》。我的结论是：在有些时候，真理越辨（辩）越糊涂。是否真理，要靠实践，兼历史和时间的检验。可能有人认为我是在发怪论，我其实是有感而发的。

“是否真理，要靠实践，兼历史和时间的检验。”（季羡林）

一寸光阴不可轻

中华乃文章大国，北大为人文渊薮，二者实有密不可分的联系，倘机缘巧遇，则北大必能成为产生文学家的摇篮。五四运动时期是一个具体的例证，最近几十年来又是一个鲜明的例证。在这两个时期的中国文坛上，北大人灿若列星。这一个事实我想人们都会承认的。

最近若干年来，我实在忙得厉害，像50年代那样在教书和搞行政工作之余还能有余裕的时间读点当时的文学作品的“黄金时代”一去不复返了。不过，幸而我还不能算是一个懒汉，在“内忧”、“外患”的罅隙里，我总要挤出点时间来，读一点北大青年学生的作品。《校刊》上发表的文学作品，我几乎都看。前不久我读到《北大往事》，这是北大70、80、90三个年代的青年回忆和写北大的文章。其中有些篇思想新鲜活泼，文笔清新俊逸，真使我耳目为之一新。中国古人说：“雏凤清于老凤声”，我——如果大家允许我也在其中滥竽一席的话——和我们这些“老凤”，真不能不向你们这一批“雏凤”投过去羡慕和敬佩的眼光了。

但是，中国古人又说：“满招损，谦受益。”我希望你们能够认真体会这两句话的涵义。“倚老卖老”，固不足取，“倚少卖少”也同样是值得青年人警惕的。天下万事万物，发展永无穷期。人外有人，天外有天，“老子天下第一”的想法是绝对错误的。你们对我们老祖宗遗留下来的浩如烟海的文学作品必须有深刻的了解。最好能背诵几百首旧诗词和几十篇古文，让它们随时涵蕴于你们心中，低吟于你们口头。这对于你们的文学创作和人文素质的提高，都会有极大的好处。

季羡林和学生们在家中合影

不管你们现在或将来是教书、研究、经商、从政，或者是专业作家，都是如此，概莫能外。对外国的优秀文学作品，也必实下一番工夫，简练揣摩。这对你们的文学修养是决不可少的。如果能做到这一步，则你们必然能融会中西，贯通古今，创造出更新更美的作品。

宋代大儒朱子有一首诗，我觉得很有针对性，很有意义，我现在抄给大家：

少年易老学难成，
一寸光阴不可轻。
未觉池塘春草梦，
阶前梧桐已秋声。

这一首诗，不但对青年有教育意义，对我们老年人同样有教育意义。文字明白如画，用不着过多的解释。光阴，对青年和老年，都是转瞬即逝，必须爱惜。“一寸光阴一寸金，寸金难买寸光阴”，这是我们古人留给我们的两句意义深刻的话。

你们现在是处在“燕园幽梦”中，你们面前是一条阳关大道，是

1992年11月，季羡林荣获印度瓦拉纳西大学授予的最高荣誉奖“褒扬奖”奖牌。

一条铺满了鲜花的阳关大道。你们要在这条大道上走六十年，七十年，八十年，或者更多的年，为人民，为人类做出出类拔萃的贡献。但愿你们永不忘记这一场燕园梦，永远记住自己是一个北大人，一个值得骄傲的北大人，这个名称会带给你们美丽的回忆，带给你们无量的勇气，带给你们奇妙的智慧，带给你们悠远的憧憬。有了这些东西，你们就会自强不息，无往不利，不会虚度此生。这是我的希望，也是我的信念。

1998年5月3日

[编者附记]

本文是作者为《燕园幽梦》一书写的序。

与北大附中师生的谈话

2007 年 9 月 10 日，这天是教师节，北大附中校长程翔带领两名学生到 301 医院看望季羡林。

季羡林：你们的英语课本是谁编的？

（当得知是人民教育出版社编的）

季羡林（用英语）：你们读过奥斯汀的《傲慢与偏见》吗？读过莎士比亚的四大悲剧吗？

学生：读过。

季羡林：要学好英语，英语实际上是世界语。会说英语，与国外人交流就很方便。要认真学，不要学成洋泾浜。

（季羡林又谈了英国英语与美国英语的不同。）

季羡林：你们的语文课本是哪里编的？

程翔：也是人民教育出版社编的。

（程翔向季羡林汇报了语文教材的变化情况，说课文分“必修”和“选修”，“选修”课文有十五种之多，可供学生选择。）

季羡林：这样好。

（季羡林问文言文在语文教材中的比例）

程翔：总量占百分之四十。

季羡林：《报任少卿书》《祭十二郎文》《陈情表》有没有？

程翔：有。

季羡林：《进学解》有没有？

程翔：没有，很遗憾。

季羡林：应该选进来，开头几句就很好。

季羡林（背诵）："国子先生晨入太学，招诸生立馆下，诲之曰'业精于勤荒于嬉，行成于思毁于随。'"然后说：做任何事情都要勤奋，努力实践。

季羡林（背诵《陈情表》中的两句）："臣之进退，实为狼狈。"然后说："狼狈"是什么意思？是狼狈为奸吗？不是。这里是"窘迫"的意思。

季羡林：中学生要多背一些古文。中国的诗文有意境，背过之后会感到很美。

（程翔汇报了中学语文教学对背诵的基本要求，并说高考也有背诵默写的考题，季羡林对此表示赞同。）

程翔（对学生）：背一篇古文给季爷爷听听。

学生（背诵韩愈的《师说》）：古之学者必有师，师者所以传道授业解惑者也。

季羡林（纠正道）：没有"者"。

（大家都笑了。季老的记忆力如此之好，对学问一丝不苟，这种严谨治学的精神使他们深受感动。）

季羡林：背诵，还可以纠正错误。古人说"不尽如人意"，今天，有些人省掉了一个"如"字，成了"不尽人意"，意思就变了，讲不通了。

（谈到季老的散文）

程翔：您的《幽径悲剧》选进了中学课本，很感人。

学生：我们学这篇课文时，老师组织全班同学到北大去找那条幽径。

季羡林：写散文要有感情，没有感情写不出好散文。

（时间过得很快，半个小时不知不觉过去了，师生们依依不舍，同季羡林告别。他们很想继续谈下去，因为听季老谈话，实在是如坐春风，如沐春雨。）

2007年9月10日

校风培养和师资队伍建设

我看北大

北大创建于1898年，到明年整整一百年了，称之为“与世纪同龄”，是当之无愧的。我生于1911年，小北大十三岁，到今年也达到八十七岁高龄，称我为“世纪老人”，虽不中亦不远矣。说到我和北大的关系，在我活在世界上的八十七年中，竟有五十一年是在北大度过的，称我为“老北大”是再恰当不过的。出于自然规律的作用，在现在的北大中，像我这样的“老北大”已寥若晨星了。

北京大学西校门

记得前几年，北大曾召开过几次座谈会，探讨的问题是：北大的传统究竟是什么？参加者很踊跃，发言也颇热烈。大家的意见不尽一致，这是很自然的现象。我个人始终认为，北大的优良传统是根深蒂固的爱国主义。

如果我们改一个计算办法的话，那么，北大的历史就不是一百年，而是几千年。因为，北大最初的名称是京师大学堂，而京师大学堂的前身则是国子监。国子监是旧时代中国的最高学府，已有一千多年的历史，其前身又是太学，则历史更长了。从最古的太学起，中经国子监，一直到近代的大学，学生都有以天下为己任的抱负，这也是存在决定意识这个规律造成的，与其他国家的大学不太一样。在中国这样的大学中，首当其冲的是北京大学。在近代史上，历次反抗邪恶势力的运动，几乎都是从北大开始。这是历史事实，谁也否认不掉的。五四运动是其中最著名的一次。虽然名义上是提倡科学与民主，骨子里仍然是一场爱国运动。提倡科学与民主只能是手段，其目的仍然是振兴中华，这不是爱国运动又是什么呢？

我在北大这样一所肩负着传承中华民族的优秀文化的，背后有悠久的爱国主义传统的学府，真正是如鱼得水，认为这才真正是我安身立命之地。我曾在一篇文章中写过：我身上的优点不多，唯爱国不敢后人。即使我将来变成了灰，我的每一个灰粒也都会是爱国的。这是我的肺腑之言。以我这样一个怀有深沉的爱国思想的人，竟能在有悠久爱国主义传统的北大几乎度过了我的一生，我除了有幸福之感外，这有什么呢？还能何所求呢？

也许是出于一种偶合，北大几乎与20世纪同寿。在过去一百年中，时间斗换星移，世事沧海桑田，在中国产生了天翻地覆的变化，而北大在人事和制度方面也随顺时势，不得不变。然而，我认为，其中却有不变者在，即北大对中国文化所必须担负的责任。

古人常说，某某人“一身系天下安危”。陈寅恪先生《挽王静安先生》诗中有一句话：“文化神州表一身”。而我却想说：北大一校系中国文化的安危与断续。

我所谓“文化”是最广义的文化，精神和物质两个方面都包括在里面。但是狭义的文化，据一般人的理解，则往往只限于与中文、历史、哲学三个系所涵盖的范围有关的东西。而在北大过去一百年的历史上，这三个系，尽管名称有过改变，却始终是北大的重点。从第一任校长严复开始，中经蔡元培、胡适、傅斯年（代校长）、汤用彤（校委会主席）等等，都与这三个系有关。至于在过去一百年中，这三个系的教授，得大名有大影响的人物，灿如列星，不可胜数，五四运动时期是一个高潮。这个运动在中国文化学术界、思想界，甚至政界所起的影响，深远广被，是无论怎样评价也不为高的。如果没有五四运动，我们真不能想象，今天中国的文化和教育会是一个什么样子。

前几年，我们中国学术界提出了一个口号：弘扬中华民族优秀文化。这口号提得正确，提得及时，立即得到了全国的响应。所谓“弘扬”，我觉得，有两方面的意义：一个是在国内弘扬，一个是向国外弘扬；二者不能偏废。在国内弘扬，其意义之重要尽人皆知。我们常讲“有中国特色的”，这“特色”无法表现在科技上。即使我们的科技占世界首位，同其他国家相比，也只能是量的差别，无所谓“特色”。“特色”只能表现在文化上。这个浅近的道理，一想就能明白。在文化方面，我们中华民族除了上面所说的“天人合一”的思想以外，几乎是处处有特色。我们的语言，我们的书法，我们的绘画，我们的音乐，我们的饮食，我们的社会风习，我们的文学创作，等等，等等，哪个地方没有特色呢？这个道理也是极浅的，一看就能明白。这些都属于广义的文化，对内我们要弘扬的。

除了对国内弘扬，我们还有对国外弘扬的责任和义务。我在上面已经谈到，在文化的给予方面，我们中华民族从来是不吝惜的。现在国外那一些懵懵懂懂的“天之骄子”们，还在自我欣赏。我们过去曾实行鲁迅所说的“拿来主义”，拿来了许多外国的好东西，今后我们还将要继续去拿。但是，为了世界人类的幸福和前途，不管这些“天之骄子”们愿意不愿意来拿我们中国的好东西，我们都要想方设法实行“送去主义”，我们要“送货上门”。我相信，有朝一日他们会觉悟过来而由衷地感谢我们的。

北大上承几千年来太学与国子监的衣钵，师生向“以天下为己任”，在文化和政治方面一向敢于冲锋陷阵。这一点恐怕是大家不得不承认的。今天，在对内弘扬和对外弘扬方面，责任落在所有大学的人文社会科学学术教育机构以及教员和学生的肩上，北大以其过去的传统，更应当是当仁不让，首当其冲，勇往直前，义无反顾。

专就北大本身来讲，中文、历史、哲学三系更是任重道远，责无旁贷。我希望而且也相信，这三个系的师生能意识到自己肩头上的重担。陈寅恪先生的诗曰“吾侪所学关天意”，可以移来相赠。我希望国家教委和北大党政领导在待遇方面多向这三个系倾斜一些，平均主义不是办学的最好方针。我的意思并不是说，在北大只有这三个系有责任，其他各系都可以袖手旁观。否，否，我决无此意。弘扬、传承文化是大家共有的责任。而且学科与学科间的界限越来越变得不泾渭分明，你中有我，我中有你，这现象越来越明显。其他文科各系，甚至理科各系，都是有责任的。其他各大学以及科学研究机构，也都是有责任的。惟愿我们能众志成城，共襄盛举，振文化之天声，播福祉于寰宇，跂予望之矣。

1997年12月12日

我和北大

在北大五十余年中，我走过的并不是一条阳关大道。有光风霁月，也有阴霾漫天；有“山重水复疑无路”，也有“柳暗花明又一村”，而后者选远超过前者。在这里，我同普天下的老百姓，特别是其中的知识分子，是同呼吸、共命运的，不管怎样，不知道有什么无形的力量，把我同北大紧紧缚在一起。不管我在北大经历过多少艰难困苦，甚至一度曾走到死亡的边缘上，我仍然认为我这一生是幸福的。一个人只有一次生命，我不相信什么轮回转生。在我这仅有的可贵的一生中，从“春风得意马蹄疾”的少不更事的青年，一直到“高堂明镜悲白发”

1948 年 4 月，北平学生抗议国民党特务迫害学生的暴行，图为当时北大的“民主墙”。

的耄耋之年，我从未离开过北大。追忆我的一生，怡悦之感，油然而生，“虽九死其犹未悔”。

有人会问：“你为什么会有这样的感觉呢?”这个问题是我必须答复的。

记得前几年，北大曾召开过几次座谈会，探讨的问题是：北大的传统究竟是什么？我个人始终认为，北大的优良传统是根深蒂固的爱国主义。有人主张，北大的优良传统是革命。其实真正的革命还不是为了爱国？不爱国，革命干吗呢？历史上那种“你方唱罢我登场”的“以暴易暴”的改朝换代，应该排除在“革命”之外。

在古代，几乎在所有的国家中。传承文化的责任都落在知识分子的肩上。不管工农的贡献多么大，但是传承文化却不是他们所能为。如果不这样认为，那不是实事求是的态度。传承文化的人的身份和称呼，因国而异。在欧洲中世纪，传承者多半是身着黑色长袍的神父，传承的地方是在教堂中。后来大学兴起，才接过了一些传承的责任。在印度古代，文化传承者是婆罗门，他们高踞四姓之首。东方一些佛教国家，古代文化的传承者是穿披黄色袈裟的佛教僧侣，传承地点是在寺庙里。中国古代文化的传承者是“士”。士、农、工、商是社会上主要阶层，而士则同印度的婆罗门一样高踞首位。传承的地方是太学、国子监和官办以及私人创办的书院。婆罗门和士的地位，都是他们自定的，这是不是有点过于狂妄自大呢？可能有的；但是，我认为，并不全是这样，而是由客观形势所决定的，不这样也是不行的。

婆罗门、神父、士等等都是知识分子，他们的本钱就是知识，而文化与知识又是分不开的。在世界各国文化传承者中，中国的士有其鲜明的特点。早在先秦，《论语》中就说过：“士不可以不弘毅，任重而道远。”士们俨然以天下为己任，天下安危系于一身。在几千年的历史上，中国知识分子的这个传统一直没变，后来发展成“天下兴亡，匹夫有责”。后来又继续发展，一直到了现代，始终未变。

不管历代注疏家怎样解释“弘毅”，怎样解释“任重道远”，我个人认为，中国知识分子所传承的文化中，其精髓有两个鲜明的特点，一个是我在上面详细论证的爱国主义；一个就是讲骨气，讲气节，换句话说也就是在帝王将相的非正义的行为面前不低头，另一方面，在外敌的斧钺前面不低头，“威武不能屈”。苏武和文天祥等等一大批优秀人物就是例证。这样一来，这两个特点实又有非常密切的联系了，其关键还是爱国主义。

如果我们改一个计算办法的话，那么，北大的历史就不是一百年，而是几千年。因为，北大最初的名称是京师大学堂，而京师大学堂的前身则是国子监。国子监是旧时代中国的最高学府，已有一千多年的历史，其前身又是太学，则历史更长了。从最古的太学起，中经国子监，一直到近代的大学，学生都有以天下为己任的抱负，这也是存在决定意识这个规律造成的，与其他国家的大学不太一样。在中国这样的大学中，首当其冲的是北京大学。在近代史上，历次反抗邪恶势力的运动，几乎都是从北大开始。这是历史事实，谁也否认不掉的。五四运动是其中最著名的一次。虽然名义上是提倡科学与民主，骨子里仍然是一场爱国运动。提倡科学与民主只能是手段，其目的仍然是振兴中华，这不是爱国运动又是什么呢？

1986 年，在北京大学东语系成立四十周年暨季羡执教四十周年庆祝大会上，季羡林与部分教师、校友合影。

我在北大这样一所肩负着传承中华民族的优秀文化的、背后有悠久的爱国主义传统的学府，真正是如鱼得水，认为这才真正是我安身立命之地。我曾在一篇文章中写过：我身上的优点不多，惟爱国不敢后人。即使我将来变成了灰，我的每一个灰粒也都会是爱国的。这是我的肺腑之言。以我这样一个怀有深沉的爱国思想的人，竟能在有悠久爱国主义传统的北大几乎度过了我的一生，我除了有幸福之感外，还有什么呢？还能何所求呢？

1997年12月13日

“不管我在北大经历过多少艰难困苦，甚至一度曾走到死亡的边缘上，我仍然认为我这一生是幸福的。”（季羡林）

春满燕园

燕园花事渐衰。桃花、杏花早已开谢。一度繁花满枝的榆叶梅现在已经长出了绿油油的叶子。连几天前还开得像一团锦绣似的西府海棠，也已落英缤纷、残红满地了。丁香虽然还在盛开，灿烂满园，香飘十里，但已显出疲惫的样子。北京的春天本来就是短的，“雨横风狂三月暮，门掩黄昏，无计留春住。”看来春天就要归去了。

但是人们心头的春天却方在繁荣滋长。这个春天，同在大自然里的春天一样，也是万紫千红、风光旖旎的，但它却比大自然里的春天更美、更可爱、更真实、更持久。郑板桥有两句诗：“闭门只是栽兰竹，留得春光过四时。”我们不栽兰，不种竹；我们就把春天栽种在心中，它不但能过今年的四时，而且能过明年、后年，不知多少年的四时，它要常驻我们心中，成为永恒的春天了。

昨天晚上，我走过校园。四周一片寂静，只有远处的蛙鸣划破深夜的沉寂，黑暗仿佛凝结了起来，能摸得着，捉得住。我走着走着，蓦地看到远处有了灯光，是从一些宿舍的窗子里流出来的。我心里一愣，我的眼睛仿佛有了佛经上叫做天眼通的那种神力，透过墙壁，就看了进去。我看到一位年老的教师在那里伏案苦读，他仿佛正在写文章，想把几十年的研究心得写下来，丰富我们文化知识的宝库；他又仿佛是在备课，想把第二天要讲的东西整理得更深刻、更生动，让青年学生获得更多的滋养；他也可能是在看青年教师的论文，想给他们提些意见，共同切磋琢磨。他时而低头沉思，时而抬头微笑。对他说来，这时候，除了他自己和眼前的工作以外，宇宙万物都似乎不存在，他完完全全陶醉于自己的工作中了。

今天早晨，我又走过校园。这时候，晨光初露，晓风未起。浓绿的松柏，淡绿的杨柳，大叶的杨树，小叶的槐树，成行并列，相映成趣。未名湖绿水满盈，不见一条皱纹，宛如一面明镜。还看不到多少人走路，但从绿草湖畔，丁香丛中，杨柳树下，土山高头却传来一阵阵朗诵外语的声音。倾耳细听，俄语、英语、梵语、阿拉伯语，等等，依稀可辨。在很多地方，我只是闻声而不见人，但是仅仅从声音里也可以听出那种如饥如渴迫切吸收知识、学习技巧的炽热心情。这一群男女大孩子们仿佛想把知识像清晨的空气和芬芳的花香那样一口气吸了下去。我走进大图书馆，又看到一群男女青年挤坐在里面，低头做数学或物理、化学的习题，也都是全神贯注，鸦雀无声。

我很自然地就把昨天夜里的情景同眼前的情景联系了起来。年老的一代是那样，年轻的一代又是这样，还能有比这更动人的情景吗？我心里陡然充满了说不出的喜悦。我仿佛看到春天又回到园中：繁花满枝，一片锦绣。不但已经开过花的桃树和杏树又开出了粉红色的花朵，连根本不开花的榆树和杨柳也满树红花。未名湖中长出了车轮般的莲花，正在开花的藤萝颜色显得格外鲜艳。丁香也是精神抖擞，一点也不显得疲惫。总之是万紫千红，春色满园。

这难道仅仅是我一个人的幻象吗？不是的。这是我心中那个春天的反映。我相信，住在这个园子里的绝大多数的教师和同学心中都有这样一个春天，眼前也都看到这样一个春天。这个春天是不怕时间的。即使到了金风送爽、霜林染醉的时候，到了大雪漫天、一片琼瑶的时候，它也会永留心中，永留园内，它是一个永恒的春天。

1962年5月11日

春归燕园

凌晨，在熹微的晨光中，我走到大图书馆前草坪附近去散步。我看到许多男女大孩子，有的耳朵上戴着耳机，手里拿着收音机和一本什么书；有的只在手里拿着一本书，都是凝神潜虑，目不斜视，嘴里喃喃地朗诵什么外语。初升的太阳在长满黄叶的银杏树顶上抹上了一缕淡红。我们这些早晨八九点钟的太阳，面对着那一轮真正的太阳。我只感觉到满眼金光，却分不清这金光究竟是从哪里来的了。

黄昏时分，在夕阳的残照中，我又走到大图书馆前草坪附近去散步。我看到的仍然是那一些男女大孩子。他们仍然戴着耳机，手里拿着收音机和书，嘴里喃喃地跟着念。夕阳的余晖从另外一个方向在银杏树顶上的黄叶上抹上了一缕淡红。此时，我们这些早晨八九点钟的太阳，同西山的落日比起来，反而显得光芒万丈。

眼前的情景对我是多么熟悉而又是多么陌生啊！

十多年以前，我曾在这风景如画的燕园里看到过类似的情景。当时我曾满怀激情地歌颂过春满燕园。虽然时序已经是春末夏初时节，但是在我的感觉中却仍然是三春盛时，繁花似锦。我曾幻想把这春天永远留在燕园内，“留得春光过四时”，让它成为一个永恒的春天。

然而我的幻想却落了空。跟着来的不是永恒的春天，而是三九严冬的天气。虽然大自然仍然岿然不动，星换斗移，每年一度，在冬天之后一定来一个春天，燕园仍然是一年一度百花争妍，万紫千红。然而对我们住在燕园里的人来说，却是“镇日寻春不见春”，宛如处在一片荒漠之中。不但没有什么永恒的春天，连刹那间春天的得无影无踪

留恋燕园里，季羡林上下班的小路。

了。当时我唯一的慰藉就是英国浪漫诗人雪莱的两句诗：

既然冬天到了
春天还会远吗

我坚决相信，春天还会来临的。

雪莱的话终于应验了，春天终于来临了。美丽的燕园又焕发出青春的光辉。我在这里终于又听到了琅琅的书声。而且在这琅琅的书声中我还听到了十多年前没有听到的东西，听到了一些崭新的东西。在这平凡的书声中我听到的难道不就是千军万马向四个现代化进军的脚步声吗？我听到的难道不就是向科学技术高峰艰苦而又乐观的攀登声吗？我听到的难道不就是那美好的理想的社会向前行进的开路声吗？我听到的难道不就是我们的青年一代内心深处的声音吗？不就是春天的声音吗？

眼前，就物候来说，不但已经不是春天，而且也已经不是夏天；眼前是西风劲吹、落叶辞树的深秋天气。“悲哉秋之为气也”，眼前是古代诗人高呼“悲哉”的时候。然而在这春之声大合唱中，在我们燕园里大图书馆前的草坪上，在黄叶丛中，在红树枝下，我看到的却是阳春艳景，姹紫嫣红。这些男女大孩子一下子变成了巨大的花朵，霎时开满了校园。连黄叶树顶上似乎也开出了碗口大的山茶花和木棉花。红红的一片，把碧空都映得通红。至于那些“霜叶红于二月花”的霜叶，真的变成了红艳的鲜花。整个的燕园变成了一座花山，一片花海。

春天又回到燕园来了啊！

而且这个春天还不限于燕园，也不限于北京，不限于中国。它伸向四海，通向五洲，弥漫全球，辉映大千。我站在这个小小的燕园里，仿佛能与全世界呼吸相通。我仿佛能够看到富士山的雪峰，听到恒河里的涛声，闻到牛津的花香，摸到纽约的摩天高楼。书声动大地，春色满寰中，这一个无所不在的春天把我们连到一起来了。它还将不是一个短暂的春天。它将存在于繁花绽开的枝头，它将存在于映日接天的荷花上，它将存在于辽阔的万里霜天，它将存在于千里冰封、万里雪飘的严冬。一年四季，季季皆春。它是比春天更加春天的春天。它的踪迹将印在湖光塔影里，印在每一个人的心中。它将是一个真正的永恒的春天。

1979 年 1 月 1 日

20 世纪 60 年代初，周恩来总理视察北大。

燕园盛夏

走在路上，偶一抬头，看到池塘里开出了第一朵荷花，临风摇曳，红艳夺目。我不禁一愣，夏意蓦地逗上心头：盛夏原来已经悄悄地来到燕园了。

几天来，天气也确实很热。一大早，坐在窗前读书的时候，听到外面柳树丛中有一种鸟边飞边叫："快拿锄头"，心里还微微地感到一点凉意。但是，一近中午，炎阳当顶，热气从四面八方袭来。从高树枝头飘下来的蝉声似乎都是温热的。池塘里，成群的鱼浮到有绿荫的水面上来纳凉。炎热仿佛统治了整个宇宙。

但是，最热的还不是自然界的这些，而是青年人的心。今年有两千个男女青年在这里学习了五六年之后，就要走上社会主义建设的工作岗位了。他们一方面努力温课，准备考试，要拿出最出色的成绩向祖国人民汇报；一方面又做好思想准备，要到最艰苦的地方去。伟大祖国的各个方面和各个地区，都在他们考虑之中。他们想到欣欣向荣的农村，他们想到钢水奔流热火朝天的工厂，他们想到冰天雪地、林深草密或者大海汪洋的辽阔的边疆。他们也想到培育比他们更年轻一代的中学的课堂。对他们说来，这些地方都是最好的地方，祖国大地的每一个角落都是他们理想寄托之所在。他们想到什么地方，什么地方就在他们心中开成一朵花。

多么可爱的青年人啊！

我对这些青年人一向怀着特殊的好感。我看他们都朴素率真，平易近人。女孩子有的梳着两条长辫子，有的剪短了头发，蓬蓬松松。

男孩子头发更是随便，有的还比较整齐，有的就不大在乎。他们成天价嘻嘻哈哈，好像总有乐不完的事。看起来并没有什么特别惊人的地方。但是，我总觉得，他们走路时脊梁骨是直的，好像有什么东西在那里撑着他们。他们的脚底板是硬的，好像永远也不会滑倒。他们的眼睛，即使还充满了稚气，但却是亮的，好像能看到许多东西，既能看到昨天和今天，又能看到明天。

清塘“季荷”前的季羡林。

今年要毕业的这一些青年人眼睛好像就更亮了。他们在党的教育下，开始看到一些他们以前不大注意的东西。我曾参加毕业同学的大会，我没有同任何人说过一句话。但是，我从他们的眼睛里好像就完全了解了他们的心情，看到他们那一颗颗火热的心。他们知道，自己现在进行的事业是人类历史上空前伟大的事业，它关系到亿万人民的解放，关系到人类的前途。进行这样的事业，路途不会是平坦的，这样或那样的风险是不可避免的。可是他们心中有数，只要跟着党走，风暴再大，也绝不会迷失方向。

同这样一些青年人在一起是幸福的。

当我像他们这样大的时候，我想的完全是另外一些事情。我脑子里常常浮起一个问题：人生的意义究竟是什么？当时很多人都有这样一个问题，学术界还曾就这个问题大讨论而特讨论。结果是越讨论越糊涂，问题还依然是问题。

解放以后，我自己逐渐解决了这个问题。要对今天的青年人来谈这个问题，他们会觉得异常地可笑，甚至不可理解。人生的意义嘛，

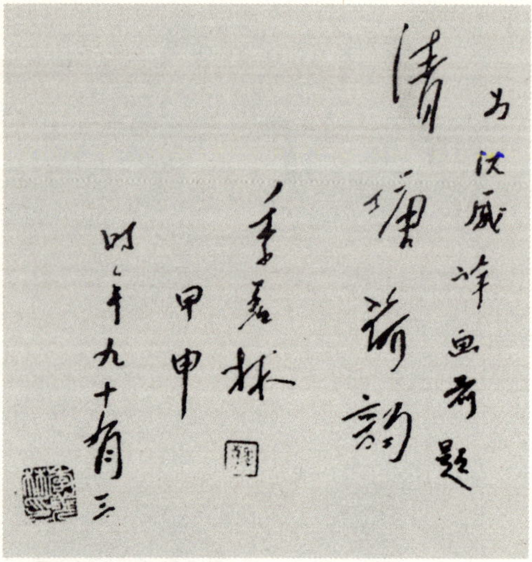

季羡林题“清塘荷韵”。

那就是斗争，为了共产主义，为了亿万人民的幸福而斗争。这还有什么可讨论的呢？这些青年人正准备着参加到斗争的最前线去。他们肩膀上的担子是重的，但是他们愿意担，而且只要努力，我看也担得起。

我常常在校园里静观周围的青年人，他们的打扮不一样，姿态千差万别，从事的活动也多种多样，看上去有点目迷五色。但是，不管是哪一个站在树下高声朗诵的男孩子，还是从实验室里走出来的女孩子，不管是哪一个在操场上奔跑的女孩子，还是拿着铁锹正在劳动的男孩子，他们在党的教育下，也都同我一样，慢慢懂得了革命的道理，有着一个共同的目的，一个伟大的目的。

无论谁，无论在什么时候，只要想到这一点，他心里就会像点上一把火。就是在酷暑的伏天，也不例外。现在就要走上工作岗位的青年人心里有这样一把火，难道不是很自然的吗？

可是，说也奇怪，心里有了这样一把火，外面天气再热，我们反而感觉不到。我们只觉得心旷神怡，清凉遍体。燕园的盛夏好像是一转眼就消逝得无影无踪，眼前正是惠风和畅或金风送爽的春秋佳日，池塘里开的不是荷花，而是牡丹和菊花。

1963年7月

《北京大学创办史实考源》序

了解北大情况的人都会知道，郝平同志是北大教职员中最忙碌的人物之一。北大在中国以及世界上享有特殊的地位与威望，许多国家的著名学府和科研机构，都同北大建立了名目不同的合作和交流关系。外国的国家元首，或政府首脑以及各种不同学科的权威学者，都以能够到北大来参观访问，特别是发表演讲为毕生光荣，大有“不到北大非好汉”之慨。至于其他形形色色的访问者更是络绎不绝。在党委和校办领导之下，承担种种接待任务的首当其冲的就是北大外事处，而郝平正是外事处的负责人。据我个人的经验和观察，外事处的日历同其他各处都不一样，他们没有双休日、节假日以及什么寒假暑假，终日忙忙叨叨，送往迎来，宛如燕园的一盏走马灯，旋转不停。一群男女青年就是这一盏走马灯上的人物，居其中而众星拱之的就是郝平。

我可真是万万没有想到，就是这样一位忙碌的郝平同志忽然有一天送给我了一大摞稿子，内容是讲北大开创时期的校史的。写校史，不是写小说，写诗歌，只要有灵感就行，这里需要的不是灵感，而是勤奋，需要辛辛苦苦，爬罗剔抉，用竭泽而渔的精神，搜集资料。郝平告诉我，他在国外留学时就开始了资料的搜集。回国以后，成为走马灯的主要人物以后，又锲而不舍，继续搜罗，常常用别人午休的时间来从事此项工作。夜里则利用睡眠的时间，开电灯以继晷，恒兀兀以穷年，一直到累得病倒，进医院动了手术，而其志弥坚，终于写成了此书的初稿。

谁听了这样的故事，能不肃然起敬呢？

说句老实话，我真正受到了感动。现在北大的青年教员中，能拼命向学的，确有人在。但是，身为教员而不读书者或者读书劲头不够，心有旁骛者，也决不乏人。现在有了郝平这一面镜子，摆在自己眼前，何去何从，每个人都会做出自己的抉择，也必须做出自己的抉择的。这是我的信念，也是我的希望。

这话说得远了一点，还是回头来，谈一谈郝平的《校史》，因为讲的是北大创办时期的历史，我为此书定名为《北京大学创办史实考源》，得到了他的首肯。根据郝平自己对本书的介绍，我们可以了解本书的主要论点。为了叙述准确起见，我还是先做一个文抄公，抄一段郝平自己的话："(京师) 大学堂的创办不仅仅是戊戌变法的产物，其根本原因应当追溯到 1840 年的中英鸦片战争。清王朝的失败引起仁人志士如林则徐、魏源和龚自珍等人的思考，并在全国掀起了一场维新思潮和洋务运动。同文馆就是这个时期的产物。北洋海军在中日甲午海战中全军覆没，激起了康梁等进步力量要求政治改革的强烈呼声。京师大学堂既是这场改革的产物，又是自鸦片战争五十年来，人们不断探求救亡之路的最高要求。这是一个不可分割的历史过程。"郝平这个简短扼要的论述，其基础和根据就是大量的确凿可靠的原始档案资料。这些资料都写在本书中，用不着我来重复叙述。

郝平对资料的搜集付出了极大的劳动，他搜集得颇为齐全，分析得又极为细致，分析中时有新意，真令人想浮一大白。这些资料都是别人不甚注意的，更谈不到使用。郝平这样做的目的是追溯北京大学创办的起源问题，是研究北京大学校史必不可少的第一步。他发前人未发之覆，提出了自己的看法，也就是"从京师同文馆到京师大学堂"。他能自圆其说，他的这个看法是能够站得住脚的。

但是，据我个人的看法，这只能是北京大学创办起源的说法之一，不是唯一的一个。而且我们还不要忘记，不是先裁撤了同文馆然后创办京师大学堂，而是在京师大学堂创办以后才裁撤了同文馆，并入京师大学堂中的。同文馆是清政府为了办理洋务必须同洋人打交道，而打交道首先必须有懂外文的翻译人才而建立的一所培养翻译的一种特殊的学堂，以后才逐渐增设了一些洋文之外的课程。同文馆隶属于总理各国事务衙门，可见其作用之所在。要勉强找一个来源的话，明代的四夷馆庶几近之。解放后原隶属外交部的北京外国语学院颇有类似之处。

1902 年 12 月 17 日，京师大学堂正式开学，这是戊戌维新时光绪皇帝筹办的中国最早的国立大学。

我个人没有下过工夫研究北大的校史。可是我多少年以来就有一个想法，这个想法我曾在许多座谈会上讲到过，也曾对许多人讲到过，曾得到许多人的同意，至少还没有碰到反对者。最近在《北京大学校刊》1997 年 12 月 15 日一期上，读到萧超然教授答学生问，才知道，冯友兰先生也有这个意见，而且还写过文章，他的文章我没有读过，也没有听他亲口谈过。郝平书中讲到，北大前校长胡适之先生也有过完全一样的说法。我现在斗胆说一句妄自尊大的话，这可以算是“英雄所见略同”吧。

究竟是什么意见呢？就是：北大的校史应当上溯到汉朝的太学。中国在世界民族之林中是一个很奇特的国家，第一，中国尊重历史，寰宇国家无出其右者；第二，中国尊重教育。几千年来办教育一向是两条腿走路：官办和民办。民办的可以以各种名目的书院为代表。当然也有官办的书院，那就属于另一条腿。在办教育方面，多数朝代都有中央、省、府、县——必须说明一句，这三级随朝代的不同而名称各异——几个等级的学校。中国历代都有一个“全国最高学府”的概念，它既是教育人才的机构，又是管理教育行政的机构。这个“最高学府”名称也不一样。统而言之，共有两个：太学和国子监。虽然说，东汉光武帝建武五年（公元 29 年）始设太学。但是“太学”之名，先秦已有。我在这里不是专门研究太学的历史。详情就先不去讲它了。晋武帝咸宁二年（公元 276 年）始设国子学，北齐改为国子寺，隋又改为国子学。隋炀帝改为国子监。唐代因之，一直到清末，其名未变。

物换星移，沧海桑田。在过去将近两千年的历史上，改朝换代之事，多次发生。要说太学和国子监一直办下去，一天也没有间断过，那是根本不能够想象的，在兵荒马乱，皇帝和老百姓都处于涂炭之中的情况下，教育机构焉能不中断呢？但是，最令我们惊异的是，这种中断只是暂时的，新政权一旦建立，他们立即想到太学或国子监。因此，我们可以实事求是地说，在将近两千年悠长的历史上，太学和国子监这个传统——我姑名之曰学统——可以说是基本上没有断过。不管最高统治者是汉人，还是非汉人，头脑里都有教育这个概念，都有太学或国子监这个全国最高学府的概念，连慈禧和光绪皇帝都不例外。中国的学统从太学起中经国子监，一直到京师大学堂，最后转为北京大学，可以说是一脉相承，没有中断。这在世界教育史上是绝无仅有的，是我们中华民族的骄傲。以上说的可以算是冯友兰先生、胡适之先生和我自己的“理论”或说法的依据和基础。我们在这里并没有强词夺理，也没有歪曲史实。研究学问，探讨真理，唯一的准则就是实事求是，唯真是务。我抱的正是这样的态度。我绝无意为北大争正统，争最高学府的荣衔。一个大学办得好坏，绝不决定于它的历史的长短。历史久的大学不一定办得好，历史短的大学不一定办得不好。无数事实俱在，不容争辩。但是，我也算是一个从事科学研究工作的人，事实如此，我不得不如此说尔。

按照目前流行的计算法，今年是北京大学的百年校庆。这在北大无疑是一件大事。在全中国，无疑也是一件大事。在这样吉祥喜庆的日子里，郝平同志把他这一部心血凝成的《北京大学创办史实考源》拿出来献给学校，献给全校的师生员工，献给遍布在全世界各地的，在不同的工作岗位，做出了不同程度贡献的北大校友们，真可以说是锦上添花之举。我相信，这一部书一定会受到大家的热烈欢迎的。

我在这里还想加上一段决非“多余的话”。我在很多地方都说过：中国知识分子是世界上最好的知识分子，他们最突出的特点就是爱国主义。例子不用到远处去找，在我上面讲到的“学统”中，在北大遥远的“前身”中就有。东汉太学生反对腐朽的统治，史有明文，决非臆造。这个传统一直传了下来，到了明末就形成了顾炎武在《日知录》中所说的：“使天下者，匹夫之贱，与有责焉耳矣。”后来演变成“天下兴亡，匹夫有责”。北京大学创办以后，一百年来，每到中国在政治上和文化上的关键时刻，北大师生，以及其他大学的师生就都挺身而出，挽救危亡。五四运动就是最好的证明。一直到中华人民共和国建国以后——这一段历史占了北大百年历史的一半，北大师生爱国之心未曾稍减，此事可质诸天日，无待赘述。

现在距北大百年校庆只有四个月的时间了。据说今年从全国各地以及全世界各地回母校参加校庆的校友，数量将是空前的。这种爱校之心与爱国之心，完完全全是一致的，完完全全是相应的。这种心情与中国两千年来的知识分子——中国古代的士——的爱国主义传统是完完全全贯通的。它预示着我们伟大祖国未来的辉煌。

现在有两本书摆在全校师生，全体校友，全国和全世界关心北大的朋友们的面前：一部是郝平的《北京大学创办史实考源》，一部是萧超然教授的《巍巍上庠　百年星辰》。前者告诉我们创业维艰，后者告诉我们照亮北大百年漫长道路上的星光。无前者则不会有后者，而无后者则前者也是徒劳无功的。两部书相辅相成，形成了一个整体。为我校校友增添了无量欢悦，为想了解北大的人提供了确实可靠的知识，真可以说是功德无量。

再过两年，一个新的世纪和千纪就将降临人间。我相信，我们北大全校同仁和同学，受到这一次校庆的鼓舞和激励，怀千岁之幽情，忆百年之辉煌，更会下定决心，乘长风，破万里浪，前进，前进，再前进，为我们伟大祖国再立新功。

1998年1月2日

巍巍上庠　百年星辰

计算北大的历史，我认为，可以采用两种计算法：一个是从古代的太学算起，到了隋代，改称国子监，一直到清末，此名未变，而且代代沿袭。这实际上就是当时的最高学府。而北大所传的正是国子监的衣钵。这样计算，一不牵强，二不附会，毫无倚老卖老之意，而只有实事求是之心。既合情，又合理。倘若采用它，是完全能够讲得通的。

但是，当前流行而且实行的计算方法，是从以国子监为前身的京师大学堂算起。我不说这种计算方法不合情，不合理，不实事求是；而且既然大家都已承认，约定俗成，“吾从众”，我也同意这种计算方法，确定北大创办于1898年，至今正值一百年，决定庆祝百岁华诞。

同世界上许多国家的许多一流大学比较起来，有一百年的历史，只能算是一个小弟弟。即使在中国，北大也决不是老大哥。但是，大学不是人参，不是陈酿，越老越好。大学之所以能够好，能够扬名天下，有另外的原因或者因素，这种因素决不是一年两年就可以形成的，而是有一个长期的历史积累过程。一百年在人类历史上只是一个极短的时间，但是，对一个大学来说，也不算太短，积累因素，从而形成特点或者特性，已经足够用了。

从1898年至1998年这一百年，在中国全部历史上只占极小的比例，但是，在这一百年内所发生的事情之多、之复杂，社会变动之剧烈，决不是过去任何一百年所能够比的。只举事件之荦荦大者，就有辛亥革命，推翻帝制；有袁世凯表演的悲喜剧洪宪称帝；有对中国现当代有深远影响的五四运动；有令人民涂炭的军阀混战；有国民党统治；有日本军国主义者的入侵；有声势浩大的解放战争；有中华人民共和国的建立；有 1957 年的“反右”；有“大跃进”；有随之而来的三年灾害——姑且不讲是“自然的”，还是“人为的”；有 1966 年爆发的所谓“无产阶级文化大革命”，实际上是空前浩劫；有 1978 年开始的改革开放，等等，等等。这一百年的后一半，大学几乎全是在会议和“运动”中度过的。

所有这一些历史事件，北大都经历过，中国历史稍长的大学也都经历过。“家家有一本难念的经”，我们的经历大同而小异。“大同”指共性，“小异”指个性。超出共性与个性之上的事实是：在众多的大学中，北大占据着一个特殊的地位，北大是中国大学的排头兵，是它们的代表，这是国际和国内所共同承认的，决不是北大人的妄自尊大，而是既成的事实。一个唯物者决不能决不应视而不见。所以，谈一谈北大的共性，特别是它的特性，就有超出北大范围的普遍的意义。

在讨论共性和特性之前，我想先谈一谈我对大学构成因素的意见。我认为，每一个大学都有四种构成因素或组成部分：第一个是教师，第二个是图书设备（包括图书馆和实验室），第三个是行政管理，第四个是学生素质。前三个是比较固定的，最后一个是流动的。

我之所以把教师列为第一位，是有用意的，也是有根据的。根据中外各著名大学的经验，一所大学或其中某一个系，倘若有一个在全国或全世界都著名的大学者，则这一所大学或者这一个系就成为全国或全世界的重点和“圣地”。全国和全世界学者都以与之有联系为光荣。问学者趋之若鹜，一时门庭鼎盛，车马盈门。倘若这一个学者去世或去职，而又没有找到地位相同的继任人，则这所大学或这个系声价立即下跌，几乎门可罗雀了。这是一个众所周知的事实，是无法否认掉的。“十年浩劫”前，一位文教界的领导人说过一句话：“大学者，有大师之谓也。”在“浩劫”中受到严厉批判，在当时“黄钟毁弃，瓦釜雷鸣”的环境下，这是并不奇怪的。但印度古语说：“真理毕竟会胜利的”（Satyam eva jayate），这一个朴素的真理也胜利了，大学的台柱毕竟是教师，特别是名教师、名人。其他三个因素，特别是学生这个因素，也都是重要的，用不着详细论述。

作为中国众大学的排头兵的北京大学，在一百年以来，其教师的情况怎样呢？大学生情况又是怎样呢？在过去正如我在上面讲到的那样十分错综复杂的大环境中，北大的师生，在所有掊击邪恶、伸张正义的运动中，无不站在最前列，发出第一声反抗的狮子吼，震动了全国，震动了全世界，为中华民族的前进，为世界人民的前进，开辟了道路，指明了方向。北大师生中，不知出现了多少烈士，不知出现了多少可以被鲁迅称为“脊梁”的杰出人物。这有史可查，有案可稽，决非北大人的“一家之言”。中国人民实在应该为有北大这样的学府而感到极大的骄傲。

几年以前，北大的有关单位曾举行过多次座谈会，讨论什么是北大的优良传统这个问题。同对世界上其他事情一样，对这个问题也有种种不同的意见。我对这个也曾仔细思考过，我有我自己的看法。

我认为，讨论北大的优良传统，离不开中国知识分子的优良传统，因为北大的教师和学生都是知识分子。几千年以来。知识分子——也就相当于古代的“士”—— 一经出现，立即把传承中华文化的重任压在自己肩上。不管知识分子有多少缺点，他们有这个传承的责任，这个事实是谁也否定不掉的。世界各国都有知识分子，既然同称知识分子，当然有其共性。但是，存在决定意识，中国独特的历史环境和地理环境，决定了中国知识分子的根深蒂固的爱国主义思想。这个事实也是无法否定的。

专就北大而论，在过去的一百年内，所有的掊击邪恶、伸张正义的大举动，北大总都是站在前排。这就是最具体不过的，最明显不过的爱国主义思想的表现，连一般人认为是启蒙运动的五四运动，据我看。归根结底仍然是一场爱国主义运动。引进“德先生”和“赛先生”只是手段，而不是目的，其目的仍在振兴中华，爱我国家，其他众多的运动，无不可以作如是观。

同爱国主义有区别但又有某一些联系的，是古代常讲的“气节”，

1998 年北大百年校庆，季羡林在外文楼前发表热情洋溢的讲话。

用通俗的话来说，就是“硬骨头”，刚正不阿，嫉恶如仇，也就是孟子所说的：“富贵不能淫，贫贱不能移，威武不能屈。”我曾在别的文章中举过祢衡和章太炎的例子，现代的闻一多等是更具体更鲜明的例子。

如果想再列举北大的优良传统，当然还能够举出一些条来，比如兼容并包的精神，治学谨严的学风，等等。但是，我觉得，提纲挈领，以上两条也就够了，再举多了反而会主次不分，头绪紊乱，不能给人留下鲜明深刻的印象。

我把爱国主义和硬骨头的气节列为北大的优良传统，决不是想说，别的大学不讲爱国主义，不讲刚正不阿的骨气。否，否，决不是这样。同在一个中国，同样经历了一百年，别的大学有这样的传统，也并不稀奇，这是个共性问题，北大决不能独占，也决不想独占。但是，我现在讲的是北大，是讲个性问题。而北大在这方面确又表现很突出，很鲜明，很淋漓尽致，所以我只能这样讲。

我讲北大的青老知识分子，也就是教师和学生，有这样的优良传统，决不是想说，社会上其他阶级或社会群体，比如工、农、商等等，不讲这个优良传统。否，否，决不是这样。中国各社会群体提倡的也大都是这样的优良传统，否则全国许多地方都有的岳庙和文天祥祠堂

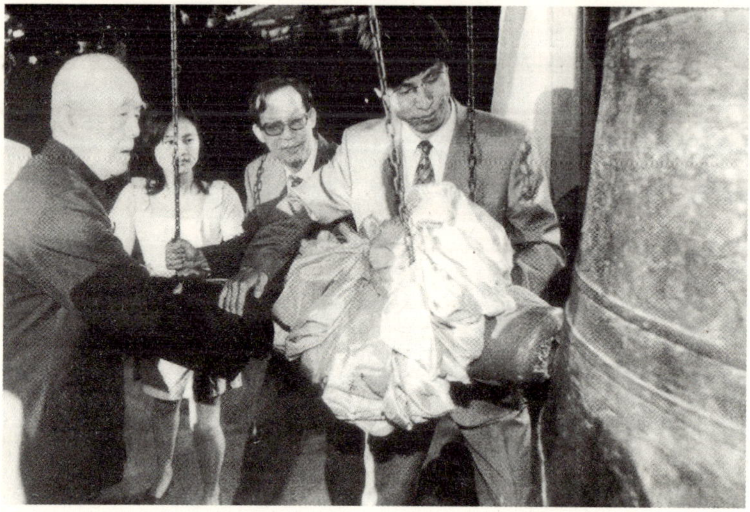

1998年北大百年校庆，季羡林与老中青四代学人鸣钟致意。

应该怎样去解释呢？而包公和海瑞受到人民大众的普遍膜拜，又怎样去解释呢？只因为我现在讲的是北大，讲的是北大的知识分子，所以我只能这样讲。

一般说来，表现优良传统主要在人，专就北大而论，人共有两部分：一个是教师，包括一部分职工；一个是学生。前者比较固定，而后者则流动性极大，这一点我在上面已经谈到。学生每隔几年就要换班。因此，表现北大传统的主要是教师。在过去一百年内，在北大担任过或者还正在担任着教师的人，无虑数万。他们的情况不尽相同。有出类拔萃者，也有默默无闻者，而前者又只能是少数。可是人数虽少而能量却大。北大有优良传统是靠他们来传承，北大的名声主要靠他们来外扬。有如夜空中的群星，有璀璨光耀者，有微如烛光者。我们现在称之为“星辰”者就是群星中光耀照人者。“辰”的含义颇多，《左传》把日、月、星三光都称之为“辰”。大家不必拘泥于一解，只了解它的一般含义就行了。

现在北大要纪念百年诞辰，这实在是学坛盛事，有深远意义，而且意义还不限于北大一校，这应当是大家的共识。北大的有关方面妙想天开，异军突起，想以北大过去一百年来的名人为线索，来表现北大的优良传统，来表现北大对社会对人类的贡献。这实在是一个很好的想法，立即得到了校内许多人的支持。主编萧超然教授垂青不佞，命我作序，以我之谫陋，何敢担此重任。但又念我在北大已五十多年，占北大百年校史之一半有余，对北大的过去和现在是有所了解的。当仁不让，义不容辞，所以在惶恐觳觫之中，写成此序，大胆地提出了自己对北大优良传统的看法，切盼全校以及校外的贤达指正。

1998 年 7 月 6 日

[编者附记]

本文是作者为《巍巍上庠　百年星辰》一书写的序言。

《中国文化书院十五周年华诞纪念论文集》序

普天之下，从来没有完全笔直平坦的道路。一个人，一个学术团体，所能走的道路，都不是完全笔直的，绝对平坦的。我们中国文化书院当然不能例外。回想十五年前，为了认真弘扬中华优秀文化，北京大学哲学系几位老中青教师，振臂一呼，就呼唤出一个中国文化书院。创业维艰，筚路蓝缕，凭着满怀壮志，一腔热血，不畏艰苦，一往无前，时而山重水复，时而柳暗花明，风风雨雨，颠颠簸簸，终于走到了今天，罗致了一批在海内外广有声誉的专家学者，还有了一个优美固定的院址，颇成气候了。

这样的十五年是值得庆祝的十五年。

从中国学术史和教育史上来看，几千年来一向是两条腿走路的，一公一私，而又以私为主。私人办的通称书院，历代真正的大学者多出身于书院，或者自己办书院。这种例子，俯拾即是。近一百多年以来，欧风东渐，中国才开始官办大中小学，私人办学的那一条腿逐渐萎缩或者痿缩，到了建国以后，竟完全禁止了。根据我个人和许多人的看法，这不是明智之举，大大不利于中国学术和教育的发展。幸而，最近几年以来，当局施行了明智的政策，允许私人办学。对我们中国文化书院来说，这实在是空前的良机，必须想方设法加以利用的。

顾名思义，我们书院是研究和弘扬中国文化的。狭义的文化属于人文社会科学范畴。而人文社会科学同自然科学和技术是有很大不同的。科学技术专家，一到六七十岁退休的年龄，有的耳有点不聪，有的目有点不明，难以再进实验室，拿手术刀手也发颤，只好退而且休

中国文化书院院长汤一介（左二）为八十岁以上的老先生祝寿，右四为季羡林。

了。而人文社会科学家，则到了这样的年龄都是如日中天，正是读书写作的大好时候。即使耳目有点小毛病，甚至大毛病，也无大碍。此时他们书读得越来越多了，知人论事的能力越来越强了，通古今之变的本领越来越高了，究天人之际的愿望越来越旺了，即使遵章退休，也往往是退而不休。我们中国文化书院所礼聘的正是这样的一些学者。我们的导师不限于中国大陆，港、澳、台，甚至国外，都有一些。这是极可宝贵的一个学术群体，对弘扬中华文化，促进学术交流，增强学者间的了解，加深民族间的友谊，我们都做出了一些可贵的贡献。

过去的十五年，是书院辉煌的十五年。

眼前的政治环境，对我们极为有利，它给我们提供了空前的机遇。我们一定要抓住这个机遇，把我们的优势充分发挥出来。我们准备创办一所大学，汤一介院长已经致函各位导师及有关人士，征求意见。我们还准备聘一些学有专长的中青年学者为本院导师，以免后顾无人之忧。办大学，走的是西方化的道路，聘导师继承的是中国固有的传统。我们将努力把二者结合起来。牛津、剑桥等世界著名的历史悠久的大学尚矣。白鹿洞书院、东林书院等中国传统的学术机构光辉犹存。二者不可偏废。二十年代的清华国学研究院，虽创办仅四五年，而人

季羡林在研究书法

才辈出，虽有研究院之名，其精神实与古代书院暗合。这实在是一件十分值得令人深思的事情，其经验必须予以慎重而实事求是的总结。

现在十五年已经过去了。我们过去走过的道路坎坷不平，将来要走的道路也决不会一帆风顺。回顾过去，感创业之维艰；瞻望前途，又见未来之辉煌。我们中国文化书院的同仁们，决不会为困难而萎靡不振，也决不会为胜利而狂傲自得。我们走在大路上，一步一个脚迹。我相信，在我们将来庆祝创办二十周年或更长的时间时，我们中国文化书院将会以越来越新、越来越成熟的面貌，向全世界展现我们的辉煌。

1999 年 9 月 1 日

致北京大学首届书法研究生班作品展的贺信

北京大学有悠久的人文传统和丰富的文化资源，如今在书法艺术审美教育方面又推进了一步，无疑将使北大的文、理、艺术学科得到全面的整合，从而促使北大早日建成世界一流大学。北大首届书法研究生作品展在首都博物馆的成功举办，将使北大的人文精神在更广泛的社会层面上发扬光大。今后，这种注重文化精神魅力的书法展持续举办下去，无疑将使北大在科学民主精神之中增添新的精神魅力和人文活力。

祝贺北京大学首届书法研究生班作品展获得成功！

2006 年 4 月 16 日

《燕园师林》第四集序

研究生工作是衡量一个大学学术水平的重要标志之一。而博士研究生指导教师数目之多少又是衡量一个大学研究生工作水平的重要标志。

北京大学研究生院从1991年开始，至今已编辑出版三集《燕园师林》，现在第四集又将出版，可见北大研究生院的工作是有成绩的，是按部就班地，积极而又稳妥地在进行着的，这无疑是十分让北大人欢欣鼓舞的事。

蒙研究生院的负责同志垂青，要我为这第四集写一篇序，我乐于承担这个任务。但是，要写些什么呢？却让我迟疑了一阵子。最后定下来了一个宗旨：唯陈言之务去，多说几句切实有用的话。

我想起了当今中国学术界常说的一句话：中国要与世界接轨。我个人认为，这句话既说得明白易懂而又含义深远。但是，这里有一个先决条件，就是，必须先弄清楚，世界学术的轨究竟何在？否则无从接起。世界学术千门万类，学术的轨也因之不能只有一条。每一门学科都有自己的轨。因此，我们谈到要与世界学术接轨不能笼统，必须具体，换句话说，每一门学科的研究者要想方设法去找自己这门学科的轨，也就是，了解这一门学科当前的研究情况，总的情况如何？研究成绩如何？解决了什么老问题？提出了什么新问题？总的走向如何？如此等等。在今天这样的信息爆炸的知识经济时代，了解信息实为首要任务。如果闭门造车，盲目研究，出而必然不能合辙。以上这些意思，实已形同常识。

然而，根据我个人的观察与体会，这正是我们学术界的不足之处。这其中有客观原因。由于经费不足，连最必要的国外科学报刊和书籍，我们都订不起；不但大学图书馆这样，连国家图书馆也不例外。读不到本门学科的国外刊物，对研究情况懵然懂然，而奢谈接轨，岂非等于空话！

除了客观原因外，还有主观原因。有一些人，对了解情况不那么热心，不那么积极，认为了解与不了解，关系不大。这样的人，我想，是决不会太多的。但是，这种现象却是十分值得重视的。

除了国际上的信息以外，还有国内的信息。这种信息获得比较容易，但其重要性并不稍减。一般说起来，国内的同行们共同开会的机会多，容易互通信息。但也必须随时注意，细心谛听，万不能掉以轻心。

在大学里，教员是科学研究的主力军，而博士生导师是这一支主力军的排头兵。如果讲什么接轨的话，冲锋陷阵的就是博导。一个大学科研水平的提高，甚至我们国家科研水平的提高，绝大部分的责任就压在这一队排头兵肩上，真可谓任重而道远了。我希望北京大学现有的排头兵们，以及预备役的排头兵们，也就是终将成为博士生指导教师的教师们，大家同心协力，踔厉风发，完成好同世界接轨的任务，以提高北大学术水平，甚至中国的学术水平，为北大，为祖国争光！

最后，我还想提一个建议：像北大这样的大学，将来的办学重点应该放在培养研究生上，研究生的数量应当占全校学生的一半，这在国外许多著名的一流大学中并不乏先例。但是，研究生入学这一关必须严格把守。

2000 年 6 月 25 日

大学的台柱是教师

一所大学或其中某一个系，偶若有一个在全国或全世界都著名的大学者，则这一所大学或者这一个系就成为全国或全世界的重点和“圣地”。全国和全世界的学者都以与之有联系为光等，访问学者趋之若鹜，一时门庭鼎盛，车水盈门。倘若这个学者去世或去职，而又没有找到地位相同的继承人，则这所大学或这个系立即下跌，几乎门可罗雀了。

季羡林在办公楼前

祝贺母校山东大学百岁华诞

母校山东大学今年一百岁了。但是，我成为山大的校友却已经有七十五年了，是校龄的四分之三。这样的人如今恐怕很少见了。

2001年，季羡林参加山东大学百年校庆活动。

如果有人觉得奇怪的话，我需要解释一下。1926年，我十五岁，正谊中学毕业以后，考入山东大学附设高中。当时的山大校长是山东省教育厅长、前清状元王寿彭。记得高中有一个校长，姓名都忘记了，他好像是从未在高中露过面。给我留下印象最深的是一次祭孔典礼。全体高中学生都集合在山东大学校本部。大门好像是对着正觉寺街。校内有金线泉，距趵突泉不远。当时庭院深深，我自己不知置身何处。现在已经把大墙拆除，与趵突泉区连在一起。几个济南名泉：趵突、金线、漱玉等都成为近邻了。

当时主祭人是奉系军阀山东掖县人张宗昌，陪祭的有王状元等，都穿着长袍马褂，行三跪九叩礼，气氛极其庄严肃穆。我虽年幼无知，涉世不深，却在心里默默地感到好笑。特别是那一位长得五大三粗的“狗肉将军”山东督军张宗昌，平日无恶不作，奸淫妇女，这时却俨然装成了一副正人君子、圣人之徒的模样，满脸正气，义形于色，怎能不让人感到十分滑稽可笑呢？

不管怎样，山大高中也是山大的一个组成部分，已经无可置疑。我是山大的校友，也名正言顺，决无攀龙附凤之嫌。

当时高中文科设在济南北园白鹤庄，清流环绕，绿柳成荫，风景绝佳。教员水平甚高，可以说是极一时之选。教历史和地理的是祁蕴璞老师，他勤奋好学，订有多份日文杂志，对世界政治和经济的发展了若指掌。他除了上课外，还常作公开报告，讲解世界大势。国文教员是王崑玉老师，文章宗桐城派，个人有文集，但我只读过稿本，没有出版。教英文的老师姓刘，北大毕业生。我只记住了他的绰号，名字则忘记了。教数学的老师姓王，名字也不记得了。几位老师的学问和教学水平，都是极高的，名扬济南教育界。另外还有一位教经学的老师，姓名都已忘记，只记得他的绰号叫“大清国”。他的口头禅是“你们民国，我们大清国”，绰号由此而来。但是他学问是有的，上课从来不带书。据说，《五经》《四书》，连同注疏，他都背得滚瓜烂熟，甚至还能倒背，不知道有什么用处。这恐怕只是道听途说而已。

在这样十分优越的自然环境和教学环境中，我埋头苦干，扎扎实实地读了两年书，为我以后的发展打下了良好的基础。1928 年，日寇占领了济南。我被迫辍学一年。1929 年，日寇撤走，山东省立济南高中成立，我继续就读。这事与山大无关，我就不详细叙述了。

从我成为山大校友以后漫长的七十五年中，山东大学同国内许多著名的大学一样，走过一条悠长而又曲折的道路。这条道路并不平坦，也并不笔直，有时布满了鲜花，五彩斑斓，光彩照人；有时却又长满了荆棘，黑云压城。校址也迁来迁去，有时在济南，有时又在青岛，最后终于定居在济南。在建国前有一段时间，大概是 30 年代吧，山大当时还在青岛，许多全国著名的学者和作家在那里任教。许多人都认为，那是山大发展史上的一个高峰或者高峰之一。无论中国或外国，一个大学不能永处于高峰时期，一个系尤其显著，山大自不能例外。从那以后，一直到现在，山大高峰迭出，现在已成为全国著名的高校之一了。

我虽然一辈子没有离开过学校，从国内到国外都在教书；但是，我决不敢承认自己是一个教育家。感性认识我是有的，却没有提高到理论的高度。根据我的观察和体会，一个大学，特别是一个系是不是处在高峰时期，关键全在于有没有名师。中国俗话说："名师出高徒"，这话一点也没有错。学生年纪轻，可塑性强，影响他们最大的还是老师。我在上面已经说过：一个大学，一个系不能永远处于高峰时期，关键也在于老师。我举一个最彰明昭著的例子。我的洋母校德国哥廷根大学的数学系，从 19 世纪末到 20 世纪 20 年代，因为出了几位世界级的数学大师，比如 F.Kelin，D.Hilbert 等，名震全球，各国学子趋之若骛，一时成为世界数学中心。这些大师一旦离开人世或退出教席，而后继者又不能算是大师，世界数学中心的地位立即转移。这个例子很能说明问题。另外一个例子就是清华国学研究院，虽然只办了几年，但是毕业生几乎都成为名教授，原因也在于国学研究院有著名的四大导师。这个例子是众所周知的。

原清华大学校长梅贻琦先生曾说过几句话："大学者，非大楼之谓也，有大师之谓也。"建国以后，周扬同志也说过几乎是同样的话，时代迥异，而看法全同，可见这几句话是符合真理的。山东大学在过去和现在都有大师级的学者。这是山东大学之所以能够成为今天的山东大学最重要的原因。

眼下，教师的重要性已为全国各大学以及其他高等学校所普遍认可。重金征聘教师的广告在各大报纸上随时可见，有的待遇高得惊人。但是，我认为，这种办法实际上是互相挖墙脚，我不敢苟同。我不希望山东大学也这样做。

不这样做又当怎样呢？我个人觉得，大学有时候从外校进几位教师是必要的，这有利于人才的交流。但是，想真正获得名师，甚至大师，最根本的办法还是自己培养。我总认为，现在大学里教师提职提级的做法还有待于认真地改进。现在吃大锅饭的残余流风未息，余威犹在，这很不利于人才的成长。最理想的办法是公平合理地、实事求是地发现年轻有为的人才，然后加以精心培养，给他们创造条件。在待遇方面可以破格，在提级方面也可以破格。对他们在政治上严格要求，在业务上严格督促，再加上他们自己的努力，期以数年，必能有成。据我个人多年的观察，现在学生中和青年教师中确有特立独行有很大潜力的人才。千里马是有的，愿我们的学校领导都能成为伯乐。

今年是一个新世纪21世纪的第一年，也是一个新千年的第一年。我们国家的形势是好的。政治上安定团结，经济的发展已成为亚洲的龙头，举世瞩目。在这样关键时刻，山大迎来了百年校庆。对人类来讲，一百年是高寿了。但是对一个大学来讲，同国外许多有几百年历史的大学比较起来，还只能算是一个小弟弟，有如初升的旭日，将越来越发出耀眼的光芒。在学校党委和这样一位年轻有为的校长的领导下，我的母校将会有光辉的前途。我这个做了七十五年校友的老校友，从内心深处向母校奉献出诚挚的祝福。

2001年8月11日

与聊城大学领导同志的谈话

要发展高等教育，创建高水平大学，在搞好校园硬件建设的同时，重要的是要做到广揽贤才，抓好人才队伍建设。一要注重学校内部人才队伍的培养；二要以五湖四海的战略眼光，加强国内外的校际合作与交流，注重人才选择，积极引进国外智力，大量聘任国内名校的名人名师，为我所用；三要营造一个有利于产生学术大师的良好的研究环境，纵观当今世界著名大学，哪里有好的研究传统，哪里有自由探索的学术氛围，那里就会吸引住人才。“善弈者谋势，不善弈者谋子。”学科与学位点建设是学校工作的龙头，学科建设的状况和学位点的多少从根本上反映和体现了学校的办学水平、学术地位和综合竞争力。因此，学科与学位点建设是学校发展的大势，必须谋好。现在聊

1999 年 10 月，季羡林受聘聊城师范学院名誉院长。

大已有四十五个硕士学位点，基本具备了一个高起点的学科平台，2007年博士学位点申报，要充分准备，进一步凝练学科方向，集中力量努力获得博士学位授权点，使学校发展再上一个新台阶。聊城是一座历史文化名城，民间文化资源丰富，种类繁多，很多民间文化已经在这块土地上生存发展了几百年、上千年，希望学校的师生注意发掘民间优秀文化资源，抢救保护民间文化遗产，研究探讨民间文化理论与规律，弘扬中华民族的优秀传统文化，为鲁西民间文化的发展与研究做出应有的贡献。

[编者附记]

2005年10月3日，季羡林家乡的聊城大学领导到301医院看望他，向季羡林赠送了以他的人生经历为素材并由该校学生创作的剪纸集。季羡林以一个教育家的战略眼光就聊城大学的建设问题重点强调了三点：人才队伍建设、学科与学位点建设、民间文化发掘研究。

假若我再上一次大学

“假若我再上一次大学”，多少年来我曾经反复考虑过这个问题。我曾经一度得到两个截然相反的结论：一个是最好不要再上大学，“知识越多越反动”，我实在心有余悸。一个是仍然要上，而且是偏偏还要学现在学的这一套。后一个想法最终占了上风，一直到现在。

我为什么还要上大学而又偏偏学现在这一套呢？没有什么堂皇的理由。我只不过觉得，我走过的这一条道路，对己，对人，都还有点好处而已。我搞的这一套东西，对普通人来说，简直像天书，似乎无补于国计民生。然而所有的科技先进国家，都有梵文、巴利文以及佛教经典的研究，而且取得了辉煌的成绩。这一套冷僻的东西与先进的科学技术之间，真似乎有某种联系。其中消息耐人寻味。

我们不是提出了弘扬祖国优秀文化，发扬爱国主义吗？这一套天书确实能同这两句口号挂上钩。我举一个具体的例子。日本梵文研究的泰斗中村元博士在给我的散文集日译本《中国知识人日本字精神史》写的序中说到，中国的南亚研究原来是相当落后的。可是近几年来，突然出现了一批中年专家，写出了一些水平较高的作品，让日本学者有“攻其不备”之感。这是几句非常有意思的话。实际上，中国梵学学者同日本同行们的关系是十分友好的。我们一没有“攻”，二没有争，只是坐在冷板凳上辛苦耕耘。有了一点成绩，日本学者看在眼里，想在心里，觉得过去对中国南亚研究的评价过时了。我觉得，这里面既包含着“弘扬”，也包含着“发扬”。怎么能说，我们这一套无补于国计民生呢？

话说远了，还是回来谈我们的本题。

我的大学生活是比较长的：在中国念了四年，在德国哥廷根大学又念了五年，才获得学位。我在上面所说的“这一套”就是在国外学到的。我在国内时，对“这一套”就有兴趣，但苦无机会。到了哥廷根大学，终于找到了机会，我简直如鱼得水，到现在已经坚持学习了将近六十年。如果马克思不急于召唤我，我还要坚持学下去的。

如果让我谈一谈在上大学期间我收获最大的是什么，那是并不困难的。在德国学习期间有两件事情是我毕生难忘的，这两件事都与我的博士论文有关联。

我想有必要在这里先谈一谈德国的与博士论文有关的制度。当我在德国学习的时候，德国并没有规定学习的年限。只要你有钱，你可以无限期地学习下去。德国有个词儿是别的国家没有的，这就是“永恒的大学生”。德国大学没有空洞的“毕业”这个概念。只有博士论文写成，拿到博士学位，这才算是毕了业。

写博士论文也有一个形式上简单而实则极严格的过程，一切决定于教授。在德国大学里，学术问题是教授说了算。德国大学没有入学考试，只要高中毕业，就可以进入任何大学。德国学生往往是先入几个大学，过了一段时间以后，自己认为某个大学、某个教授，对自己最适合，于是才安定下来。在一个大学，从某一位教授学习。先听教授的课，后参加他的研讨班。最后教授认为你“孺子可教”，才会给你一个博士论文题目。再经过几年的努力，搜集资料，写出论文提纲，经教授过目。论文写成的年限没有规定，至少也要三四年，长则漫无限制。拿到题目，十年八年写不出论文，也不是稀见的事。所有这一切都决定于教授，院长、校长无权过问。写论文，他们强调一个“新”字，没有新见解，就不必写文章。见解不论大小，唯新是图。论文题目不怕小，就怕不新。我个人觉得，这是非常重要的一点。只有这样，学术才能“日日新”，才能有进步。否则满篇陈言，东抄西抄，短钉拼凑，尽是冷饭，虽洋洋数十甚至数百万言，除了浪费纸张，浪费读者的精力以外，还能有什么效益呢?

我拿到博士论文题目的过程，基本上也是这样。我拿到了一个有关混合佛教梵语的题目，用了三年时间，搜集资料，写成卡片，又到处搜寻有关图书翻阅书籍和杂志，大约看了总有一百多种书刊。然后整理资料，使之条理化、系统化，写出提纲，最后写成文章。

我个人心里琢磨：怎样才能向教授露一手儿呢？我觉得，那几千张卡片，虽然抄写时好像蜜蜂采蜜，极为辛苦；然而却是干巴巴的，没有什么文采，或者无法表现文采。于是我想在论文一开始就写上一篇“导言”，这既能炫学，又能表现文采，真是一举两得的绝妙主意。我照此办理，用了很长时间，写成一篇相当长的“导言”。我自我感觉良好，心里美滋滋的，认为教授一定会大加欣赏，说不定还会夸上几句哩。我先把“导言”送给教授看，回家做着美妙的梦。我等呀，等呀，终于等到教授要见我，我怀着走上领奖台的心情，见到了教授。然而却使我大吃一惊。教授在我的“导言”前面画上了一个前括号，在最后画上了一个后括号，笑着对我说：“这篇导言统统不要！你这里面全是华而不实的空话，一点新东西也没有！别人要攻击你，到处都是暴露点，一点防御也没有！”对我来说，这真如晴天霹雳，打得我一时说不上话来。但是，经过自己的反思，我深深地感觉到，教授这一棍打得好，我终生受用不尽。

第二件事情是，论文完成以后，口试接着通过，学位拿到了手。论文需要从头到尾认真核对，不但要核对从卡片抄入论文的篇、章、字、句，而且要核对所有引用过的书籍、报刊和杂志。要知道，在三年之内，我从大学图书馆，甚至从柏林的普鲁士图书馆，借过大量的书籍和报刊，耗费了大量的时间。当时就感到十分烦腻。现在再在短期内，把这样多的书籍重新借上一遍，心里要多腻味就多腻味。然而老师的教导不能不遵行，只有硬着头皮，耐住性子，一本一本地借，一本一本地查，把论文中引用的大量出处重新核对一遍，不让它发生任何一点错误。

后来我发现，德国学者写完一本书或者一篇文章，在读校样的时候，都是用这种办法来一一核对。一个研究室里的人，往往都参加看校样的工作。每人一份校样，也可以协议分工。他们是以集体的力量，保证不出错误。这个法子看起来极笨，然而除此以外，还能有“聪明的”办法吗？德国书中的错误之少，是举世闻名的。有的极为复杂的书竟一个错误都没有，连标点符号都包括在里面。读过校样的人都知道，能做到这一步，是非常非常不容易的。德国人为什么能做到呢？他们并非都是超人的天才，他们比别人高出一头的诀窍就是他们的“笨”。我想改几句中国古书上的话：德国人其智可及也，其笨（愚）不可及也。

反观我们中国学术界，情况则颇不同。在这里有几种情况。中国学者博闻强记，世所艳称。背诵的本领更令人吃惊。过去有人能背诵四书五经，据说还能倒背。写文章时，用不着去查书，顺手写出，即成文章。但是记忆力会时不时出点问题的。中国近代一些大学者的著作，若加以细致核对，也往往有引书出错的情况。这是出上乘的错。等而下之，作者往往图省事，抄别人的文章时，也不去核对，于是写出的文章经不起核对。这是责任心不强，学术良心不够的表现。还有更坏的就是胡抄一气。只要书籍文章能够印出，哪管它什么读者！名利到手，一切不顾。我国的书评工作又远远跟不上。即使发现了问题，也往往“为贤者讳”，怕得罪人，一声不吭。在我们当前的学术界，这种情况能说是稀少吗？我希望我们的学术界能痛改这种极端恶劣的作风。

我上了九年大学，在德国学习时，我自己认为收获最大的就是以上两点。也许有人认为这卑之无甚高论。我不去争辩。我现在年届耄耋，如果年轻的学人不弃老朽，问我有什么话要对他们讲，我就讲这两点。

1991年5月5日写于北京大学

新时期教育战线面临的任务

文理结合

《江苏当代著名学者丛书》序

江苏省哲学社会科学界联合会决定出版一套丛书，定名为《江苏当代著名学者丛书》，蒙朱步楼同志垂青，征序于我。这个光荣任务，我本来是不能，不敢，也不应该承担的。因为，除了对初入选的十位著名学者，不管是已故还是健在，怀有很诚挚的崇敬之心外，我同江苏哲学社会科学界联系不多，情况不明，焉敢斗胆乱加评述，乱发议论呢？那样做岂不是有点不知天高地厚了吗？然而，继而一想，最近几年来我对目前中国哲学社会科学界的处境十分不满，宛如骨鲠在喉；现在有了这样良好的机会，何不一吐为快呢？于是，我就应允了下来，写了这样一篇序。

首先我想对本丛书中“江苏当代著名学者”做一个明晰的界定。因为，一般人一看到这个名称，就会毫不犹疑地认为是“出生在江苏的著名学者”。一般的用法确实如此。然而我细绎这十位学者的籍贯，却发现出生于江苏省者少，而生于外地者多。这一点关系并不重要，因为江苏素称文化之邦，历史上著名学者灿如列星，用不着外地学者来增光添彩，自有其辉煌处。然而，现在既然把外地学者列入，就说明，这里的“江苏著名学者”是指在江苏工作的著名学者。这一点还是说清楚了好，免得产生误会。

现在来谈关于当前中国哲学社会科学界处境的问题。最近几年来，我同许多哲学社会科学界的朋友们一样，痛感我们处境的不能尽如人意，直白地说，就是没有受到足够的重视，甚至受到轻视或者歧视。对于建设我们伟大的祖国来说，这是很不明智的，很不利的。建设国家，没有科技是绝对不行的；但是，只重理工而忽视文科就能行得通吗？从近代世界历史上来看，日本是现代化比较早的一个国家。明治维新时期，日本人确实全力学习西方的科技；但是他们并没有完全忽视文科。西方的政治和法律等方面的学问，他们也兼收并蓄，同时又努力发扬本国的优秀文化遗产。到了今天，日本终于成了举足轻重的世界科技大国。这一段历史经验是值得记取的。

专就中国而论，我们不是经常说，要建设有中国特色的社会主义社会吗？这个“特色”怎样表现出来呢？关于这方面的文章简直可以说是连篇累牍、汗牛充栋。我这个人对理论一无能力，二无兴趣。我只读过其中的少数几篇，结果也是丈二和尚摸不着头脑。但是，我觉得，或者我幻想，在科技上表现特色是异常难的。即使你达到世界最高水平，同别的国家比起来，也只是量的差别，很难说有什么“特色”。特色只能表现在中国悠久丰厚的文化积淀上发展起来的科技上。只有这样的科技才能在世界的科技坛上别开生面，独放异彩，为人类科技的发展另辟一条阳关大道。而要想做到这一步，中国的科技工作者必须同人文社会科学工作者携手共进，互助互补。我们现在提倡文理交融，我认为这是下一世纪中国教育和科研发展的必由之路。

就是根据我上面这一点肤浅幼稚的认识，我觉得，我们举国上下对哲学社会科学研究的重要性都应该有足够的认识。也就是为了这个缘故，我对江苏省哲学社会科学界联合会以及其他有关院校和科研机构过去所做出的成绩，表示最高的敬意和感谢；对你们今后的工作，寄予最深切的希望。

骨鲠吐尽，序言打住。切望专家学者们不吝赐教。

1999年6月18日

《科学与艺术的交融》读后感

今年11月2日，我在“北大论坛”上做了一次发言。我在学术座谈会上，或者堂而皇之地称为“学术讲座”上发言，有人称之为做报告，一向没有讲稿，因之也就没有题目。这一次发言依然如故。录音整理者给文加上了一个题目：“天人合一，文理互补”，实在是得其神髓，我非常满意。发言稿登在北大校刊上，立即引起了北京大学电子学系吴全德院士教授的注意，他枉驾寒舍，告诉我他完全赞成我的看法，并且送给了我他的新著《科学与艺术的交融纳米科技与人类文明》(北京大学出版社,2001年7月第一版)。我大喜过望。发表一种意见而能得到赞同，这也是知己的一种表现形式，我焉能不大喜呢?

我拿到了书，立即埋首读起来。但是，我是搞语言的，物理只有高中水平，电子则一窍不通。我读这一本融合文理的书，真是苦乐参半。读到讲物理学的部分，则若读天书，不知所云，味同嚼蜡，苦不堪言。谈到讲艺术的部分，则豁然开朗，字字珠玑，其甘如饴，乐不可支。我一连读了几遍，觉得这真是一部好书，处处引人入胜，给人以无穷无尽的启悟，发人深思。它给科学与艺术架上了一座可靠的桥梁。

我现在引用几句吴先生引用的教育家和自然科学家的话，引用原话比自己解释更为可靠。蔡元培先生在《美术与科学的关系》一文中写道：“科学虽然与美术不同，在各种科学上，都有可以应用美学眼光的地方。”鲁迅在《科学史教篇》中指出，仅片面地推崇科学，人生必大归于枯寂。他又指出，人类所当希冀要求者，不仅是牛顿，也应有莎士比亚；不仅要有玻意耳，也要有拉斐尔那样的画家；既要有康德，也必须有贝多芬；既要有达尔文，也必须有卡莱尔似的著作家。凡此种种，“皆所以至人性于全，不使偏倚，因此见今日之文明者也。”(羡林案：请注意鲁迅使用的这一个“全”字。）正如吴全德先生在书中几个地方讲到的那样，科学与艺术如鸟之双翼，车之两轮，缺一就是不“全”。

吴全德先生还引用了一些著名的科学家和哲学家的话。爱因斯坦说：“真正投身于科学事业的人是对自然和谐与美的追求。”庞加莱曾写道：科学家研究自然是因为他从中得到快乐；他从中得到快乐是因为它美，是根源于自然各部分和谐秩序、纯理智能够把握住的内在美。德国数学家魏尔（H.weyl）说：“我的工作总是尽力把真和美统一起来，但当我必须在两者中挑一个时，我通常选择美。”德国科学史家菲舍尔认为，所有伟大的科学家都追求美的感受，他们懂得从美学中获得科学灵感，从而揭示自然界的真理。这几句话有极大的概括性。

吴全德先生在这本书中还引用了大量的名人的言论和看法，我不再引用了。总之，一句话：科学与艺术之间有密切的关系或者联系，这一点是无可怀疑的了。

当代中国艺术家和华裔科学家中也有人注意到科学与艺术的关系的，比如吴冠中教授、李政道教授、杨振宁教授等等。但是我认为，对科学与艺术交融问题讲得最全面，最彻底、最有系统的，还是吴全德教授的这一本书。书中有很多很精彩的意见，比如强调艺术中“美”与“妙”的区别。他说：“‘美’的着眼点是一个有限的对象，就是要把一个有限的对象刻画得很完美。而‘妙’的着眼点是整个人生，是整个自然造化。‘造化’就是大自然。”下面一直讲到“境外之像”，“景外之像”，最终点到“意境”，是研究中国诗歌美术的一个人所共知的术语。这些话虽然是引自叶朗教授的著作，但是吴全德教授显然是完全赞成的。（原书第五十四页）又如，吴先生讲到石画，这是造化形成的。中国有名的大理石也属于这个范畴。吴先生说：“令人惊奇的是：天公在四亿五千万年前太古形成时怎能创造出中国风格的水墨画呢！”（原书第五十五页）再如，吴先生在全书几个地方都强调了“开发右脑”。关于这个问题，吴先生在本书中有极长极细致的论述，见本书第六十九至七十四页，我不能全部引用。核心问题是：根据科学家的研究，左脑是“理性脑”，右脑是“感情脑”。也有人称左脑为“自身脑”，右脑为“祖先脑”。吴先生认为，新中国成立后的“应试教育”，一边倒地开发左脑，其结果是，学习者缺少创意，缺乏整体意识，偏执于个人的成败得失。目前提倡素质教育，应着重开发右脑，这样就能提高艺术鉴赏力，提高创新欲望，容易激发灵感，令人心平气和，生活平静、协调。此外，吴先生还有很多精彩的意见，限于篇幅，不能一一叙述了。

“科学与艺术之间有密切的关系或者联系，这一点是无可怀疑的了。”（季羡林）

但是，我认为，吴全德教授最重要的最有意义的贡献还在于，他嫌几亿年太久，他在实验室中创造出类似石画的中国画。读者只要看一看这本书所附的那一些实验室中产生出来的彩色图片，不会有人不感到大吃一惊的。这一些自然产生的图画，鬼斧神工，与中国文人笔下的画毫无二致。人们真不能不相信科学与艺术的交融。至于为什么会出现这种现象，我们目前还无注解释。解释过了头，就会濒临神秘之义，我们还是就此打住吧。

前两天，我收到了《中国书法》2001 年第十一期，第一篇文章就是《艺术也有规律，但和科学要求的不一样》，是刘正成采访熊秉明先生的谈话记录。熊秉明先生说："黑格尔很重视自然美和艺术美的区别。艺术美是心灵的创造，其精神是自然美本身所没有的。艺术美有一个作者，有人的成分在，有一个主观在。"我对黑格尔的美学没有深入的研究。不知道熊秉明先生具体的意见是什么。但是，我认为，如果把一幅画家画的画和吴全德教授在实验室中拍摄的"画"，一起摆在一个欣赏者眼前，他只要看到画美，便会得到美感享受，得到快乐，得到启发，得到灵感。他不会，也用不着去追问、去研究，这一幅画是人工画成的还是造化创造的。那是一个研究者的任务，与欣赏活动无涉。

总之，科学与艺术的交融是一个事实，是无法否认的。

可是，我想再进一步追问一句：在人文社会科学中，科学只能同艺术交融吗？我认为，不会的。我希望文理双方的专家都要考虑交融的问题。各种的情况不同，交融的过程也不会一样。但是，在 21 世纪，文理交融是学术发展前进的必由之路，这一点我是敢肯定的。

我热诚推荐吴全德院士的这一本新著，因为我并不全懂，所以不敢说这是一篇书评，只能说是一篇读后感。

2001 年 11 月 26 日

科学应该包括自然科学与社会科学

蔡元培

今天我只讲一个问题，就是自然科学与社会科学究竟是什么关系？我们有两个科学院，即中国科学院、中国社会科学院。据我所知，这种情况在全世界都是少有的，美国和（前）苏联的自然科学和社会科学都是在一起的，我们最初建院时也是在一起，不知为什么后来又分开了。多年以前，在民族饭店举行的一次新年团拜会上，严济慈同志曾向胡乔木同志提出一个问题：中国科学院与中国社会科学院是否可以破镜重圆？乔木同志不置可否。至今我们搞社会科学的人都有一种感觉，社会科学研究不受重视，而且这种感觉已经很多年了。我一直弄不懂为什么两个科学院不能合并起来？分为两院有一个弊端，把自然科学和社会科学完全分开，很难进行创新。北大老校长蔡元培在1917年就提出北京大学文科学生必须学一门自然科学，到1930年我考大学时，北大可以“科学方法论”代替自然科学；清华大学文科学生也必须学一门自然科学，可是很多准备学文科的高中毕业生，到清华后学不了物理、化学、生物学，后来学校以逻辑学代替自然科学，结果三位教逻辑的老师金岳霖、冯友兰、张申府课堂爆满，因为那时非选不可。我认为理科和文科结合恐怕是大势所趋，特别是到了今天21世纪还人为地把文科和理科截然分开，很不利于科学发展。当年恩格斯写作《自然辩证法》，那

1916年12月26日，蔡元培（前排右四）出任北大校长。在任期间提倡科学和民主，反对专制和礼教，提倡白话文，反对文言文。从此，北大成为新文化运动的堡垒和学生运动的摇篮。图为1922~1923年在美国哥伦比亚大学的北大学生与蔡元培合影。

不是自然科学吗？李政道教授是大科学家，吴冠中教授是大艺术家，最近他们两人合作在中国美术馆搞了一个很庞大的展览，叫《科学与艺术》。李政道教授在题词中写道：科学和艺术的共同基础是人类的创造力，它们追求的目标都是真理的普遍性。吴冠中教授的题词是：科学揭示宇宙的奥秘，艺术揭示情感的奥秘。科学与艺术的结合，将碰出人类最明亮的火花。我虽然对自然科学不太清楚，但理解他们讲的是科学和艺术之间有着密不可分的关系。我们已经进入21世纪，今天在这里谈论创新问题，我想创新必须将自然科学与社会科学二者结合，虽然自然科学和社会科学都还是独立的学科，但未来世界科学发展的趋势是二者的界限越来越接近，结合得越来越紧密。有些学科属于边缘性的。我曾经开玩笑说："现在专门有两个科学院，这就涉及'科学'一词的含义。据我看，人们脑袋里的'科学'恐怕就是自然科学。实际上无论是英语、法语，还是德语、俄语，'科学'一词就包括自然科学和社会科学，而我们的科学院就像被自然科学独占了。在座的有几位历史学家，我想请教一下"五四运动"提倡科学与民主，那个科学的含意是什么？所以我建议中国科学院和中国社会科学院重新合起来，以顺应世界潮流。我再重复一句：要想真正创新，必须把自然科学和社会科学结合起来。

2001年

在中国高等教育学会和清华大学联合召开的“促进人文教育与科学教育的融合高级研讨会”上的发言摘要

现在我要说文理互补不够，应该是文理渗透……我们讲弘扬中国的优秀文化，但是文化究竟在什么地方？我们也讲建设有中国特色社会主义，特色又在什么地方？很多人不大清楚。我想，中国的优秀文化和中国特色社会主义大部分体现在中国人文方面的科学上面。

2002 年 5 月 26 日

文化交流

学人寄语

“中华文化，历史悠久，博大精深，影响广被，人所共知。”(季羡林)

中华文化，历史悠久，博大精深，影响广被，人所共知。其所以能有这样的成就，并不是从天上掉下来的，而主要是由于中华民族的智慧高，创造力强；还由于中华民族敢于而且善于吸收外国文化中的精华，从而丰富了自己的文化。中国古人所谓“有容乃大”，正可以用在这里。鲁迅先生所说的“拿来主义”，也指的是这种现象。

我个人认为，我们人民不但奉行“拿来主义”，而且也奉行“送去主义”，我们在“报之以琼瑶”方面一向是毫不吝啬的。我们古代先民的四大或者更多的大发明，我们都慷慨大方地送了出去。仅就造纸和印刷术这两项发明来说，它们对传播文化，推动人类社会的前进所起的作用，是无论怎样评价也不会过高的。因此，在伊斯兰运动初期，在阿拉伯和波斯一带就流传着一个说法：希腊人只有一只眼睛，而中国人有两只。前者只有理论，而后者却有技术。这并非中国人自己“夜郎自大”，而是外国人所做出的公正客观的评价。

但是，世界上甚至宇宙间的万事万物无时不在变动，决无永驻不变之理。自从西方的工业革命以后，西方人在“征服自然”的方针的指导下，创造了灿烂辉煌的文明，使全世界人民皆蒙其利。但是，“物极必反”。到了今天，20世纪的世纪末，这些灿烂辉煌的文明所产生的弊端或者甚至灾害，已日益明显。这些弊端如不铲除，必将影响全人类生存的前途。连西方的有识之士，如英国的汤因比，都已经看到。但可惜可悲的是，西方的一些“天之骄子”们还在懵懵懂懂，垫高了枕头大睡其觉。宛如“盲人骑瞎马，夜半临深池”，危在旦夕矣。中华继续实行“送去主义”，此正其时。在这里，我对《中国文化》寄予诚挚的厚望。

1997年12月23日

羡林案：

这是我为《中国文化》写的一篇“学人寄语”，原文只有四百多字。我想到，这个题目颇有点意义，而《中国文化》读者远远少于“夜光杯”，因此我就扩大了一些篇幅刊登在这里。

拿来和送去

在世界上所有的文明大国中，古代典籍传留下来在质和量的方面都独占鳌头的，只有中国一国。这个说法完全符合事实，毫无夸大之处。典籍是最重要的文化载体。古代典籍是我们中华民族对世界人民，对世界文化一个伟大的贡献。

在过去漫长的封建社会中，有的统治者也曾用大力整理过，比如清代的乾隆皇帝就曾亲自过问，遴选了几位大学士，集天下最有成就的大学者，用上几年的时间，编选了一部有名的《四库全书》，没有刻版印行，只命人缮写了七部，分贮全国一些地方。乾隆的用心或者动机并不是善良的，他想消灭一些书或者消灭一些书的有忌讳的部分。但是效果应该说还是好的，《四库全书》保全了一些书，免遭毁灭的厄运。

在解放前，上海商务印书馆影印了一大批古籍，编为《四部丛刊》。上海中华书局排印了一套《四部备要》，两套丛书都是皇皇巨著，异曲同工，起到了传播与保存古籍的双重作用，受到了海内外广大读者的欢迎，动机与效果完全统一。

最近若干年以来，在改革开放的影响下，在弘扬中华民族优秀文化正确方针的指导下，又有一些有识之士，用不同的方式整理、编纂优秀古籍。在群峰并峙的形势中，《传世藏书》以其独特的编选方式，投入巨大的资金，邀集众多的学者，横排、简体字，所有入选的古籍都加上标号，穷数年之力，采用最好的纸张，使用最高的印刷技术，实行严格的审校制度，反复核校，最后出之以最美的装帧。这样细致审慎的操作规程，称之为前无古人，恐怕亦非过分夸大。好在全书一百二十三巨册已经出齐，明眼人自能衡量其价值，徒托空言，不足为凭。

关于此书的意义与价值，我想提出几点个人的看法。最近几年，我在很多文章和发言中提出了一个观点：文化交流是推动人类社会前进的主要动力之一。如果没有国家与国家间、人民与人民间的文化交流，今天人类社会是个什么样子，简直无法想象。我认为，在人类历史上，最大的文化交流是东西两大文化体系之间的交流。以中国文化为核心的东方文化，其基础或出发点是综合的思维模式，表现在哲学思想上是“天人合一”。最有代表性的说法是宋代大哲学家张载的“民，吾同胞；物，吾与也。”西方文化自希腊罗马起一直发展到今天的欧美文化，其基础或出发点是分析的思维模式，表现在行动上是“征服自然”。在中国汉唐时期，主宰世界的是东方文化。西方自文艺复兴，特别是产业革命以后，征服自然，成绩彪炳。到了今天，在衣食住行各个方面，都有巨大的创造与成就，全世界莫不蒙受其利。

时任《传世藏书》和《四库全书存目丛书》总编纂的季羡林

然而征服自然，从一开始就孕育着危险性。到了今天，弊端日益明显，大气污染，环境污染，生态平衡破坏，臭氧层出洞，如此等等，不一而足。原来，大自然虽既非人格，亦非神格，却是能惩罚善报复的，以上列举的诸弊端就是报复与惩罚的结果。如果人类再不悬崖勒马，后果真不堪设想。救之之方只有一个，就是以东方“天人合一”的思想和行动济西方“征服自然”之穷，我称之为“东西文化互补论”。

《传世藏书》所收典籍中蕴含着中国文化的精华。不仅是中国学者，连西方一些有识之士也感到了西方文化所产生的弊端，必救之以东方文化。当年鲁迅先生提倡“拿来主义”，是想输入西方的科技文化，使中国富强起来。到了今天，人类所面临的处境既然如此险恶，而西方大部分人——我看，中国也一样——却还懵懵懂懂，高枕不醒。我们只有一个办法，就是采用“送去主义”。送去的方法和工具颇多，把《传世藏书》弘扬四海，就是有效的办法之一。

再过几年，一个新的世纪就来临了。我虔诚希望，人类能聪明起来，认真考虑拿来与送去的问题，认真考虑我的“东西文化互补论”。

1997年3月26日

《汉学研究》序

在世界文化交流史上，拿来与送去是两个表面上似有矛盾而实则有紧密的辩证关系的概念和行动。拿来，就是把别国的文化精华拿了过来，为发展本国的文化提供活力。送去，就是把本国的文化精华送了出去，供别的国家发展自己的文化使用。两个概念不是绝对的，以我为主就是拿来，以别国为主就是送去。二者有时候是难解难分的，拿来和送去的东西，有时并不是精华。殖民主义者最初送给我们的是鸦片，其动机是自己谋利而毒害我国人民。这不属于文化交流的范畴，在人类历史上也是绝无仅有的，不在我们讨论之列。

最近几年以来，我在许多报刊杂志上和会议上都提出来了一个从没有人提过的观点，这就是：文化交流是推动人类社会前进的重要动力之一。没有文化交流，我们简直不能想象，今天的世界会是一个什么样子。文化交流的范围，是广阔无垠的。上至天文、地理、宇宙、人生，下至草、木、虫、鱼，以及琐细的日常用品，无一不在交流范围以内。空言无补，我举一个现实的例子。我们现在餐桌上蔬菜的品种日益增多，白菜、萝卜加土豆的老三样时期早已不存在了。这不是交流又是从哪里来的呢?

中国从先秦时代起就对内对外进行文化交流。对内，各民族之间进行交流；对外，对周边国家进行交流。最有意义的是同西方国家进行交流。我个人认为，世界文化体系繁多；但是，统而言之，无非是东西两大体系。东方文化体系以中国和印度为核心或者主体。西方文化体系，自古希腊和古罗马起，下及今天的欧美文化皆属之。两大文

1987年，季羡林与日本著名梵文学者中村元教授在北大未名湖畔。

化体系之间进行交流，形成了今天世界上灿烂辉煌，千姿百态，各具特长而又互相联系的文化，给我们全人类带来了极大的幸福与繁荣。

在中国汉、唐时代，文化发展如日中天。我们既有广阔的胸襟，尽力吸入外来的，特别是来自西方的文化，为我所用；同时又慷慨大度，毫无保留地把中华民族伟大的文化成就，送给了西方和东方，罗盘、火药、造纸、印刷是其中荦荦大者，至于较小的如文学艺术的创作和科技的发明创造，都传遍了整个世界，以其辉煌照亮了全人类前进的路程。

但是，正如世界上万事万物总都在不停地变化一样，文化交流的走向也在变化。西方自从工业革命以后，科学技术的发展日新月异，发展速度越来越快。近二三百年以来，西方文化无远弗届，连最偏僻的地区也难逃脱。中国汉、唐时期的灿烂辉煌，早已被人们遗忘，包括中国人自己在内，都是如此。这种现象我称之为“三十年河东，三十年河西”。这是完全符合历史发展规律的。

有一个事实，常常被人忽略：西方近代文化带给人类的不是只有幸福与进步，也有灾难与弊端。这些弊端多种多样，略举数例，以明真相：大气污染，臭氧出洞，物种灭绝，人口爆炸，生态平衡破坏，淡水资源匮乏，如此等等，不一而足。现在世界上所谓现代化，很大程度上就是西化。西方以外的国家，把西方的好东西化来了，西方文化造成的这些弊端，威胁人类生存前途的弊端，也随之化来。我认为，人类正面临着一场生存危机。救之之方，只有一个，就是利用东方文化，特别是中国文化的精粹思想，“天人合一”的思想，以济西方文化之穷，人类庶几能免于灾难的威胁。

但是，认识到这一点的人，大千世界中寥寥无几。西方绝大多数的人，被“胜利”冲昏了头脑。二百年前英国浪漫诗人雪莱对西方工业化能产生灾害的预言，现在几乎没有人再记起了。他们以“天之骄子”自居，把西方以外的其他民族都视为劣等民族，狂妄骄纵，不可一世，似乎是认为，自从盘古开天地——在西方就是亚当和夏娃——以来，一向就是这样。他们的祖先曾接受过中国文化的恩惠，他们早就忘得一干二净了。同他们谈起这个问题，有如谈“天方夜谭”。在这样的情况下，再要他们来拿中国文化，有如对牛弹琴。另一方面，中国眼前能送去的东西，除古代文化外，也真不多。不仅此也，一些中国青年还患上了“崇洋媚外”的毛病，看不起自己的文化。现在的东西文化交流，实际上变成了西方独流。这大大地不利于世界文化的发展，不利于人类的前进。

所幸在西方浑浑噩噩的芸芸众生中，还有一些人“世人皆醉，而我独醒”，人数虽少，意义却大，这一小部分人就是西方的汉学家。不管是由于什么原因，出于什么动机，他们爱上了中国文化，由爱中国文化进而爱上了中国。我个人颇结识了一些西方的汉学家。他们术业有专精，造诣有高低，但是都对中国怀有深厚的感情。在西方狂妄自大的社会中，有如鹤立鸡群。我现在敢于预言：到了21世纪，阴霾渐扫，光明再现，中国文化重放异彩的时候，西方的汉学家将是中坚人物，将是中流砥柱。

中国学术界对国外的汉学研究一向是重视的。但是，过去只限于论文的翻译，只限于对学术论文、学术水平的评价与借鉴。至于西方汉学家对中西文化交流所起的作用，他们对中国所怀的特殊感情等等则注意还不太够。现在，中国的国际地位日益提高，对中国文化在未来相当长的时间内对全体人类所能够起的作用，认识渐渐加强。我们中国人一方面仍要拿来，一方面又仍要送去。因此，对西方汉学家的作用必须重新认识。许多大学都开办了汉学研究所一类的机构。中国语言文化大学独具慧眼，创办了《汉学研究》杂志。这实在是顺乎潮流，应乎人心的壮举。主编阎纯德教授索序于我，我乐而写了上面一些肤浅的话，就算是序吧。

1999年9月30日

我们要奉行“送去主义”

20世纪二三十年代，鲁迅先生提出了“拿来主义”的主张。我们中国人，在整个20世纪，甚至在20世纪以前，确实从西方国家拿来了不少的西方文化的精华，这大大地推动了我们教育、文化、科研，甚至政治、经济等方面的发展，提高了我们的文化水平，丰富了我们的物质生活和精神生活。这是一个历史事物，谁也无法否认。当然，伴随着西方文化的精华，我们也拿来了不少的糟粕。这是不可避免的，有时候精华与糟粕是紧密相连的。

十几年前，也就是在上一个世纪的最后一段时间内，我曾提出了一个主张：“送去主义”。拿来与送去是相对而言的。我的意思是把中国文化的精华送到西方国家去，尽上我们的国际主义义务。我的根据何在呢?

我们中华民族是伟大的民族，在过去几千年的历史上，我们有过许多重要的发明创造，四大发明是尽人皆知的，无待赘言。至于无数的看来似乎是细微的发明，也出自中国人之手，其意义是决不细微的。我只介绍一部书，大家一看便知，这部书是：阿里·玛扎海里的《丝绸之路》。至于李约瑟的那一部名著，几乎尽人皆知，用不着我再来介绍了。如果没有中国的四大发明，人类社会的进步，人类文化的发展，将会推迟几百年，这是世界上有点理智的人们的共识，决不是我一个人的“老王卖瓜”也。

然而，日往月来，星移斗转，近几百年以来，西方兴起了产业革命，科学技术的发展突飞猛进，在不太长的时间内，影响遍及全世界。当年歌德提出了一个“世界文学”的想法，我们现在眼前却确有一个

1985年，季羡应邀参加在印度新德里举办的“印度与世界文学”讨论会，主持会议并作了精彩发言，会后受到印度副总统纳拉亚南的接见。

“世界文化”。最早的殖民主义国家，靠坚船利炮，完成了资本主义原始积累的任务。后来的帝国主义国家，靠暂时的科技优势，在地球村中，为非作歹，旁若无人，今天制裁这个国家，明天惩罚那个国家，得意洋洋，其劣根性至今没有丝毫改变。在这样的情况下，在西方，除了极少数有识之士外，一般人大抵都以“天之骄子”自命，认为宇宙间从来就是如此，今后也将万岁千秋如此，真正是“其愚不可及也”。他们颇有点类似中国旧日的皇帝，认为自己什么都有，无所求于任何其他民族。据说，西方某个大国中，有知识的人连鲁迅这个名字都没有听说过。其极端者甚至认为中国人至今还在吃鸦片，梳辫子，裹小脚。真正让人啼笑皆非，这样的“文明人”可笑亦复可怜！

现在屈指算来，西方以及世界其他国家已经从中华民族优秀文化中拿走了不少优秀的精华，他们学习了，应用了，收到了效果，获得了利益。但是，仍然有许多精华，他们没有拿走，比如中国传统的伦理道德，其中有糟粕，也有精华，其精华部分对世界人民处理天人关系、人与人的关系，以及个人心中感情思想中的矛盾时会有很大的助益。眼前全世界都大声疾呼的环保问题实际上是西方人“征服自然”的恶果，中国的“天人合一”的思想，如能切实行之，必能济西方之穷。我们眼前，由于人所共知的原因，科技在某些方面确实落后于西方。但是，我们也不能说是一点创造发明都没有，一点先进的东西都没有，比如改革开放，由计划经济转入市场经济而获得成功，对世界上其他国家就很有借鉴的价值。

这些东西如珠子在前，可人家，特别是西方人，却偏不来拿。

怎么办呢？你不来拿，我们就送去。

我们首先要送去的就是汉语。“射人先射马，擒贼先擒王。”汉语是“王”，中华民族的优秀文化大部分保留在汉语言文字中。中华民族古代和现代的智慧，也大部分保留在汉语言文字中。中国人要想弘扬中华民族的优秀文化，外国人要想学习中华民族的优秀文化，都必须首先抓汉语。为了增强中外文化交流，为了加强中外人民的理解和友谊，我们首先必抓汉语。因此，我们要奉行送去主义，首先送出去的也必须是汉语。

此外，汉语本身还具备一些其他语言所不具备的优点。50年代中期，我参加了中共八大翻译处的工作。在几个月的工作过程中，我逐渐发现了一个从来没有人提到过的现象，这就是：汉语是世界上最短的语言。使用汉语，能达到花费最少最少的劳动，传递最多最多的信息的目的。我们必须感谢我们的祖先，他们给我们留下了汉语言文字这一瑰宝。过去的几千年，我们在这里暂且不谈，仅就目前将近十二亿的使用汉语言文字的人来说，他们在交流思想，传递信息方面所省出来的时间简直应该以天文数字来计算。汉语之为功可谓大矣。

从前听到有人说过，人造的世界语，不管叫什么名称，寿命都不会太长的。如果人类在未来真有一个世界语的话，那么这个世界语一定会是汉语的语法和英文的词汇。洋泾浜英语就证明了这一点。这种说法虽然近乎畅想曲，近乎说笑话，但其中难道一点道理都没有吗？

说来说去，一句话：我们要奉行“送去主义”，这既有政治意义，也有学术意义。我首先要送出去的就是汉语言文字。在这样的考虑下，我对张德鑫同志主编的《论文集》不能不呈献上我最诚挚的谢意。

2000年1月11日

东学西渐与“东化”

我一向特别重视文化交流的问题，既主张拿来主义，也主张送去主义。对中国与外国的文化交流，我的基本观点是“拿来”与“送去”。我认为，文化一旦产生，其交流就是必然的。没有文化交流，就没有文化发展。交流是不可避免的，无论谁都挡不住。从古代到现在，在世界上还找不到一种文化是不受外来影响的。交流也有坏的，但坏的交流对人类没有益处，不能叫文化。对人类有好处的、有用的、物质、精神两方面的东西交流，才叫“文化交流”。文化不论大小，一旦出现，就会向外流布。全人类都蒙受文化交流之利。如果没有文化交流，我们简直无法想象，人类会是什么样子。

一种文化既有其民族性，又有时代性。一个民族自己创造文化，并不断发展，成为传统文化，这是文化的民族性。一个民族创造了文化，同时在发展过程中它又必然接受别的民族的文化，要进行文化交流，这就是文化的时代性。民族性与时代性有矛盾，但又统一，缺一不可。继承传统文化，就是保持文化的民族性；吸收外国文化，进行文化交流，就是保持文化的时代性。所以文化的民族性与时代性这个问题是会贯彻始终的。

为了保持文化的时代性，自20世纪以来，出现了一种提倡“全盘西化”的观点。“全盘西化”和文化交流有联系。现在，整个的社会，不但中国，而且是全世界，都是西方文化占垄断地位。这是事实，眼前哪一样东西不是西方文化？电灯电话，楼上楼下，就说我们这穿的，从头顶到鞋，全是西方化了。这个西化不是坏事情。“西化”要化，不“化”不行，创新、引进就是“化”。但“全盘西化”不行，不能只有经线，没有纬线。“全盘西化”在理论上讲不通，在事实上办不到。

就目前来说，我们对西方文化和外国文化，当然要重视“拿来”，就是把外国的好东西“拿来”。这里涉及有关文化的三个方面，物的部分、心物结合的部分、心的部分，都要拿。“物”的部分，当然要拿，咖啡、沙发、啤酒、牛仔裤、喇叭裤，这一系列东西，只要是好的，都拿。我们吃的、喝的、穿的、戴的，乘的、坐的、住的、用的，有哪一件是完完全全是中国土生土长的？汽车、火车、飞机、轮船，我们古代有吗？可可、咖啡、纸烟、可口可乐、啤酒、香槟、牛排、面包，我们过去有吗？我们吃的土豆、玉米、菠菜、葡萄，以及许许多多的水果、蔬菜，都是外来的。这菠菜的“菠”字，本身是音译，不是意译，它叫菠薐、菠薐菜，是印度、尼泊尔一带产生的。茉莉花也是外来的，甚至连名字都不是中国固有的。我们用的乐器，胡琴、钢琴、小提琴、琵琶，也都是外来的。拿来，完全正确。现在我们确实拿来了，拿来的真不少，好的坏的都拿来了。连艾滋病也拿来了，这是不应该的。心、物结合的部分比方说制度，也可以学习。最重要的还是心的部分，要拿价值观念、民族性格。因为我们的价值观念、思想方式，不能马马虎虎，得把弱点克服，要不克服的话，我们的生产力就发展不了。从长期的历史研究中，我得出一个非常可贵的经验：在我们国力兴盛，文化昌明，经济繁荣，科技先进的时期，比如汉唐兴盛时期，我们就大胆吸收外来文化，从而促进了我们文化的发展和生产力的提高。到了见到外国东西就害怕，这也不敢吸收，那也不敢接受，这往往是我们国势衰微，文化低落的时代。

但是，我们不能只讲西化，不讲“东化”。“东化”，报纸上没有这个词儿，是我发明的。我们知道，汉唐的时候，是“东化”的。因为世界的经济中心、文化中心当时在中国。在明末清初以前确实有过东学西渐。不能只重视“西学东渐”而忽视“东学西渐”。根据历史事实，在中西文化交流史上，“东学西渐”从来就没有中断过。中华文化的博大精深吸引了西方传教士、外籍华人、留学生、商人等的注意，

2001 年，季羡林与泰国诗琳通公主在寓所前合影。

并通过他们广泛传播到世界各地。

在文化交流方面，中国是一个很有特色的国家。从蒙昧的远古起，几乎是从一有文化开始，中国文化中就有外来文化的成分。中国人向来强调“有容乃大”，不管是物质的，还是精神的，只要对我们有利，我们就吸收。海纳百川，所以成就了中国文化之大。中外文化的交流，一直没有中断过。最大的两次是佛教的传入和西学东渐。佛教传入的结果是形成了中国佛教。而明末清初以来西方文化在我国广泛传播，则是“西学东渐”。从此，我们才有了“中学”和“西学”这样的名称，才有了“东方文化”和“西方文化”这样的说法。“西学”的先遣部队是天主教。天主教入中国，不自明末始。但是，像明末清初这样大规模的传入，还是第一次。唐代有所谓三教的说法，指的是儒、释、道。此时又来了一个新三教。道家退出，增添了一个天主教。新三教之间有过矛盾和撞击，方豪先生的《中西交通史》第五章《欧洲宗教与神哲等学之东传》叙述颇详，我不赘述。

我们中国不但能够拿来，也能够送去。历史上，我们不知道有多少伟大的发明创造送到外国去，送给世界人民。从全世界的历史和现状来看，人类文明之所以能发展到今天这个样子，中国人与有力焉。

可惜的是，在一片西化之声洋洋乎盈耳之时，西方人大都自我感觉极为良好，他们以“天之骄子”自居，在下意识之中，认为自古以来就是这样，今后也将永远是这个样子。今天的中国，对西方的了解远远超过西方人对中国的了解。在西方，不但是有一些平民百姓对中国不了解，毫无所知，甚至个别人还认为中国人现在还在裹小脚，吸鸦片。连一些知识分子也对中国懵懂无知，连鲁迅都不知道。既然西方人不肯来拿我们的好东西，那我们只好送去了。鉴于此，我们组织了一套《东方文化集成》，计划出五百多种、六百多部，从20世纪90年代开始出版，现在还在继续编辑出版。我还和王宁主编了一套《东学西渐丛书》，1999年由河北人民出版社出版，总共七部，包括朱谦之先生早先写成的《中国哲学对欧洲的影响》，还有其他作者的新著：王宁的《中国文化对欧洲的影响》、王兆春等的《中国军事科学的西传及其影响》、韩琦的《中国科学技术的西传及其影响》、刘岩的《中国文化对美国文学的影响》、史彤彪的《中国法律文化对西方的影响》、孙津的《中国现代化对西方的影响》。丛书出版之后，有人发表评论，说这套丛书，可以增强我们变革和发展的信心，说这套丛书的价值得到了充分展现。从这套丛书中，我们可以清楚地看到，公元16、17世纪以前的欧洲，在文明的发展中与中国有多么大的差距。而他们向中国文明的学习，与后来中国人接受欧洲文明的顺序是相似的，即先从科学技术开始，这不仅包括造纸、印刷、火药、指南针“四大发明”，还包括陶瓷、冶金、纺织等技术，以及军事技术和兵法等。之后，又逐步深入到文化，即价值观、思想和道德，再就是哲学，进而是对中国社会制度的理性思考。2000年刘登阁、周云芳著的《西学东渐与东学西渐》，由中国社会科学出版社出版。看来，东学西渐在学术界引起了相当程度的重视。

我认为21世纪应该是“东化”的世纪。西方文化从文艺复兴以来，昌盛了几百年，把社会生产力提高到了空前的水平，促使人类社会进步也达到了空前的速度，光辉灿烂，远迈前古，世界人民无不蒙受其利。但它同世界上所有的文化一样，也是决不能永世长存的，迟早也会消逝的。20 世纪 20 年代前后，西方的有些学者已经看出西方文化衰落的端倪，如德国施宾格勒在 1917 年开始写作的《西方的没落》一书，预言当时如日中天的西方文化也会没落。此书一出版，马上洛阳纸贵，产生了巨大的影响。英国著名历史学家汤因比受其影响，也反对西方中心论。他们的观点是值得肯定的，因为，西方文化同世界上所有的文化一样，也是决不能永世长存的，迟早也会消逝的。在今天，它已逐渐呈现出强弩之末的样子，大有难以为继之势了。具体表现是西方文化产生了一些威胁人类生存的弊端，其荦荦大者，就有生态平衡的破坏、酸雨横行、淡水资源匮乏、臭氧层破坏、森林砍伐、江河湖海污染、动植物种不断灭绝、新疾病出现等等，都威胁着人类的发展甚至生存。

西方文化产生这些弊端的原因，是植根于西方的基本思维模式。因为思维模式是一切文化的基础，思维模式的不同，是不同文化体系的根本不同。简而言之，我认为，东方的思维模式是综合的，它照顾了事物的整体，有整体概念，讲普遍联系，接近唯物辩证法。用一句通俗的话来说就是，既见树木，又见森林，而不是只注意个别枝节。中国“天人合一”的思想，印度的“梵我一体”的思想，是典型的东

季羡林与英籍华人、著名学者、作家韩素音。(1992 年)

方思想。而西方的思维模式则是分析的。它抓住一个东西，特别是物质的东西，分析下去，分析下去，分析到极其细微的程度。可是往往忽视了整体联系，这在医学上表现得最为清楚。西医是头痛医头，脚痛医脚，完全把人体分割开来。用一句现成的话来说就是，只见树木，不见森林。而中医则往往是头痛治脚，脚痛治头，把人体当做一个整体来看待。两者的对立，十分明确。但是不能否认，世界上没有绝对纯的东西，东西方都是既有综合思维，也有分析思维。然而，从宏观上来看，这两种思维模式还是有地域区别的：东方以综合思维模式为主导，西方则是以分析思维为主导。这个区别表现在各个方面，具体来说，东方哲学中的“天人合一”思想，就是以综合思维为基础的。西方则是征服自然，对大自然穷追猛打。表面看来，他们在一段时间内是成功的，大自然被迫满足了他们的物质生活需求，日子越过越红火，但是久而久之，却产生了以上种种危及人类生存的种种弊端。这是因为，大自然虽既非人格，亦非神格，却是能惩罚、善报复的，诸弊端就是报复与惩罚的结果……

我主张“三十年河东，三十年河西”，21 世纪是东方文化的世纪，东方文化将取代西方文化在世界上占统治地位。而取代不是消灭。全面一点的观点是：西方形而上学的分析已快走到尽头，而东方文化寻求综合的思维方式必将取而代之。以分析为基础的西方文化也将随之衰微，代之而起的必然是以综合为基础的东方文化。这种代之而起，是在过去几百年来西方文化所达到的水平的基础上，用东方的整体着眼和普遍联系的综合思维方式，以东方文化为主导，吸收西方文化中的精华，把人类文化的发展推向一个更高的阶段。这种“取代”，在 21 世纪可见分晓。所以结论是：21 世纪是东方文化的时代，这是不以人们的主观愿望为转移的客观规律。用东方“天人合一”的思想和行动，济西方“征服自然”之穷，就可以称之为“东西文化互补论”。东方的“天人合一”是带有普遍性的一种思想，中国、印度都有。即以中国儒家为例，《易经》中有“大人者与天地合其德，与日月合其明，与四时合其序，与鬼神合其吉凶。先天而天弗违，后天而奉天时。”

《中庸》有“能尽人之性，则能尽物之性；能尽物之性，则可以赞天地之化育，则可以与天地参矣”。《孟子》有“莫之为而为者，天也；莫之致而致者，命也”，“尽其心者，知其性也；知其性，则知天也”。董仲舒的“天人之际，合而为一”。张载的“民，吾同胞；物，吾与也”更是典型的“天人合一”思想。这些都是综合思维方式的典型例子。

2001年10月，七十六位中华文化研究者，其中也有我，发表了《中华文化复兴宣言》，肯定亚洲四小龙的崛起和日本的高速发展，都吸收了中华文化思想的智慧。当前西方一些有远见之士都在尽力研究中华文化，并提出“西方的病，东方的药来医”，形成了“东学西渐”，这些都说明了中华文化在当今世界仍有无穷的价值！

我们知道，16至18世纪的“东学西渐”给欧洲思想界带来了巨大而深刻的影响，中国哲学对法国启蒙运动和德国古典哲学产生了巨大的影响。根据收入“东学西渐丛书”的朱谦之先生的《中国哲学对于欧洲的影响》，法国启蒙思想家卢梭、伏尔泰、孟德斯鸠、狄德罗、霍尔巴赫等人都受到中国文化的影响，重农学派的主要代表人物、经济学家魁奈甚至有“欧洲孔夫子”之称。儒家的理性精神和人道原则，无神论和“人性本善”的思想，都被启蒙思想家用来作为同基督教神学作斗争的武器；道家崇尚自然的原则也对法国唯物主义产生了明显的积极影响。德国哲学家莱布尼茨能以平等的心态来对待中国哲学，他不讳言，自己的二进制直接受到《易经》中的阴阳八卦卦序的启发。其大弟子沃尔弗同样热爱中国文化，曾因发表《中国的实践哲学》的讲演而受到迫害。德国古典哲学的开创者康德，是莱布尼茨一沃尔弗学派的嫡传，他的“理性”一词被认为来源于宋明理学的“理”和老子的“道”。

中国与欧洲的文化交流，传教士起的作用不可抹杀。随着西方传教士的东来，西学逐渐地传到了中国。与此同时，中国的传统文化也通过传教士传到了西方。传教士在中国居住后，对中国的传统文化或多或少都有了解。他们把中国的古代文化典籍译成西方的文字传到欧美，诸如《大学》《中庸》《论语》《易经》等。在东学西渐中，有两个人与青岛有联系，是值得注意的。一个是卫礼贤（Richard Wilhelm，1873～1930年），一个是翟理斯（Herbet Giles，1845～1935年）。

卫礼贤原名理查德·威廉，因为酷爱中国文化，便给自己取了个中文名字卫礼贤。他是德国基督教同善会的一名传教士，1899年来中国，在青岛传教，也从事于教育和慈善事业，在中国生活了二十余年，1924年回德国。在华期间，曾与康有为有交往，与劳乃宣相识颇深，并在劳乃宣的帮助下，着手翻译《易经》，在德国以德文出版。他还创办了礼贤书院，潜心研究中国儒家学说。从1903年起，卫礼贤发表了大量有关中国和中国文化的论文，并着手翻译中国古代哲学经典。已出版的有《论语》（1910年）、《老子》《列子》（1911年）、《庄子》（1912年）、《中国民间故事集》（1914年）和《易经》（1924年）、《吕氏春秋》（1928年）及《礼记》（1930年）等。回国后，在德国莱茵河畔的法兰克福创立中国研究所，出版杂志《中国的科学与艺术》，成为“中国在西方的精神使者”。德国的学者们给予卫礼贤高度和充分的肯定，法兰克福大学授予他汉学荣誉博士，他成了中国古代圣人的诠释者。通过他，西方思想界的一大批代表人物接触了中国文化，从中得到了或多或少的启迪。如荣格认为从他那儿得到的教益比从其他任何人得到的都多。对卫礼贤翻译的《周易》，荣格说：《易经》中包含着中国文化的精神和心灵；几千年中国伟大智者的共同倾注，历久而弥新，仍然对理解它的人，展现着无穷的意义和无限的启迪。通过《易经》的帮助和启发，荣格提出了“共时性原则”，并将这种“共时性原则”，作为自己的分析心理学发展的内在基石，认为建立在共时性原则基础上的思维方式，在《易经》中表现最为充分，是中国思维方式最集中的体现。而对于西方人来说，这种思维方式，从赫拉克利特之后，便在哲学史上消失，只是在莱布尼兹那里出现过一些低微的回声。

英国汉学家翟理斯在青岛居住并游学，1903年青岛啤酒创立，译名就是采用他和威妥玛式拼音，而为Tsintao Beer。他在中国担任过多处英国领事，后来担任英国剑桥大学第二任中文教授，治学勤，著作多，有“其书满架”之誉。他对东学西渐有很大贡献。他著有《中国历史及其他概述》。他编的《华英辞典》，提到很多中国文人，附有各个汉字的广东、客家、福州、温州、宁波等九个方言区的方音拼法。他著《古今姓氏族谱——中国人名大辞典》，介绍了从先秦到19世纪的中国历史人物，其中有不少是文学家。另著《中国文明》、《中国文学史》，鲁迅的《中国小说史略》提到过这部外国人写的中国文学史。他翻译的作品也很多，有《英译汉诗》，1898年他从《聊斋志异》的四百五十五个故事中选译了一百六十四个故事，并根据其中的《梦》(即《莲花公主》)改写了一部芭蕾舞剧《蜜蜂》，1916年该剧上演后在欧洲引起轰动。他还有两次重译的《佛国记》（1877年、1923年），1905年写《中国绘画艺术概要》，1911年编《古今图书集成索引》。厦门大学第一任校长兼国学院院长林文庆在1929年完成《离骚》的英译时，他和印度著名诗人泰戈尔（R.Tagore）作了序。他还著有《儒家及其竞争者》(1915年)，并对《论语》《孟子》《老子》《庄子》等思想经典作了部分翻译。他和他的儿子对《庄子》都很有兴趣，各有自己的《庄子》节译本。1957年，英国出版了他用八年时间编成的《大英博物馆藏敦煌汉文写本目录》。他的知名度很高，孙中山1897年春复函给他（时任剑桥大学教授)，并应其所请写了一篇自传，谈到自己初次出国的感受：“始见轮舟之奇，沧海之阔，自是有慕西学之心，穷天地之想。”“至于教则崇拜耶锦，于人则仰中华之汤武暨美国华盛顿矣。”孙中山的这些感受与文化交流有关。

在翟理斯和卫礼贤几十年之后，21世纪的第四年，青岛大学《东方论坛》又开设了“东学西渐”的专栏，这不知是巧合，还是策划者事先有意安排的。我希望栏目能够吸引更多的学者参加，都来关注文化交流。我希望把这个栏目办好，办成一个有特色的栏目。

2004年

《东方文化集成》总序

我们正处在一个新的“世纪末”中。所谓“世纪”和“世纪末”，本来是人为地创造出来的。非若大自然中的春、夏、秋、冬，秩序井然，不可更易，而且每岁皆然，决不失信。“世纪”则不同，没有耶稣，何来“世纪”？没有“世纪”，何来“世纪末”？道理极明白易懂。然而一旦创造了出来，它就产生了影响，就有了威力。上一个“世纪末”，19世纪的“世纪末”，在西方文学艺术等意识形态领域中就出现过许多怪异现象，甚至有了“世纪末病”这样的名词，这是众所周知的事实，无待辩论与争论。

当前这一个“世纪末”怎样呢？

我看也不例外。世界上许多国家和地区都出现了政治方面天翻地覆的变化，不能不令人感到吃惊。就是在意识形态领域内，也不平静。文化或文明的辩论或争论就很突出。平常时候，人们非不关心文化问题，只是时机似乎没到，争论不算激烈。而今一到世纪之末，人们非常敏感起来，似乎是憬然醒悟，于是东西各国的文人学士讨论文化的兴趣突然浓烈起来，写的文章和开的会议突然多了起来。许多不同的意见，如悬河泄水，滔滔不绝，五光十色，纷然杂陈。这样就形成了所谓“文化热”。

在这一股难以抗御的“文化热”中，我以孤陋寡闻的“野狐”之身，虽无意随喜，却实已被卷入其中。我是一个有话不说辄如骨鲠在喉的人，在许多会议上，在许多文章中，大放厥词，多次谈到我对文化，特别是东方文化与西方文化的联系，以及东方文化在未来的新世

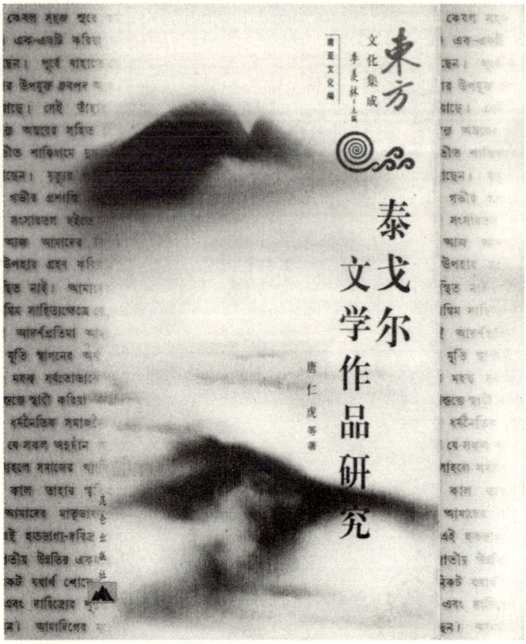

季羡林生前《东方文化集成》丛书已出版百部，是我国东方学研究的重要成果，图为《东方文化集成·泰戈尔文学作品研究》书影。

纪中所起的作用和所占的地位等等的看法，颇引起了一些不同的反响。

为说明问题计，现无妨把我个人对文化和与文化有关的一些问题的看法简要加以阐述。我认为，在过去若干千年的人类历史上，民族和国家，不论大小久暂，几乎都在广义的文化方面做出了自己的贡献。这些贡献大小不同，性质不同，内容不同，影响不同，深浅不同，长短不同，但其为贡献则一也。人类的文化宝库是众多的民族或国家共同建造成的。使用一个文绉绉的术语，就是“文化多元主义”。主张世界上只有一个民族创造了文化，是法西斯分子的话，为我们所不能取。

文化有一个很突出的特点，就是，文化一旦产生，立即向外扩散，也就是我们常说的“文化交流”。文化决不独占山头，进行割据，从而称王称霸，自以为“老子天下第一”，世袭珍藏，把自己孤立起来。文化是“天下为公”的。不管肤色，不择远近，传播扩散。人类到了今天，之所以能随时进步，对大自然，对社会，对自己内心认识得越来越深入细致，为自己谋的福利越来越大，重要原因之一就是文化交流。

文化虽然千差万殊，各有各的特点；但却又能形成体系。特点相同、相似或相近的文化，组成了一个体系。据我个人的分法，纷纭复杂的文化，根据其共同之点，共可分为四个体系：中国文化体系，印度文化体系，阿拉伯伊斯兰文化体系，自古希腊、罗马一直到今天欧美的文化体系。再扩而大之，全人类文化又可以分为两大文化体系：前三者共同组成东方文化体系，后一者为西方文化体系。人类并没有创造出第三个大文化体系。

东西两大文化体系有其共同点，也有不同之处。既然同为文化，当然有其共同点，兹不具论。其不同之处则亦颇显著。其最基本的差异的根源，我认为就在于思维方式之不同。东方主综合，西方主分析，倘若仔细推究，这种差异在在有所表现，不论是在人文社会科学中，还是在理工学科中，我这个观点曾招致不少的争论。赞成者有之，否定者有之，想同我商榷者有之，持保留意见者亦有之。我总觉得，许多人（包括我自己在内）对东西方文化了解研究得都还不够深透，有的人连我的想法了解得也还不够全面，不够实事求是，却唯争论是尚，所以我一概置之不答。

有人也许认为，我和我们这种对文化和东西文化差异的看法，是当代或近代的产物。我自己过去就有过这种看法。实则不然。法国伊朗学者阿里·玛扎海里所著《丝绸之路》这一部巨著中有许多关于中国古代发明创造的论述，大多数为我们所不知。我在这里不详细介绍。我只引几段古代波斯人和阿拉伯人论述中国文化和希腊文化的话：

由扎希兹转载的一种萨珊王朝（226—Ca.640年）的说法是："希腊人除了理论之外从未创造过任何东西。他们未传授过任何艺术。中国人则相反。他们确实传授了所有的工艺，但他们确实没有任何科学理论。"（页329）

羡林按：最后一句话不符合事实，中国也是有理论的。这就等于黑格尔说：中国没有哲学。完全是隔膜的外行话。

书中还说：在萨珊王朝之后，费尔多西、赛利比和比鲁尼等人都把丝绸织物、钢、砂浆、泥浆的发现一股脑儿地归于耶摩和耶摩赛德。但我们对于丝织物和钢刀的中国起源论坚信不疑。对于诸如泥浆——

水泥等其余问题，它们有99%的可能性也是起源于中国。我们这样一来就可以理解安息——萨珊——阿拉伯——土库曼语中一句话的重大意义：“希腊人只有一只眼睛，唯有中国人才有两只眼睛。”约萨法·巴尔巴罗于1471年和1474年在波斯就曾听到过这样的说法。他同时还听说过这样一句学问深奥的表达形式：“希腊人仅懂得理论，唯有中国人才拥有技术。”（页376）

关于一只眼睛和两只眼睛的说法，我还要补充一点：其他人同样也介绍了另外一种说法，它无疑是起源于摩尼教：

“除了以他们的两只眼睛观察一切的中国人和仅以一只眼睛观察的希腊人之外，其他的所有民族都是瞎子。”（页329）

我之所以这样不厌其烦地引这许多话，决不是因为外国人夸中国人有两只眼睛而沾沾自喜，睥睨一切。令我感兴趣的是，在这样漫长的时间以前，在波斯和阿拉伯地区就有了这样的说法。我们今天不能不佩服他们观察的细致与深刻，一下子就说到点子上。除了说中国没有理论我不能同意之外，别的意见我是完全同意的。在当时的世界上，确实只是中国和希腊有显著、突出、辉煌的文化。现在中国那一小撮言必称希腊的学者们或什么“者们”，可以憬然醒悟了。

但是这也还不是令我最感兴趣的问题，我最浓烈的兴奋点在于，正如我在上面所说的那样，畅谈东西文化之分，极富于近现代的摩登色彩。波斯和阿拉伯传说都证明：东西文化之分的说法，古已有之，于今为烈而已。其次，令我感到欣慰的是，文化的东西二分法，我并非始作俑者，古代的“老外”已先我言之矣。令我更感到欣慰的是我讲的东西方思维方式是东西文化的基础。波斯和阿拉伯古代的说法，我认为完全证实了我的看法。分析出理论，综合出技术，难道不是这样子吗？

时至今日，古希腊连那一只眼睛也早已闭上，欧洲国家继承并发扬了古希腊辉煌的文化，使欧洲文化光照寰宇。工业革命以后，技术也跟了上来，普天之下，莫非欧风。欧美人昏昏然陶醉于自己的胜利之中，以“天之骄子”自命，好像有了两三只眼睛。但他们完全忘记了历史，忽视了当前的危机。而中国呢，则在长时期内，由于内因和外因的缘故，似乎把两只眼睛都已闭上。古代灿烂文化不绝如缕。初则骄横自大，如清初诸帝那样，继则震于西方的船坚炮利，同样昏昏然拜倒在西方的什么裙下，一直到了今天，微有苏醒之意，正在奋发图强中。

从上面谈到的历史事实中，我得出了一个结论：上下五千年，纵横十万里，东西文化的变迁是“三十年河东，三十年河西”。这本来是两句老生常谈，是老百姓的话，并不是我的发明创造。我提出来说明东西文化的关系，国内外都有赞成者，国内也有反对者，甚至激烈反对者。我窃以为这两句话只说明了一个事实。中国古代哲学讲变易，佛家讲无常，连辩证法也讲事物时时都在变化中。大自然、人类社会和人类内心，无不证明这两句话的正确。我不过捡来利用而已。《三国演义》开宗明义就说：“话说天下大势，分久必合，合久必分。”说的不也就是这个浅显的道理吗？

可是东西方都有人昧于这个浅显的道理。特别是在西方，颇有人在有意识或无意识中，觉得自己的辉煌文化会万岁千秋地辉煌下去的。中国追随者也大有人在。他们根本没有意识到，文化也像世间的万事万物一样，不会永驻的，也是有一个诞生、发展、成长、衰竭、消逝的过程的。

但是，中国有一句俗话：是非自在人心。人是能够辨是非，明事理的。以自己的文化自傲的西方人也不例外。在第一次世界大战以前，西方这种人简直如凤毛麟角。一战爆发，惊醒了某一些有识之士。事实上在一战爆发前，就有人有了预感。德国学者奥斯瓦尔德·斯宾格尔（Oswald Spengler）在1911年就预感到世界大战迫在眉睫。后来大战果然爆发。从1917年起，斯宾格尔就开始写《西方的没落》。书一出版，立即洛阳纸贵。他的基本想法是：文化都可以分为四个阶段：一，青春；二，生长；三，成熟；四，衰败。尽管他的推论方法、收集资料，还难免有主观唯心的色彩，但是，他毕竟有这一份勇气，有这一份睿智，敢预言当时如日中天的，他认为在世界历史上八个文化中唯一还有活力的文化也会“没落”。我们不能不对他表示敬意。美中不足的是，他还没有认识到东方文化和西方文化的存在和交流关系。（参阅齐世荣等译《西方的没落》上下册，商务印书馆，1995年）

在西方，继斯宾格尔而起的是英国历史学家汤因比（Arnold J. Toynbee，1889～1975年）。他自称是受到了前者的影响。二人同样反对“欧洲中心主义”，是他们有先见卓识之处。汤因比继承了斯宾格尔的意见，认为文化——他称之为“文明”——都有生长一直到灭亡的过程。他把人类历史上的文明分为二十一种，有时又分为二十六种。这些意见都表述在他的巨著《历史研究》中（1934～1961年），共十二卷。他比斯宾格尔高明之处，是引入东方文化的讨论。到了20世纪70年代，他同日本社会活动家池田大作对话时，更进一步加以发挥，寄希望于东方文化。（参阅《展望二十一世纪》，国际文化出版公司，1985年）

我并不认为，斯宾格尔和汤因比（继他们之后欧美一些国家还有一批哲学家和历史学家、社会学家，赞成他们的意见，我在这里不具引）等的看法都百分之百正确。但在举世昏昏，特别是欧美人昏昏的情况下，唯独他们闪耀出一点灵光，是十分难能可贵的。他们的看法从大体上来看，我认为是正确的。如果借用上面提到的古代波斯和阿拉伯人的说法，我就想说：希腊人及其后代的那一只眼睛，后来逐渐变成了两只眼睛；可物极必反，现在快要闭上了。中国人的两只眼睛，闭上了一阵，现在又要睁开了。

闭上眼睛的欧美人士，绝大多数一点也不了解东方，而且压根儿也没有了解的愿望。我最近多次听人说到，西方至今还有人认为中国人还缠小脚，拖辫子，抽大烟，养小老婆。甚至连文人学士还有不知道鲁迅为何许人者。在这样地球越变越小，信息爆炸的时代，西方之“文明人”竟还如此昏聩，真不能不令人大为惊异。反观我们中国，情况恰恰相反。欧美的一切，我们几乎都加以崇拜。汉堡包、肯德基、比萨饼，甚至莫须有的加州牛肉面，只要加一个洋字，立即产生大魅力，群众趋之若鹜。连起名字，有的都带有点洋味。个人名字与店铺名字，莫不皆然。至于化妆品，外国进口的本来就多。中国自造的也多冠以洋名，以广招徕。爱国之士，无不痛心疾首，谴责这种崇洋媚外的风气和行为。然而，从一分为二的观点上来看，也有其有利的一面。孙子说："知己知彼，百战不殆。"专就东西而论，现在的情况是，我们对西方几乎是了若指掌，而西方对东方则如上面所说的那样，是一团漆黑。将来一旦有事，哪一方面占有利条件和地位，昭如日月矣。

对西方的文化，鲁迅先生曾主张"拿来主义"。这个主义至今也没有过时。过去我们拿来，今天我们仍然拿来，只要拿得不过头，不把西方文化的糟粕和垃圾一并拿来，就是好事，就会对我们国家的建设有利。但是，根据我上面讲的情况，我觉得，今天，在拿来主义的同时，我们应该提倡"送去主义"，而且应该定为重点。为了全体人类的福利，为了全体人类的未来，我们有义务要送去的，但我们决不会把糟粕和垃圾送给西方。不管他们接受，还是不接受，我们总是要送的。《诗经·大雅》说："投我以桃，报之以李。"西方文化给人类带来了一些好处。我们中国人，我们东方人，是懂得感恩图报的民族。我们决不会白吃白拿。

那么，报些什么东西呢？送去些什么东西呢？送去的一定是我们东方文化中的精华。送去要有针对性，针对的就是我在上面提到的那一个西方文化产生的"危机"。光说"危机"，过于抽象，具体地说，应该说是"弊端"。近几百年以来，西方文化产生的弊端颇多，举其大者，如环境污染、大气污染、臭氧层破坏、生态平衡破坏、物种灭绝、人口爆炸、新疾病丛生、淡水资源匮乏，等等。此等弊端，如不纠正，则人类前途岌岌可危。弊端产生的根源，与西方文化的分析的思维方式有紧密联系。西方对为人类提供生存所需的大自然分析不息，穷追不息，提出了"征服自然"的口号。"天何言哉!"然而"天"——大自然却是能惩罚的，惩罚的结果就产生了上述诸种弊端。

拯救之方，我认为是有的，这就是"改弦更张"、"改恶向善"，而这一点只有东方文化能做到。东方文化的基本思维方式是综合，表现在哲学上就是"天人合一"，张载的《西铭》是一篇表现"天人合一"思想最精辟的文章："乾称父，坤称母，予兹藐焉，乃浑然中处。故天地之塞吾其体，天地之帅吾其性。民吾同胞，物吾与也。(下略)”印度哲学中的“梵我一如”，也表达了同样的思想。总之，东方文化主张人与大自然是朋友，不是敌人，不能讲什么“征服”。只有在了解大自然，热爱大自然的条件下，才能伸手向大自然索取人类衣、食、住、行所需要的一切。也只有这样，人类的前途才有保障。

我们要送给西方的就是这种我们文化中的精华。这就是我们“送去主义”的重要内容。

我们的“李”送了出去，接受不接受呢？实际上，我们还没有正式地送，大规模地送。连我们东方人自己，其中当然包括中国人，还不知道，还不承认自己有这种宝贝，我们盲目追随西方，也同样向自然界开过战，我们也同样有那一些弊端，立即要求西方接受，不也太过分了吗？不过，倘若稍稍留意，人们就会发现，现在世界各国，不管出于什么动机，也不管是根据什么哲学，注意到上述弊端而又力求改变的人越来越多了。今年《日本经济新闻》刊载了高木韧生的文章，说 21 世纪科研重点将是“人类生存战略”。这的确是见道之言。我体会，这里所说的“科研”包括文理两个方面。作者把科研提高到“人类生存”这个高度来看，不能不谓之有先见之明，应该受到我们大家的最高的赞扬。至于惊呼人口爆炸的文章，慨叹新疾病产生的议论，让人警惕环境污染、臭氧层破坏、生态平衡的破坏、淡水资源的匮乏等等的号召，几乎天天可见。人类变得聪明起来了，人类前途不是漆黑一片了。我想，世界各国每一个有心人，无不为之欢欣鼓舞。我这一个望九之年的耄耋老人，也为之手舞足蹈了。

我在上面刺刺不休说了那么多话，画龙点睛，不出一点：我曾在一次国际学术讨论会上说过一篇短话，题目叫做“只有东方文化能够拯救人类”。我在上面说的千言万语，其核心就是这一句短短的话。至于已经来到我们门前的 21 世纪究竟会是什么样子？西方文化究竟如何演变？东方文化究竟能起什么具体的不是空洞的作用？人类的前途究竟何去何从？所有这一切问题，都有待于历史发展的进程来加以证明。从前我读过一个近视眼猜匾的笑话。现在新的一个世纪还没有来临，

季羡林在工作

匾还没有挂出来，上面有什么字，我们还不能知道。不管自诩眼睛多么好，看得多么远，在这一块尚未挂出来的匾前，我们都是近视眼。

在这样的情况下，我认为，我们最重要的任务就是学习，就是了解。我们责怪西方不了解东方文化，不了解东方，不了解中国，难道我们自己就了解吗？如果是一个诚实的人，他就应该坦率地承认，我们中国人自己也并不全了解中国，并不全了解东方，并不全了解东方文化。实在说，这是一出无声的悲剧。

了解的唯一途径就是学习，而学习首先必须有资料。对我们知识分子来说，学习资料首先是文字，也就是书籍。环顾当今世界，在“欧洲中心论”还有市场的情况下，在西方某一些人还昏昏然没有睁开眼睛的时候，有关东方的书籍，极少极少。有之，亦多有偏见，不能客观。西方如此，东方也不例外。即使我们有学习的愿望，也是欲学无书。当然，东方各国的情况不尽相同，各国刊出书籍的多寡也不尽相同。但总之是很少的。有的小一点的国家，简直形同空白。有个别东方国家几乎毫无人知，它们存在于一团迷雾中，若明若暗，似有似无。这也是一出无声的悲剧。

就是为了这个缘故，我们这一批人不自量力——或者更明确地说是认真“量”过了自己的“力”，倡议编纂这一套巨大空前的《东方文化集成》。虽然，我们目前的队伍，由于历史造成的原因，还不是太大，我们的基础还不是太雄厚；但是，我们相信主观能动性。我们想“挽狂澜于既倒”，我们决非徒托空言。世界人民、东方人民、中国人民的需要，是我们的动力。东方人民和西方人民的相互了解，是我们的愿望。东方人民和西方人民越来越变得聪明，是我们的追求。我们老、中、青三结合，而对著作的要求则是高水平的。我们希望，能通过这个活动，既提高了中国对东方文化的研究水平，又能培养出一批学有专长的人才，收得一举两得之效。

我们既反对“欧洲中心主义”，我们反对民族歧视，但我们也并不张扬“东方中心主义”。如果说到或者想到，在21世纪东方文化将首领风骚的话，那也是出于我们对历史发展的观察与预见，并不出于什么“主义”。本着这种精神，我们对东方几十个国家一视同仁。国家不论大小，人口不论多寡，历史不论久暂，地位不论轻重，我们都平等对待，决不抬高与贬低，拜倒与歧视。每一个东方国家都在我们丛书中占有地位。但国家毕竟不同，资料毕竟多寡悬殊。我们也无法强求统一。有的国家占的篇幅多一点，有的少一点。这是实事求是，与歧视毫无关联。我们虔诚希望，在即将来临的21世纪中，中国的两只眼睛都能睁开，而且睁得大大的，明亮而睿智。西方的一只眼睛能变成两只，也同样睁开，而且睁得大大的，明亮而且睿智。世界上各个民族也都有了两只眼睛，都要睁得大大的，明亮而且睿智。我们共同学习，努力互相了解。我们坚决相信，只要能做到这一步，人类会越来越能互相了解，世界和平越来越成为可能，人类的日子会越来越好过，不管还需要多么长的时间，人类有朝一日总会共同进入太平盛世，共同进入大同之域。

1996年3月20日

《海外中国学家译文丛书》序

国内从事于西域南海古代交通史研究的老一辈的学者们，一定都还能记得，五六十年前冯承钧先生翻译了大量的法国中国学家关于这方面的著作；这些译文对我们的研究工作给予了巨大的帮助。当时中国学已流布全世界，但是在东方以日本为魁首，在西方则以法国为巨擘。这是大家都公认的事实。在这两个国家以外，瑞典的高本汉研究中国古代音韵，取得了空前的成就，为中国最有权威的语言学家所激赏。英国的 A.Waley 翻译介绍了大量的中国古诗，译文优美，受到了广大读者的欢迎。其他国家也有一些成绩卓著的中国学家，这里不一一列举。

这些中国学家，对弘扬中国文化，加深世界各国人民与中国人民的了解与友谊，起了不可磨灭的作用。他们的著作多半都已经介绍到中国来了，至今还为中国人民所阅读，所欣赏，中国人民永远不会忘记的。

也许有人要问：中国自己已经有足够的研究中国文化的专家学者，外国中国学家究竟在什么地方能帮助我们，在什么地方又能超越我们呢？也许还有人认为，中国语言只有我们中国人最能掌握运用，其他国家的学者总不免有隔皮猜瓜、隔靴搔痒之病。不是有的外国中国学家把唐诗“白头宫女在，闲坐说玄宗”中的“玄宗”译为“玄秘的宗教”吗？不是也有外国中国学者把六朝隋唐时期习见的“诚如来旨”译为“诚然是我佛如来的旨意”吗？

这些都是事实，无可否认。我甚至还能举出更多的这样的例子。这说明中国语言文字之繁难，连我们自己的学者也不敢保证，一定不会出这样的笑话。但是，总起来看，我认为，这不是关键问题，瑕不掩瑜。心理学家常讲一个现象：一个人在某一个环境里住久了，住惯了，对他周围的事物往往视而不见。反不如一个外来人，初来乍到，对周围的事物特别敏感，他能一眼就看到别人不注意的现象。我们自己的经验也能够证明，心理学家这个说法是完全正确的。我们常说的一句俗话："旁观者清"，也证明同一个事实。

外国的中国学家就正是这样的"外来人"、"旁观者"。他们研究中国文化、中国问题，能看到我们习而不察的事物。

此外，还有一点，我也必须着重指出。就拿上面谈到的西域南海的研究来做例子吧。五六十年以前，我们对西域南海的研究水平，远远比不上外国学者。原因是，这些地方的古代语言文字，我们多半不通；与这些地方有关的其他资料，我们多半不能掌握。我们除了能读中国史料以外，缺的东西太多，而且说句不客气的话，不通语言文字，不能掌握必要的资料，能读懂古代汉文典籍吗？因此，当冯承钧先生的《西域南海史地考证译丛》出版的时候，我们都由衷地感谢他，法文并不是我们每一个人都能读的。这一套丛书，第一册出版于 1932 年，最后一册 1958 年出版，前后相距二十多年。没有需要，能做得到吗？法国之外，日本学者关于西域南海古代交通的研究成果，我们也翻译了不少，比如关于《大唐西域记》《法显佛国记》等等的著作，就是突出的例子。这些译文促进了我们的研究工作。

季羡林任主编的《大唐西域记校注》

可惜好景不长，冯承钧先生之后，后继乏人，像冯承钧先生这样毕生勤勤恳恳，翻译不辍的“有心人”，再也见不到了。

当然，我们也必须承认，在过去几十年中，我们中国学者在研究西域南海方面，或者在其他方面，都已有了长足的进步。这一点，连外国学者也是不得不承认的。但是，话又说了回来，即使自己有了进步，“他山之石，可以攻玉”这两句古话到了今天仍然是真理。如果多了解一点海外中国学家的研究成果，肯定会对我们自己的研究工作大有裨益的。我们翻译了英国学者李约瑟的《中国科学技术史》这一部巨著，它给我们提供了大量的资料和信息，极大地鼓舞了我们的民族自信心，提高了我们的爱国主义思想，促进了外国人民对中国在科学技术方面巨大贡献的认识，如此等等，不一而足。这仅仅只是一个例子；然而这个简单的例子不是包含着极为深刻的意义吗？

根据我自己的观察，除了李约瑟的著作以外，我们对海外中国学家的研究成果，注意得越来越少了。我们几乎是关起门来，搞自己的名山事业。结果是某一些研究工作者视野不广，囿于成见，故步自封，难有新意。这当然大大地不利于我们研究工作的展开。每年都召开一些什么什么国际研讨会，专就社会科学和人文科学来说，多半是热热闹闹一阵，吃吃喝喝一番，长城、桂林、兵马俑，茅台、烤鸭，满面春风。即使留下几篇论文，也多半是应景之作，从中难以窥海外中国学研究成果之全豹，留给我们的印象不深，也不能持久，对我们没有多大好处。

最近我给极受读者欢迎的《文史知识》提意见时，曾讲到这个问题。我希望，我们中国的文史学界多注意外国同行们的研究动态，多阅读人家的研究成果。我们决不能两耳不闻天下事，退到闭关锁国的状态中去。这个意见颇受到同行们的重视。时至今日，我们提倡改革开放；但是，我们决不能只开放肯德基、米尼姆、卡拉 OK、万宝路；可口可乐、T 恤衫、耐克旅游真耐穿，而对人家研究中国学的成果，则漠然置之。我这个比拟也许有点不伦不类。一般说来，真正埋首社会科学和人文科学研究工作的人，对卡拉 OK 之类，不一定有多大兴趣。我只不过想指出这种风气之十分不正常而已。

如果我们放眼看一看今天的中国和世界，我们的头脑会清醒一下的。全国人民，特别是学者们，都在努力弘扬中华文化。中华文化曾普照西方大地，全世界文化的发展皆蒙其利。这一点没有人敢予以否认。因此，现在提出弘扬中华文化的口号，是绝对必要的。但是，我们要弘扬什么呢？又怎样弘扬呢？我看不出有什么具体的章法。有一位同行说了一句似乎是俏皮但实则含义深刻的话："出口转内销"，他指的是，国外正在兴起一股研究以中华文化为主体的东方文化的高潮，这一股高潮"波撼岳阳城"，也撼动了我们赤县神州。原来出口的东西又转销到国内来了。对这种出口转内销的情况，我们应该竭诚欢迎，大力响应，这对我们弘扬中华文化是天赐良机，求之不得的。

最近几年以来，我经常考虑在人类历史上东方文化和西方文化的关系问题。我发现，几千年以来，这两种文化的关系是，三十年河东、三十年河西，更迭兴替，互为补充，从而促进了人类文化的发展。从19世纪初叶一直到今天20世纪末叶，西方文化主宰了世界。但是西方有识之士已经预感到，他们自己的文化也不能万岁千秋。这个文化现在已经露出了不少破绽，有点强弩之末的味道了。东方文化取代西方文化的迹象已经萌生。西方国家，特别是那几个世界大国，对社会科学和人文科学的研究，露出了一个明显的特点：对东方文化，特别是中国文化，兴趣渐浓。研究印度学的人，从历史语言的考证转向大乘佛教和佛教密宗；研究中国学的人，兴趣渐渐集中到《周易》《老子》《庄子》，以及禅宗的研究上来。为什么出现这种现象呢？我个人认为，原因并不难找。西方学者中特别敏感的人看到了自己的文化有了点穷途末日之象，济之之方无他：转向东方文化。

回看我们中国学术界，注意到这个现象的人似乎还如凤毛麟角。这种状况是完全不能令人满意的。我们必须想方设法，唤起大家的注意。唤起的方法多种多样，出版这样一套《海外中国学家译文丛书》或许是其中最重要的。它至少能起到当年冯承钧先生《西域南海史地考证译丛》已经起过的作用。我们希望，通过这一套丛书的出版，海内外中国学的研究能够互通声气。通过这一套丛书的出版，真正能为弘扬中华文化做些脚踏实地的工作。通过这一套丛书的出版，能改变一下当前这种闭塞的情况。通过这一套丛书的出版，“投石击破水中天”，能投出一块这样的石头。总之，作用是很多很多的。希望这一套丛书能带我们跟上世界潮流。我个人认为，这是雪中送炭的工作，但又何尝不能理解为是锦上添花呢?

以上是我的想法，也是我的希望。

是为序。

1991年1月2日

答《电影艺术》杂志记者荣韦菁问

记者：季先生，我非常想从您这儿得到一点我想要的东西。我要问的问题只有一个，但很大，就是：印度的文化特征。

季羡林：真是个不小的问题。可我想从更大的范围来谈。

我认为，世界上有四大文化体系，中国文化体系、印度文化体系、闪族—伊斯兰文化体系和希腊—罗马文化体系。为什么这么说呢？因为这四种文化系统的时间最长，影响也最大。同时，我也考虑是否可以简化一点，就分作东西两大体系，西，即希腊—罗马文化；东，即中国文化，印度文化和闪族—伊斯兰文化。印度文化比较复杂。

记者：是不是因为印度民族的构成比较复杂？

季羡林：是的，文化是由人创造的。从根本上讲，达罗毗荼人，现在在南印度，北方是印度雅利安人。印度包括了白种人、黄种人和黑种人。

公元前第2000纪雅利安人对印度的入侵，对印度文化产生了全局性的影响，雅利安文化在印度文化中有着重要的地位。而雅利安文化则与希腊—罗马文化同一体系，是一个根。另外，7世纪伊斯兰教兴起以后，征服了很大的疆域，西班牙、整个的阿拉伯、埃及、伊朗和印度一部分。现在我们谈论印度，起码得看到这两个成分，一个是雅利安，另一个是穆斯林，不管是现在的印度人，还是印度的宗教，都可以分作这两部分。

这两个方面实际上也就形成了印度文化的两个特征：深刻而糊涂，清晰而浅显。前一个特征更重要。

记者：这两个特征是否适合于所有印度人？是否在印度人的一切

1982年9月，季羡林（前排左七）出席全国印度文学研究会成立大会。

行中都体现出这两个特征？

季羡林：从总体上说当然是这样。但我们也要实事求是，我不能说印度人连吃饭、睡觉也是没头绪，没有规律的。

我主要是指他们的思想方法。印度人有很深刻的思想，他们研究现实的世界、人生，研究来世。但他们头绪不清，很少逻辑。所谓深刻而糊涂就是这个意思。

记者：在文学艺术上也如此？

季羡林：是的。到印度去看建筑最清楚，原来都是印度教的，后来伊斯兰教进入后，便将印度教的建筑部分破坏了，盖起了具有伊斯兰教特色的建筑，风格完全两样。印度教的建筑在总体上，从远处看是一塌糊涂，很乱，可观察细部则非常细致。伊斯兰教文化正好相反，非常明晰，清真寺与印度教的庙比起来，鲜明得很。清晰是否就等于浅薄呢？很难说是浅薄，但反正不像印度人那样深刻。

在印度艺术中，歌、舞非常发达。记得当年周总理对印度的音乐舞蹈非常欣赏，认为是第一流的。他们的舞蹈有深厚的基础，很普遍，有几千年的历史，而且，舞蹈理论到现在也还是世界第一。有一部书叫《舞论》，对手眼身法步都有明确的意义规定，每一个手形都是有含义的。在另外三个文化系统中也可以有像《舞论》一类的著作，不过在系统性上，印度的《舞论》是第一位的，我们比不上了。

印度文艺普遍地不重视情节。比如大史诗《罗摩衍那》有八大卷，近三百万字，可是情节，我只需用几千字就可以写完，很简单，而且有些情节自相矛盾。所以，那个东西，我们中国人不容易欣赏。中国人喜欢情节，喜欢生动多变的故事。

记者：他们的没有条理也反映在叙事文学的不讲求叙事上。可是，三百万字不叙事又花到哪里去呢？

季羡林：花在十分精细的描写上，他们可以用大量篇幅从从容容地描写一个人物，一个战场，一个风景。可是在总体上却很不清楚，他们也不在乎。

印度人的许多习惯是在西方资本主义的冲击下有所改变的。过去印度人敬神可以不分昼夜。看电影总不能不分昼夜。一两个小时的电影实在满足不了印度人的要求。电影短了卖不出钱去，怎么办？没有别的办法，只有拉长篇幅，只有载歌载舞。时间是拉长了，情节仍然那么简单。但这就有了观众。

记者：这好像是双方互相妥协，制片商尽量增加电影的长度，观众也适当放弃了自己的“不分昼夜”的习惯。

季羡林：从这个电影现象中，不仅很直观地反映了印度民族对歌舞的迷恋，反映了资本主义在印度社会中的发展（制片商选择歌舞的目的是为赚钱），也反映了传统的延续。

我说印度人思想很深刻，可没有条理，也表现在他们的时间观念上。印度人的时间观念是很有意思的，与我们的大不一样。我们可以为玄奘西天取经启程的年代争得不亦乐乎，是贞观元年，还是贞观三年？我们争得津津有味，但印度人却十分不理解，不就是两三年的事嘛。就是一两千年，印度人也不放在眼中。关于世界名剧《沙恭达罗》的作者出生年代，在印度有两种意见，这两种意见之间，相差了一千年。在他们心目中，差个一千年又有什么关系呢？因此，马克思说，印度没有历史。这是很深刻的。

记者：印度人的这种思想观念，在近代资本主义的冲击下，是否有所改变呢？

季羡林：当然。不过，我得先谈印度文化对世界的重要影响。

记者：请。

季羡林：印度文化在世界文化中的地位是很突出的，它的影响很大。这种影响对于巴基斯坦不成问题，因为巴基斯坦本来就是印度的，孟加拉国也是这样，斯里兰卡，尼泊尔，中国。中国的佛教就是从印度传来的，然后又通过朝鲜传到了日本，影响了日本文化。印度文化的影响向南，包括了越南、柬埔寨、老挝，所有的东南亚，泰国、缅甸不言而喻，受影响的还有印度尼西亚。我说的影响，不仅是指宗教的影响，还包括印度文学、艺术和哲学。

季羡林译《沙恭达罗》书影

此外，印度文化在欧洲也引起人们浓厚的兴趣。17、18 世纪的很多欧洲的大哲人受到了印度哲学的影响，最有名的就是叔本华。直到今天，印度哲学、佛教哲学仍在欧洲流行。

记者：为什么呢？

季羡林：这是欧洲人对自己的反省。资本主义产生于希腊—罗马文化体系。资本主义的强大力量征服了世界。这不是今天，也不是上个世纪，而是 17、18 世纪。现在欧洲的资本主义文化在世界上占统治地位，占主导地位。在中国也一样，马克思主义就是资本主义社会的产物。欧洲人自以为是天之骄子。可是，1914 年爆发了第一次世界大战，打到 1918 年才了结。战争结束后，欧洲人开始反省，反省自己的文化，为什么会自相残杀？于是便出现了一个向东方学习的潮流，主要是学习中国和印度。说来也怪，只平静了二十年，第二次世界大战又爆发，出现了希特勒和法西斯主义。法西斯主义者是权端的种族主

2008年6月6日，印度外交部长慕克吉代表帕蒂尔总统向季羡林颁发印度最高荣誉奖“莲花奖”。

义者，在他们看来，世界文化都是雅利安人创造的。这次大战比上一次时间更长，规模更大，死的人更多。所以，二次大战结束后，欧洲的有识之士重新检查自己的文化，再一次把眼光转向东方。

记者：他们是在寻找挽救资本主义社会的方法。印度正在影响着欧洲，那么，资本主义文化是否也在影响着印度呢？

季羡林：印度人的思想方法在西方资本主义的影响下，正在十分缓慢地变化。一个民族的文化传统是很难改变的。思想方法的改变比起衣食住行来更加困难。这不只是印度，任何一个国家都这样。今天的中国可以说是相当开放了，年轻人从头到脚没有一样是中国传统的，可是思想方法呢，平心静气地说，保留了相当多的传统的思维习惯，我们老人就更多。我们头脑中的旧的习惯势力与形式上的西化正产生着激烈的矛盾冲突。

记者：这样的例子举不胜举，对有些人来说，改革只是谋私利的幌子，改革就是多挣钱，只要能挣到钱，可以不择手段。资本主义也不择手段地挣钱，但人道主义和个人主义的发展，又使挣钱的不择手段受到一定的限制，社会福利、慈善事业和文化事业已经成为他们生活的重要内容。

季羡林：现在的社会风气很坏，好像不大再有人谈道德了。中国不开放不行，不改革不行，不“化”不行，关键的问题是要化一化我们脑袋里的观念。时间就是金钱，这是西方人的说法。现在我们也说，可是从政府到基层的马马虎虎、拖拖拉拉的工作作风，根本没把时间当金钱，在我们的头脑中，时间不值一钱，表面的形式上的西化很容易，吃面包、喝咖啡。可思想方法却不容易西化。这值得重视。我在欧洲生活了十一年，传统的思想方法也没有改掉，把十亿中国人都送到欧洲去“化”，回来一定还是叫人失望，因为还是中国人，中国人的眼睛变不蓝，皮肤也变不白。“全盘西化”根本不会存在，理论上不通，实践上做不到。“全盘西化”的顾虑完全是多余的。

任何一种文化都有两部分，一是传统，一是时代。西化属于时代的方面，而时代又总是依附于传统的。但是，传统也依附于时代的变化而变化。《红高粱》的成功，恐怕不在于西化的程度，也不在于中国人特有的行为方式，而在于精神状态。对于西方来说，有魅力的是东方人的精神世界。

我说“全盘西化”是不可能的，而闭关锁国则前途可畏。只有传统的方面与时代的方面相结合，文化才能发达，这是一般的道理，自然也适合于印度。

好，我们可以在这里打住了。概括起来，印度文化的特征就是深刻而糊涂，这一特征来自印度雅利安人。另一部分的穆斯林文化则表现为清晰而浅显。

记者：季先生，您的这个看法与印度人交换过意见吗？

季羡林：我没有谈过，这只是我的看法，属于一家之言，但我认为是正确的。说实话，他们并不一定能看清自己的问题。人要知道自己很难，一个民族要了解自己就更难了。古希腊人了不起，他们说过一句话，叫做“你要了解自己”。印度人不了解自己，我们也同样不了解自己，缺少自知之明，这是最大的悲哀。

1988年6月

弘扬国学

国学漫谈

《国学,在燕园又悄然兴起》①一文，在国内外一部分人中引起了轰动。据我个人看到的国内一些报纸和香港的报纸，据我收到的一些读者来信看，读者们是热诚赞成文章的精神的。

想要具体的例证，那可以说是俯拾即是。前不久，我曾就东方文化和国学作过一次报告。一位青年同志写了一篇“侧记”，叙述这一次报告的情况②。读者如有兴趣，可以参阅。我因为是当事人，有独特的感触，所以不避啰唆之嫌，在这里对那天的情况再讲上几句。

那是一个阴雨连绵的晚间，天气已颇有寒意。报告定在晚上七时。我毫无自信，事先劝同学们找一个不太大的教室，能容下一百人就行了。我是有私心的，害怕人少，讲者孑然坐在讲台上，面子不好看。然而他们坚持找电教大楼的报告大厅，能容下四百人。完全出我意料，不但座无虚席，而且还有不少人站在那里，或坐在台阶上，都在静静地谛听，整个大厅里鸦雀无声。我这个年届耄耋的世故老人，内心里十分激动，眼泪在眼睛里打转。据说，有人五点半就去占了座位。面对这样一群英姿勃发的青年，我心里一阵阵热浪翻滚，笔墨语言都是形容不出来的。

---

① 《人民日报》1993年8月16日第三版。

② 见王之昉《高屋建瓴启迪后人》,《人民日报》1993年12月1日第三版。

海外不是有一些人纷纷扬扬，说北大学生不念书，很难对付吗？上面这现象又怎样解释呢？

人世间有果必有因。上面说的这种情况也必有其原因。我经过思考，想用两句话来回答：顺乎人心，应乎潮流。

我们中华民族拥有五千年的光辉灿烂的文化，对人类作出了卓越的贡献。很难想象，世界上如果缺少了中华文化会是一个什么样子。前几年，弘扬中华优秀文化的号召一经提出，立即受到了国内外炎黄子孙的热烈拥护。原因何在呢？这个号召说到了人们的心坎上。弘扬什么呢？怎样来弘扬呢？这就需要认真地研究。我们的文化五色杂陈，头绪万端。我们要像韩愈说的那样：“沉浸酞郁，含英咀华”，经过这样细细品味、认真分析的工作，把其中的精华寻找出来，然后结合具体情况，从而发扬光大之，期有利于中国人民和世界人民的前进与发展。“国学”就是专门做这件工作的一门学问。旧版《辞源》上说：国学，一国所固有之学术也。话虽简短朴实，然而却说到了点子上。七八十年以来，这个名词已为大家所接受。除了“脑袋里有一只鸟”的人（借用德国现成的话），大概不会再就这个名词吹毛求疵。如果有人有兴趣有工夫去探讨这个词儿的来源，那是他自己的事，我无权反对。

国学决不是“发思古之幽情”。表面上它是研究过去的文化的，因此过去有一些学者使用“国故”这样一个词儿。但是，实际上，它既与过去有密切联系，又与现在甚至将来有密切联系。现在我们不是都谈建设有中国特色的社会主义吗？什么叫“特色”？特色表现在什么地方？我曾反复思考过这个问题。我觉得，科技对我们国家建设来说，对发展生产力来说，是非常重要的，万万不能缺少的。但是，科技却很难表现出什么特色。你就是在原子能、电脑、宇宙飞船等等尖端科技方面，有突出的成就，超过了世界先进国家，同其他国家比较起来，也只能是程度的差别，是水平的差别，谈不到什么特色。我姑且称这些东西为“硬件”。硬件的本质都是一样的，没有什么特色可言。

特色最容易表现在精神文化方面，我姑且称之为“软件”，哲学、宗教、文学、艺术、伦理、道德、经营、管理等等都属于这个范畴。这些东西也是能够交流的，所谓“固有”并不排除交流，这个道理属于常识范围。以上这些学问基本上都保留在我们所说的“国学”中。其中有不少的东西可以说是中华文化、中华智慧的结晶，直至今日，不但对中国人发挥影响，它的光辉也照到了国外去。最近听一位国家教委的领导说，他在新德里时亲耳听到印度总统引用中国《管子》关于“十年树木，百年树人”的话。在巴基斯坦他也听到巴基斯坦总理引用中国古书中的话。足征中华智慧已深入世界人民之心。这是我们中国人应该感到骄傲的。所有这一些中国智慧都明白无误地表露了中国的特色。它产生于中国的过去，却影响了中国和世界的今天，连将来也会受到影响。事实已经证明，连外国人都会承认这一点的。

国学的作用还不就到此为止，它还能激发我们整个中华民族的爱国热情。“爱国主义”是一个好词儿，没有听到有人反对过。但是，我总觉得，爱国主义有真伪之分。在历史上，被压迫被侵略的民族，为了自己的生存与尊严，不惜洒热血、抛头颅，奋抗顽敌，伸张正义。这是真爱国主义。反之，压迫别人侵略别人的民族，有时候也高呼爱国主义，然而却不惜灭绝别的民族。这样的“爱国主义”是欺骗自己人民的口号，是蒙蔽别国人民的幌子。它实际上是极端民族沙文主义的遮羞布。例子不用举太远的，近代的德、意、日法西斯主义就是这一类货色。这是伪爱国主义。

中国的爱国主义怎样呢？它在主体上是属于真爱国主义范畴的。有历史为证，不管我们在漫长的封建时期内，“天朝大国”的口号喊得多么响，事实上我国始终有外来的侵略者，主要来自北方，先后有匈奴、突厥、辽、金等等。今天，这些民族基本上都成了中华民族的组成部分；但在当时只能说是敌对者，我们不能否定历史的本来面目。在历史上，连一些雄才大略的开国君主也难以逃避耻辱。刘邦曾被困于平城，李渊曾称臣于突厥，这是最明显的例子。我们也不能说，中国过去没有主动地侵略别人过，这情况也是有过的，但不是主流，主流是中国始终受到外来的威胁。正是由于这个原因，我们中国人民敬仰、歌颂许多爱国者，岳飞、文天祥、史可法等等都是。一直到今天，爱国主义，真正的爱国主义，始终左右我们民族的心灵。我常说，北京大学的优良传统之一，就是爱国主义，我这说法得到了许多人的赞同。探讨和分析中国爱国主义的来龙去脉，弘扬爱国主义思想，激发爱国主义热情，是我们今天“国学”的重要任务。国学的任务可能还可以举出一些来，以上三大项，我认为，已充分说明其重要性了。我上面说到“顺乎人心，应乎潮流”。我现在所谈的就是“人心”，就是“潮流”。我没有可能对所有的人都调查一番。我所说的“人心”，可能有点局限。但是，一滴水中可以见宇宙，从燕园来推测全国，不见得没有基础。我最近颇接触了一些青年学生。我发现，他们是很肯动脑筋的一代新人。有几个人告诉我，他们感到迷惘。这并不是坏事，这说明他们正在那里寻觅祛除迷惘的东西，正在那里动脑筋。他们成立了许多社团，有的名称极怪，什么“吠陀”，什么“禅学”，这一类名词都用上了。也许正在燕园悄然兴起的“国学”，正投了他们之所好，顺了他们的心。否则怎样来解释我在本文开头时说的那种情况呢？中国古话说：“得道多助，失道寡助”，顺应人心和潮流的就是“道”。

但是，正如对人世间的万事万物一样，对国学也有不同的看法。提倡国学要有点勇气，这话是我说出来的。在我心中主要指的是以“十年浩劫”为代表的那一股极“左”思潮。我可万万没有想到，今天半路上竟杀出来一个程咬金，在小报上写文章嘲讽国学研究，大扣帽子。不知国学究竟于他何害，我百思不得其解。无独有偶，北师大古籍研究所编纂《全元文》，按说这工作有百利而无一弊，然而竟也有人想全面否定。我觉得，有这些不同意见也无妨。国学，弘扬中华优秀文化，既然是顺乎人心，应乎潮流的事业，必然会发展下去的。

1993年12月24日

21世纪国学研究瞻望

根据词典的解释：国学者，一国固有之学问也。每一个国家都有自己固有的学问；但不一定都用“国学”二字。中国用此二字约始于本世纪之初。

全体中华民族都同意，要弘扬我们民族的优秀文化，目的绝不是自吹自擂，而是为了全世界文化的发展和全世界人民的利益。

弘扬文化必须研究国学，这本是天经地义的事情，不意竟有无知妄人说什么：研究国学是为了反对马克思主义。这真是石破天惊，匪夷所思。

到了21世纪，我希望，而且也相信，我们的国学研究将会取得更辉煌的成就，将会有助于建设有中国特色的社会主义社会。方法必须谨严创新，态度必须实事求是。我更特别希望，再不会有那样的妄人出现。

1999年10月20日

对国学研究的几点看法

祝贺《国学研究》第二期出版。

想谈几点意见：

第一，前不久接到吴江同志的信，附有他在上海《文汇报》上发表的关于国学问题的文章。接着我就接到了上海《文汇报》直接给我的信，要求我参加国学问题的讨论。我都还没有答复。如果答复的话，我就会说，我不参加讨论，也不赞成讨论。像国学这样的题目，难以讨论。想给国学下个定义，永远也不会有结果，永远也不会有大家都同意的定义。社会科学同自然科学不一样，定义很难下。与其在下定义上下工夫，莫如切切实实地读一些书，切切实实地思考一些问题。根据自己的认识去钻研，去探讨，有了心得，就成文成书。这比争定义，说空话要好得多。

第二，学术与政治的关系问题。这是一个老掉牙的问题。我们过去讨论了几十年，有人也吃过苦头，现在不必谈了。但是，最近几年来，我逐渐觉悟到，二者之间实有密切的联系。我举一个具体的例子。对于王梵志的诗，中外敦煌学研究者颇不乏人。个别的中国学者研究成果发表后，外国一个国家的学者很不满意，准备组织班子，汇集文章，大张旗鼓地加以批评或者批判。后来项楚先生的《王梵志诗校注》及时出版了。那个国家的学者一经读到，大为叹服，于是宣布解散班子，停止批判。如果项书不出，批判的结果一发表，不怀好意者就会立即同中华人民共和国挂上钩。这样一来，一个学术问题立即变成政治问题。因此，在今天世界上，学术实在脱不开政治。我们时刻想到这一点，会促使我们更加努力，更加小心翼翼。不管我们研究的是国学的哪一个

2009年6月10日，季羡林与央视《开心辞典》主持人王小丫谈“开心学国学”。

部门，我们都必须认识到学术与爱国主义的关系，决不能掉以轻心。

第三，关于21世纪将是东方文化占统治地位的世纪。国外也有一些有识之士有这样的主张。我在最近几年来写过长长短短的几篇文章，宣扬这种看法。特别是东方文化中“天人合一”的思想，我认为是中国对人类杰出的贡献。在香山饭店的一次国际学术研讨会上，我做过一个很短的发言，题目就是：“只有东方文化能拯救人类”①，我对此点深信不疑。但是，这是一个极大的题目，而且涉及未来的21世纪。原来我也同别人争辩过。现在我的做法变了。我想到中国过去有一个近视眼猜匾上的字的笑话。一个近视眼说，匾上是什么什么字。但是此时匾还没挂出来。21世纪就是一个还没有挂出来的匾，匾上的字是什么，谁也说不准。如果有人愿意猜，那是可以的，每个人都有这个权利。但是不必争辩，争辩是徒劳的。我们最好学一学京剧《三岔口》，每个人耍自己的枪刀，但谁也碰不着谁。

1994年8月23日

① 1993年5月24日在“香山东方伦理道德与青年教育国际研讨会”上的发言。

致北京大学国学研究院成立十五周年贺信

热诚祝贺北大国学研究院成立十五周年。

国学，实际上是中华文化的同义词。

有几千年传统的中国文化，现在日益为全世界所重视，各国孔子学院的建立，可以充分证明这件事。

现在我们的任务，用一句常用的话来表达就是任重道远。

作为全国最高学府的北京大学，本身就是中国文化的一部分，我们当仁不让。但是，我们却不能（用）陈陈相因的老办法来研究：我们必须认清新形势，提出新办法，使中国文化能在当今错综复杂的世界上真能闪耀出新的光辉。和谐，这一伟大的思想，实际上是中华文化的一个基本组成部分，又是同西方的征服自然的思想相对峙、相抗衡而发展的。试把中国张载的“民，吾同胞；物，吾与也”的思想，同西方的所谓进化论的思想“物竞天择，适者生存”，摆在一起来看，其高下，其深浅，真有天壤之别。

但是我们切戒自满，我们必须有创新精神。中国古人所说的“满招亏，谦受益”，必须成为我们的座右铭。

2007 年 6 月 16 日

《季羡林说国学》代前言

《季羡林说国学》书影

现在国学特别热，但是年轻人对国学的概念比较模糊，不太清楚。那么，什么是“国学”呢？简单地说，“国”就是中国。“国学”就是中国的学问，传统文化就是国学。

现在对传统文化的理解歧义很大。按我的观点，国学应该是“大国学”的范围，不是狭义的国学。

既然这样，那么国内各地域文化和五十六个民族的文化，就都包括在“国学”的范围之内。地域文化和民族文化有各种不同的表现形式，但又共同构成中国文化这一文化共同体。举个例子，比如齐文化和鲁文化，也不一样。“孝悌忠信”是鲁文化，“礼义廉耻”是齐文化。就是说鲁文化着重讲内心，内在的；齐文化讲外在的，约束人的地方多。“孝悌忠信”是个人伦理的修养；礼义廉耻，就必须用法律来规定，用法律来约束了。鲁国是农业发达，鲁国人就是很本分地在务农。齐国商业化，因为它靠海，所以姜太公到齐国就是以商业来治国。具体的例子，如刻舟求剑，这种提法就是沿海文化的。而“日出而作，日落而息”恐怕就代表鲁文化了。齐鲁文化互补，是中国传统文化的重要组成部分。但是齐鲁文化以外，还有其他地域文化也很重要。过去光讲黄河是中国文化的中心，我是不同意的，长江文化、其他地域文化其实都应该包括在国学里边。敦煌学也包括在国学里边。

咱们讲文化交流，文化交流有两种形式，一个是输出的，一个是进来的。敦煌是进来的代表，很多文明程度很高的国家文化都到过敦煌。佛教从国外进来，经过很长时间的演变，形成了有中国特色的中国佛教。敦煌里边有很多内容是佛教的，也有其他文化的，是古代中国吸收外来文化的最后一站。再往下就没了。

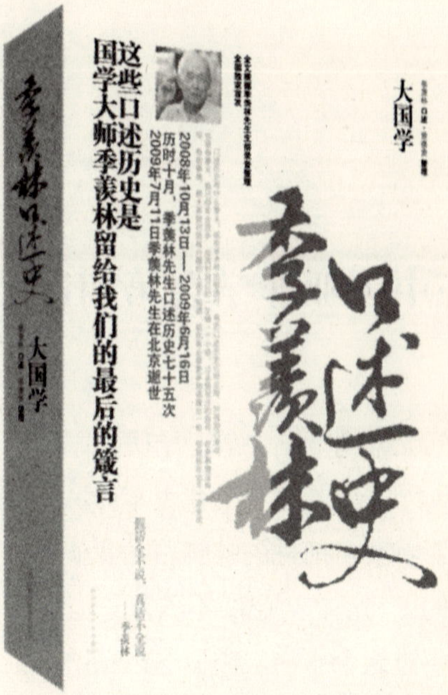

《季羡林口述历史·大国学》书影

吐火罗语的《弥勒会见记》剧本，是不是也算国学？当然算，因为吐火罗文最早是在中国新疆发现的。吐火罗文是中国古代的一种语言，是别的地方没有的。另外，很多人以为国学就是汉族文化。我说中国文化，中国所有的民族都有一份。中国文化是中国五十六个民族共同创造的，这五十六个民族创造的文化都属于国学的范围。而且后来融入到中国文化的外来文化，也都属于国学的范围。

我们现在的国学研究还很粗糙，很多应该包括的内容还没有挖掘出来。

历史不断发展，不断地融入，这是没有时间界限的。儒家、道家是传统文化，佛家也是啊，把佛家排除在外，是不对的。

2007年3月

在中国亚非学会第四次会员代表大会上的讲话

北京大学从去年开始研究国学，我们过去有研究国学的传统，后来断了，尤其在“文化大革命”期间，国学是被打倒的东西、被认为是影响我们前进的绊脚石。我们东方文化是有些好东西，如中国古书上的一句话：“己所不欲，勿施于人”。能做到这八个字，到共产主义也不过这个水平。类似这么精辟的话多得很。历史上讲宋太祖时赵普曾说过以半部《论语》治天下的话，有人说这是胡说八道，我看实际上用不了半部论语，有几句话就能治天下。我们中央领导同志号召大家要弘扬中华民族的优秀文化，这是很正确的。可是现在有人反对，说什么提倡新国学，其目的就是否定马克思主义。如一些书上就有文章反对东方文化、反对国粹、反对国学。最近《文汇报》开辟专栏，专门讨论国学问题，这很有意义。我觉得我们老祖宗有些话很有用，当然。我们不是把封建主义搬到社会主义里来，不是这个意思。昨天我接到一封来自通州运河中学的来信，运河中学是非常有名的学校，该校培养了很多有用的人才，1947 年朱自清先生曾去该校讲学，现在又邀请我去讲学。该校通过研究国学，通过弘扬中华民族的优秀文化来进行爱国主义教育，我觉得这种做法很好。当然，我们也不能说中国的文化都是精华，没有糟粕，不能那样说。问题是精华和糟粕是非常难分的，有时它还会变化。如孝敬父母的孝，到底是糟粕，还是精华？“五四”时代，孝一定是糟粕，毫无疑问；到了六七十年代，孝还是糟粕；可是到了今天，我们不是还提倡要孝敬父母和尊敬老人吗？我是不赞成《二十四孝》的，但孝敬父母，恐怕到了共产主义社会也得孝敬父母。因为父母老了，从人道主义也应该得到赡养和尊敬所以说精华与糟粕有时是不易分清的。

1994年10月28日

20世纪80年代，季羡林与夫人、婶母、孙女（自右至左）。

环境保护

“天人合一”新解

一、“天人合一”命题的来源和含义

什么叫“天人合一”呢？“人”，容易解释，就是我们这一些芸芸众生的凡人。“天”，却有点困难，因为“天”字本身含义就有点模糊。在中国古哲学家笔下，天有时候似乎指的是一个有意志的上帝。这一点非常稀见。有时候似乎指的是物质的天，与地相对。有时候似乎指的是有智力有意志的自然。我没有哲学家精细的头脑，我把“天”简化为大家都能理解的大自然。我相信这八九不离十，离开真理不会有十万八千里。这对说明问题也比较方便。中国古代的许多大哲学家，使用“天”这个字，自己往往也有矛盾，甚至前后抵触。这一点学哲学史的人恐怕都是知道的，用不着细说。

谈到“天人合一”这个命题的来源，大多数学者一般的解释都是说源于儒家的思孟学派。我觉得这是一个相当狭隘的理解。《中华思想大辞典》说：“主张‘天人合一’，强调天与人的和谐一致是中国古代哲学的主要基调。”这是很有见地的话，这是比较广义的理解，是符合实际情况的。我现在就根据这个理解来谈一谈这个命题的来源，意思就是，不限于思孟，也不限于儒家。我先补充一句：这个代表中国古代哲学主要基调的思想，是一个非常伟大的、含义异常深远的思想。

为了方便起见，我还是先从儒家思想介绍起。《周易·乾卦·文言》说：“‘大人’者与天地合其德，与日月合其明，与四时合其序，与鬼神合吉凶，先天而天弗违，后天而奉天时。”这里讲的就是“天人合一”的思想，这是人生的最高的理想境界。

孔子对天的看法有点矛盾。他时而认为天是自然的，天不言而四时行，而万物生。他时而又认为，人之生死富贵皆决定于天。他不把天视作有意志的人格神。

子思对于天人的看法，可以《中庸》为代表。《中庸》说：“能尽人之性，则能尽物之性；能尽物之性，则可以赞天地之化育，则可以与天地参矣。”

孟子对天人的看法基本上继承了子思的衣钵。《孟子·万章上》说：“莫之为而为者，天也；莫之致而致者，命也。”天命是人力做不到达不到而最后又能使其成功的力量，是人力之外的决定的力量。孟子并不认为天是神；人们只要能尽心养性，就能够认识天。《孟子·尽心上》说：“尽其心者，知其性也；知其性则知天矣。”

到了汉代，汉武帝独尊儒术。董仲舒是当时儒家的代表，是他认真明确地提出了“天人之际，合而为一”的思想。《春秋繁露·人副天数》中说：“人有三百六十节，偶天之数也；形体骨肉，偶地之数也；上有耳目聪明，日月之象也；体有空窍理脉，谷川之象也。”《阴阳义》中说：“天亦有喜怒之气，哀乐之心，与人相副，以类合之，天人一也。”董仲舒的“天人合一”思想，是非常明显的。他的天人感应说，有时候似乎有迷信色彩，我们不能不加以注意。

到了宋代，是中国所谓“理学”产生的时代，此时出了不少大儒。尽管学说在某一些方面也有所不同，但在“天人合一”方面，几乎都是相同的。张载明确地提出了“天人合一”的命题。程颐说：“天、地、人，只一道也。”

宋以后儒家关于这一方面的言论，我不再介绍了。我在上面已经说过，这个思想不限于儒家。如果我们从更宏观的角度来看这个问题，把“天人合一”理解为人与大自然的关系。那么在儒家之外，其他道家、墨家和杂家等等也都有类似的思想。我在此稍加介绍。

老子说："人法地，地法天，天法道，道法自然。"王弼注说："与自然无所违。"《庄子·齐物论》说："天地与我并生，而万物与我为一。"看起来道家在主张"天人合一"方面，比儒家还要明确得多。墨子对天命鬼神的看法有矛盾。他一方面强调"非命"、"尚力"，人之富贵贫贱荣辱在力不在命；但是在另一方面，他又推崇"天志"、"明鬼"。他的"天"好像是一个有意志行赏罚的人格神。天志的内容是兼相爱。他的政治思想，比如兼爱、非攻、尚贤、尚同，也有同样的标记。至于吕不韦，在《吕氏春秋·应同》中说："成齐类同皆有合，故尧为善而众善至，桀为非而众非来。(高箴)云：'天降灾布祥，并有其职。'"这里又说："山云草莽，水云鱼鳞，旱云烟火，雨云水波，无不皆类其所生以示人。"从这里可以看出，吕氏是主张自然（天）是与人相应的。

中国古代"天人合一"的思想，就介绍这样多。我不是写中国哲学史，不过聊举数例说明这种思想在中国古代十分普遍而已。

二、印度的"天人合一"思想

印度古代思想派系繁多。但是其中影响比较大，根柢比较雄厚的是人与自然合一的思想。印度使用的名词当然不会同中国一样。中国管大自然或者宇宙叫"天"，而印度则称之为"梵"(Brahman)。中国的"人"，印度称之为"我"(Ātman,阿特曼)。总起来看，中国讲"天人"，印度讲"梵我"，意思基本上是一样的。印度古代哲学家有时候用tat（等于英文的that）这个字来表示"梵"。梵文tatkartṛ，表面上看是"那个的创造者"，意思是"宇宙的创造者"。印度古代很有名的一句话tat tvam asi，表面上的意思是"你就是那个"，真正的含义是"你就是宇宙"(你与宇宙合一)。宇宙，梵是大我；阿特曼，我是小我。"奥义书"中论述梵我关系常使用一个词儿Brahmātmaikyam，意思是"梵我一如"。吠檀多派大师商羯罗（śankara,约公元788～820年），张扬不二一元论（Advita）。大体的意思是，有的“奥义书”把“梵”区分为二：有形的梵和无形的梵。有形的梵指的是现象界或者众多的我（小我）；无形的梵指的是宇宙本体最高的我（大我）。有形的梵是不真实的，而无形的梵才是真实的。所谓“不二一元论”就是说：真正实在的惟有最高本体梵，而作为现象界的我（小我）在本质上就是梵，二者本来是同一个东西。我们拨开这些哲学迷雾看一看本来面目。这一套理论无非是说梵我合人，也就是天人合一，中印两国的思想基本上是一致的。（请参阅姚卫群《吠檀多派哲学的梵我关系理论》，《南亚研究》1992年第二期，页37～44）

从上面的对中国古代思想和印度古代思想的介绍中，我们可以看到，尽管使用的名词不同，而内容则是相同的。换句话说，“天人合一”的思想是东方思想的普遍而又基本的表露。我个人认为，这种思想是有别于西方分析的思维模式的东方综合的思维模式的具体表现。这个思想非常值得注意，非常值得研究，而且还非常值得发扬光大，它关系到人类发展的前途。

三、三十年河西，三十年河东

从人类文化产生多元论出发，我认为，世界上每一个民族，不管大小，都或多或少地对人类文化作出了贡献。自从人类有历史以来，共形成了四个文化体系：

(1) 中国文化；

(2) 印度文化；

(3) 从古代希伯来起经过古代埃及、巴比伦以至伊斯兰阿拉伯文化的闪族文化；

(4) 肇端于古代希腊、罗马的西方文化。

这四个文化体系又可以划分为两大文化体系：东方文化和西方文化。前三者属于东方文化，第四个属于西方文化。两大文化体系的关系是：三十年河西，三十年河东。

东西两大文化体系的区别，随处可见。它既表现在物质文化上，也表现在精神文化上。具体的例子不胜枚举。但是，我个人认为，两大文化体系的根本区别来源于思维模式之不同：东方的思维模式是综合的，西方的思维模式是分析的。勉强打一个比方，我们可以说，西方是“一分为二”；而东方则是“合二而一”。再用一个更通俗的说法来表达一下：西方是“头痛医头，脚痛医脚”，“只见树木，不见森林”；而东方则是“头痛医脚，脚痛医头”，“既见树木，又见森林”。说得再抽象一点：东方综合思想模式的特点是，整体概念，普遍联系；而西方分析思维模式则正相反。

现在我回到本题。“天人合一”命题正是东方综合思维模式的最高最完整的体现。

我在上面已经说到，我理解的“天人合一”是讲人与大自然合一。我现在就根据这个理解对人与自然的关系进行一些分析。

人，同其他动物一样，本来也是包括在大自然之内的。但是，自从人变成了“万物之灵”以后，顿觉自己的身价高了起来，要闹一点“独立性”，想同自然对立，要平起平坐了。这样才产生出来了人与自然的关系。

人类在成为“万物之灵”之前或之后，一切生活必需品都必须取自于大自然，衣、食、住、行，莫不皆然。人离开了自然提供的这些东西，一刻也活不下去。由此可见人与自然关系之密切、之重要。怎样来处理好人与自然的关系，就是至关重要的了。

据我个人的观察与思考，在处理人与自然的关系方面，东方文化与西方文化是迥乎不同的，夸大一点简直可以说是根本对立的。西方的指导思想是征服自然；东方的主导思想，由于其基础是综合的模式，主张与自然万物浑然一体。西方向大自然穷追猛打，暴烈索取。在一段时间以内，看来似乎是成功的：大自然被迫勉强满足了他们的生活的物质需求，他们的日子越过越红火。他们有点忘乎所以，飘飘然昏昏然自命为“天之骄子”、“地球的主宰”了。

东方人对大自然的态度是同自然交朋友，了解自然，认识自然；

在这个基础上再向自然有所索取。“天人合一”这个命题，就是这种态度在哲学上的凝练的表述。东方文化曾在人类历史上占过上风，起过导向作用，这就是我所说的“三十年河东”。后来由于种种原因，时移势迁，沧海桑田，西方文化取而代之。钱宾四先生所说的：“近百年来，世界人类文化所宗，可说全在欧洲。”这就是我所说的“三十年河西”。世界形势的发展就是如此，不承认是不行的。

东方文化基础的综合的思维模式，承认整体概念和普遍联系，表现在人与自然的关系上就是人与自然为一整体，人与其他动物都包括在这个整体之中。人不能把其他动物都视为敌人，要征服它们。人吃一些动物的肉，实在是不得已而为之。从古至今，东方的一些宗教，比如佛教，就反对杀牲，反对肉食。中国固有的思想中，对鸟兽表示同情的表现，比比皆是。最著名的两句诗“劝君莫打三春鸟，子在巢中待母归”是众所周知的。这种对鸟兽表示出来的怜悯与同情，十分感人。西方诗中是难以找到的。孟子的话“恻隐之心人皆有之”，也表现了同一种感情。

东西方的区别就是如此突出。在西方文化风靡世界的几百年中，在尖刻的分析思维模式指导下，西方人贯彻了征服自然的方针。结果怎样呢？有目共睹，后果严重。对人类的得寸进尺永不餍足的需求，大自然的忍耐程度并非无限，而是有限度的，在限度以内，它能够满足人类的某一些索取。过了这个限度，则会对人类加以惩罚，有时候是残酷的惩罚。即使是中国，在我们冲昏了头脑的时候，大量毁林造田，产生的后果，人所共知：长江变成了黄河，洪水猖獗肆虐。

从全世界范围来看，在西方文化主宰下，生态平衡遭到破坏，酸雨到处横行，淡水资源匮乏，大气受到污染，臭氧层遭到破坏，海、洋、湖、河、江遭到污染，一些生物灭种，新的疾病冒出等等，威胁着人类的未来发展，甚至人类的生存。这些灾害如果不能克制，则用不到一百年，人类势将无法生存下去。这些弊害目前已经清清楚楚地摆在我们眼前，哪一个人敢说这是危言耸听呢？

现在全世界的明智之士都已痛感问题之严重，但是却不一定有很多人把这些弊害同西方文化挂上钩。然而，照我的看法，这些东西非同西方文化挂上钩不行。西方的有识之士，从本世纪20年代起直到最近，已经感到西方文化行将衰落。钱宾四先生说："最近五十年，欧洲文化近于衰落。"他的忧虑同西方眼光远大的人如出一辙。这些意见同我想的几乎完全一样，我当然是同意的，虽然衰落的原因我同宾四先生以及西方人士的看法可能完全不相同的。

有没有挽救的办法呢？当然有的。依我看，办法就是以东方文化的综合思维模式济西方的分析思维模式之穷。人们首先要按照中国人、东方人的哲学思维，其中最主要的就是"天人合一"的思想，同大自然交朋友，彻底改恶向善，彻底改弦更张。只有这样，人类才能继续幸福地生存下去。我的意思并不是要铲除或消灭西方文化。不是的，完全不是的。那样做，是绝对愚蠢的，完全做不到的。西方文化迄今所获得的光辉成就，决不能抹煞。我的意思是，在西方文化已经达到的基础上，更上一层楼，把人类文化提高到一个前所未有的高度。"三十年河西，三十年河东"这个人类社会进化的规律能达到的目标，就是这样。

"我理解的'天人合一'是讲人与大自然合一。"(季羡林)

有一位语言学家讽刺我要"东化"。他似乎认为这是非圣无法大逆不道之举。愧我愚陋，我完全不理解：既然能搞"西化"，为什么就不能搞"东化"呢？

"风物长宜放眼

量”，我们决不应妄自尊大；但是我们也不应妄自菲薄。我们不应当囿于积习，鼠目寸光，认为西方一切都好，我们自己一切都不行。这我期期以为不可。

多少年来，人们沸沸扬扬，义形于色，讨论为什么中国自然科学不行，大家七嘴八舌，争论不休，都认为这是一件事实，不用再加以证明。然而事情真是这样吗？我自己对自然科学所知不多，不敢妄加雌黄。我现在吁请大家读一读中国当代数学大家吴文俊先生的一篇文章：《关于研究数学在中国的历史与现状》（见《自然辩证法通讯》1990年第四期），大家从中一定可以学习很多东西。

总之，我认为，中国文化和东方文化中有不少好东西，等待我们去研究，去探讨，去发扬光大。“天人合一”就属于这个范畴。我对“天人合一”这个重要命题的“新解”，就是如此。

1992年

关于“天人合一”思想的再思考

一、张载的“天人合一”思想

我在新创刊的《传统文化与现代化》杂志上发表的《“天人合一”新解》一文中引用了不少中国资料；但是对一个非常重要的人物，宋代的张载，却只提了一句，这无疑是一个很大的缺憾。张载是宣扬“天人合一”思想的最深刻最鲜明的代表，是万万遗漏不得的。我现在来弥补一下。

张载是宋代的理学大家之一。在遵照唯物主义和唯心主义斗争的条条框框写成的中国哲学史中，他一向被认为是唯物主义者。我对这种愣贴标签的、把哲学现象过分简单化的做法是不敢苟同的。这且不去说它。我现在引他一些话，补“新解”之不足。

“天人合一”思想在张载的著作中，到处都有表现。比如在《正蒙》中他说：“爱必兼爱”，他又说：“物无孤立之理”，意思就是，事事物物都互相联系。这同我多次提到的东方文化的特点：整体概念、普遍联系，是一个意思。表现“天人合一”思想最鲜明、最深刻的例子，是张载著名的《西铭》(后收入《正蒙》中)。《西铭》极短，我不妨全文抄出：

> 乾称父，坤称母；予兹藐焉，乃混然中处。故天地之塞，吾其体；天地之帅，吾其性。民吾同胞，物吾与也。大君者，吾父母宗子；其大臣，宗子之家相也。尊高年，所以长其长；兹孤弱，

所以幼其（吾）幼。圣其合德，贤其秀也。凡天下疲癃残疾、惸独鳏寡，皆吾兄弟之颠连而无告者也。于时保之，子之翼也；乐且不忧，纯乎孝者也。

张载就补充这样多。在当时，张载同程朱一派的理学家意见是不同的，甚至是矛盾的。但是对张载这种鲜明的“天人合一”的思想，程朱也是赞赏的。可见这种思想，在中国哲学史上，是深入人心的。

二、日本和朝鲜的“天人合一”思想

日本深受中国宋明理学的影响，对于“天人合一”的思想并不陌生。这一点在讲日本思想史的书中，在许多中国学家的著作中，很容易可以找到，无需我再加以详细论列。前不久，我接到日本神户大学教授、哲学和日本学专家仓泽行洋博士的新著《东洋と西洋》，其中有的地方讲到“天人合一”：第一章，“世界观の东西”，13 众生本来佛；14 万物我と一体。我请北京大学东方学系于荣胜同志把 14 译为汉文，附在这里，以供参考：

14 万物与我一体

这样，在佛教中认为人与万物并无差别，同为佛，实质上同为一物。当然，我们即使不以佛作为依据，在其他许多地方也同样可以发现人与万物本质上完全相同。

譬如，在印度有一种古老的哲学，叫“奥义书”。这种哲学出现在佛教尚未形成之时。“奥义书”哲学的根本理念、根本思想就是ātman 与 brahman 同一。ātman 就是自我的本质、我的实体。brahman 就是宇宙的原理，译为“梵”。这里就是讲我与梵，自我的本体与宇宙的原理是相同之物。日本明治时代的某位学者把它称为“梵我一如”。“奥义书”思想之本就在于“梵我一如”。这是一个十分出色的表现。“梵我一如”也是我、人与人以外的万

1986年，季羡林在日本早稻田大学演讲。

物完全相同的另一种讲法。

另外，还有一种十分简洁、十分明确的说法，这就是“天地与我同根，万物与我一体”。这句话出自中国的一本古书《碧岩录》。此句的意义，我想是不说自明的。

与此十分相似的还有《庄子》中的一句话：“天地与我并生，而万物与我为一。”

《庄子》中还有这样一句话：“万物皆一，万物一齐。”此处的万物中包含着人类。包括人类在内的万物从本质上看都是相同的。“万物一齐”的“一齐”就是相同、相等之意，所以就等于说万物毫无例外都是平等的。

此类例子不胜枚举。

（仓泽行洋《东洋と西洋》，日本大阪东方出版社，1992年，页52～54）

现在补充一点关于朝鲜的资料。

朝鲜有比较悠长的哲学发展的历史，一方面有自己本土的哲学思想，另一方面又受到了邻国中国哲学思想的影响。中国儒家思想在三国时期已传入朝鲜，儒家的天命观影响了朝鲜思想。到了高丽末李朝初期，宋代程朱之学传入。作为宋代理学基础的“天人合一”思想，也在朝鲜占了上风。在这时期出现了一批程朱理学的代表人物，比如李穑（1328~1396）、郑梦周（1337~1392）、郑道传（1337~1398）等等，在他们的学说中，都有一些关于天地万物之理的论述；但是，明确提出“天人合一”思想的是权近（1352~1409）。他用图表来解释哲学思想，其中最重要的是“天人心性合一之图”，他把这张图摆在所有图的最前面，以表示其重要性。他反对天人相胜论。他说：

就人心性上，以明理气善恶之殊，以示学者……人兽草木千形万状，各正性命者，皆自一太极中流出。故万物各具一理，万理同出一源，一草一木各一太极，而天下无性外之物，故中庸言，能尽其性，则能尽人之性，能尽物之性，而可以赞天地之化育，呜呼，至哉。

权近又提出了天人相类相通的学说，他说：

盖天地万物，本同一体，故人之心正，则天地之心亦正；人之气顺，则天地之气亦顺。是天地之有灾祥，良由人事之有得失也。人事得，则灾祥顺其常；人事失，则灾祥反其正。

他还说：

人众胜天，天定亦能胜人。天人之际，虽交相为胜，然人之胜天，可暂而不可常；天之胜人，愈久而愈定也。故淫者必不能保其终，而善者必有庆于后矣。

李朝前半期的哲学思想，以及那以后的哲学思想，仍然或多或少地呈现出“天人合一”的色彩。(以上的叙述根据朱红星、李洪淳、朱七星《朝鲜哲学思想史》，延边人民出版社，1989年）因此我们可以说，这种东方特有的“天人合一”的思想，在朝鲜哲学史上也是比较明确的。

补充就这样多。

在《“天人合一”新解》里，我论述了中国和印度的“天人合一”的思想。现在，我又补充了日本和朝鲜（韩国）的“天人合一”的思想。东方几个有代表性的国家，我都谈到了。因此，我说，“天人合一”的思想，是东方文明的主导思想，应该说是有坚实可靠的根据的。

三、“求异存同”

我在下面介绍两篇文章，第一篇是李慎之教授的《中国哲学的精神》(《传统文化与现代化》，1993 年第二期)。在进入正文之前，我想先讲一点琐事，也可以算是“花絮”吧。

我最初并不认识李慎之先生，只在中国国际交流协会的理事会上见过几次面。我认为他不过是一个外交官，一个从事国际活动的专家，给我没有留下多么深刻的印象。前几年，台湾的星云大师率领庞大的僧尼代表团，来大陆访问。赵朴老在人民大会堂设素斋招待。排座位，我适与他邻座。既然邻座，必然要交谈。谈了没有几个回合，我心里就大吃一惊，我惊其博学，惊其多识，我暗自思忖：“这个人看来必须另眼相看了。”

《吴宓与陈寅恪》一书出版，在懂行者的人们中，颇引起一点轰动。报刊杂志上刊出了几篇文章，从不同的角度上对陈吴二师的思想学术和交谊，做了一些探讨，极有见地，相当深刻，发潜德之幽光，使二师的真相逐渐大白于天下，我心中窃以为慰。

有一天，见到李先生。他告诉我，他看到我为那一本书题的封面，我在书名之外写上了“弟子季羡林敬署”。这本是一件微不足道的小事，他却大为感慨。我小时候练习过毛笔字，后来长期在国外，毛笔不沾手者十有余年。我自知之明颇有一点，自知书法庸陋，从不敢以书法家自命。不意近若干年以来，竟屡屡有人找我写这写那。初颇惶恐觳觫，竭力抗拒。人称谦虚，我实愧恧。于是横下了一条心：“你不嫌丑，我就不脸红！”从而来者不拒，大写起来。但是，《吴宓与陈寅恪》却不属于这个范畴。为两位恩师的书题写书名，是极大的光荣。题上“弟子”字样，稍寓结草衔环之意。这一切都是在有意与无意之间进行的。然而慎之却于其中体会出深文奥义，感叹当今世态浇漓，师道不尊，“十年浩劫”期间，学生以打老师为光荣，而今竟有我这样的傻子、呆子，花岗岩的老脑袋瓜，仍遵古道，自署“弟子”。他在慨叹之余，提笔写了一篇关于《吴宓与陈寅恪》一书的文章，寄了给我。不知何故，没能收到。他又把文章复制了一份，重新付邮，并附短札一通。文章的名字叫《守死善道　强哉矫》，副标题是《读〈吴宓与陈寅恪〉》。信与文章都是一流的。我现在先把信抄在下面：

季先生：

抽文于6月底草成后即寄上请正。既然没有收到，就再次挂号寄上。

上次信中，还写了一些对陈吴两先（生）表示钦仰的话，并且希望两先生的老节能为中国知识分子之操守立一标准。这次就都不说了。只是仍然深感自己才力薄弱，不足以发两先生的潜德幽光，滋有愧耳。

专此即颂

秋安

李慎之　’92中秋夜

看了这封信，我相信，读者会认为我抄它是应该的。至于那一篇文章，我力劝他发表，现已在《茗望》1992年第四十二期上刊出。我劝对陈吴两师有意研究了解者务必一读。我认为这是一篇难得的好文章，有见解，有气势，有感情，有认识；对两先生毕生忠于自己的信念，不侮食自矜，不曲学阿世，给予了最高的评价；对两先生生死全交终生不渝的友谊给予了最高的赞美。文章说：“陈先生的悲剧并不在他的守旧而正在于他的超前，这就是所谓‘先觉有常刑’。”真可以掷地作金石声！

这就是我认识李慎之的经过，这就是我认识的李慎之。

这“花絮”实在有点太长了。但是，我相信，读者读了以后，或许还有人认为，它还应该再长一点。

现在来介绍《中国哲学的精神》。

按照平常的做法，我应当先对本文加以概述，然后选取某些点加以详细评论，或赞同，或否定，或誉，或毁，个人的看法当然也要提到，于是一篇文章便大功告成。我现在不想这样办。我觉得，这样办虽符合新八股的规律，然而却是“可怜无补费精神”。大家不是常说“求同存异”吗？我想反其道而行之，来一个“求异存同”，并非想标新立异，实不得不尔耳。

说到“求异存同”，我又不得不啰唆几句。李慎之先生在《守死善道　强哉矫》那一篇文章里引用了古人的话：“朋友，以义合者也。”我认为，这是涵义深刻的一句话。但是，什么叫“义”呢？韩文公说：“行而宜之之谓义”。这仍然是“妻者，齐也”同音相训的老套。我个人觉得，“义”起码包含着肝胆相照这样一层意思，就是说，朋友之间不说假话，要讲真实的话。慎之做到了这一点，我现在努力步其后尘。

在这个思想的指导下，我介绍《中国哲学的精神》一文，不谈本文，只谈“后记”。慎之说：“我过去看到季先生一些短篇论东西文化的文章，总以为他的思想与我大相径庭。这次看到他的长篇论述，才发觉我们的看法原来高度一致。”（原文页10,第二栏）这对我无疑是一个极大的鼓舞，给了我极大的安慰。关于“高度一致”的地方，我就不再谈了。我现在专谈“高度不一致”的地方。

这样的地方我归纳为以下三点，分别谈谈我的意见。

四、科学决非万能

李慎之先生说：“季先生似乎对西方科学技术的副作用看得多了一点”，可我自己觉得，我看得不是太多，而是太少。关于这个问题，我并不是先知先觉。西方有识之士早已看到了，而且提出了警告。不但今天是这样，而且在一百多年以前已经有人提出来了。

前几天，我在香山召开的“东方伦理道德与青少年教育”国际研讨会上听到一位女士说，她最近读了一本外国某专家的书，书中列举了大量类似我在“新解”中所指出的西方科技产生出来的弊害，有说明，有理论，她最后的结论是：到了21世纪末，人类就到了“末日”，实在让人惊心动魄。我还没有像她那样悲观，原因大概就是因为我并非科技专家，也非社会学家。我所能看到的并且列举出来的弊害，并不全面。虽然我在列举弊害时，往往在最后加上“等等”，甚至两个“等等”这样的字样，看来是胸有成竹，种种弊害罗列心头，唾手可得。实际上是英雄欺人，是我耍的一种手法。我限于能力，再也列举不出更多更具体更有力的证据了。

但是，就拿我所能列举出来的弊害来看，这些都是确确实实存在着的，而且还日益发展蔓延。这决不是我个人的幻想，而是有目共睹的。可怜当今世界上那些有权势的能在这方面有所作为的大人物，对这些问题视而不见，懵懵懂懂，如在梦中，仍然在争名于朝，争利于市，自我感觉极端良好哩。

慎之在“后记”中又提到：“去年6月讨论环境问题的全球首脑会议前夕，有一批当今世界上在各种学科居于领导地位的科学家特地写信给首脑会议发出呼吁，认为只有发展科学，发展技术，发展经济，才有可能最后解决环境问题。决不能为保护环境而抑制发展，否则将两俱无成。我是赞成他们的意见的。”直白地说，我是不赞成他们的意见的，我期期以为不可。为了保护环境决不能抑制科学的发展、技术的发展和经济的发展，这个大前提绝对是正确的。不这样做是笨伯、是傻瓜。但是，处理这个问题，脑筋里必须先有一根弦，先有一个必不可缺的指导思想，而这个指导思想只能是东方的“天人合一”的思想。否则就会像是被剪掉了触角的蚂蚁，不知道往哪里走。从发展的最初一刻起（from the very beginning），就应当在这种思想的指引下，念念不忘过去的惨痛教训，想方设法，挖空心思，尽上最大的努力，对弊害加以抑制，决不允许空喊：“发展！发展！发展！”高枕无忧，掉以轻心，梦想有朝一日科学会自己找出办法，挫败弊害。常言道：“道高一尺，魔高一丈。”到了那时，魔已经无法控制，而人类前途危矣。中国旧小说中常讲到龙虎山张天师打开魔罐，放出群魔，到了后来，群魔乱舞，张天师也束手无策了。最聪明最有远见的办法是向观音菩萨学习，放手让本领通天的孙悟空去帮助唐僧取经。但同时又把一个箍套在猴子头上，把紧箍咒教给唐僧，这样可以两全其美。真无愧是大慈大悲的观世音。西方科学家们决不能望其项背。他们那一套“科学主义”是绝对靠不住的。事实早已证明了：科学决非万能。

五、“东风压倒西风”

李慎之先生说：“事实上，人类已经到了全球化的时代，各种文化的融合已经开始了。”

笼统地说，我是同意这个看法的。因为，文化一经产生并且发展到了一定的程度，就会融合；而只有不同的文化的融合才能产生更高一层的文化。历史事实就是如此。

在这里，关键问题是：“怎样融合？”也就是慎之所说的“如何”（how）的问题。这也就是我同他分歧之所在。他的论点看样子是东西文化对等地融合，不分高下，不分主次，像是酒同水融合一样，你中有我，我中有你，平起平坐，不分彼此。这当然是很理想的，很美妙的。

但是，我却认为，这样的融合是不能解决问题的，倒不是因为我们要争一口气。融合必须是不对等的，必须以东方文化为主。

这不是有点太霸道了，太不讲理了吗？为了说明这个问题，话必须扯得远一点。

英国历史学家汤因比（Toynbee）在他的巨著《历史研究》（Historical Studies）中，把人类在几千年的历史上所创造的文明归纳为二十三种或二十六种。意思就是说，任何文明都不能万岁千秋，永存不朽。这个观点是符合人类历史发展情况的。我归纳了一下，认为人类的文明或者文化大体上有五个阶段：诞生，成长，繁荣，衰竭，消逝。这种消逝不是毫不留踪迹地消失了，而是留有踪迹的，踪迹就存在于接它的班的文化中。这其实也是一种文化融合；但却不是对等的，而是有主有从的。

我们现在所说的西方文化，是指汇合了古代希腊文化和希伯来文化而发展下来的欧美文化，其思想基础是分析的思维模式，其繁荣期是在工业革命以后，与资本主义的诞生有密切联系。这个文化把人类文化的发展推向一个空前的高度，创造的物质财富使全人类皆蒙其利，无远弗届。这一点无论如何也要强调的。但是，中外少数有识之士已经感到，到了今天，这个文化已呈强弩之末之势。它那分析的特点碰到了困难，一些西方的物理学家提出了“夸克封闭”的理论。我于此是一个完全的外行，不敢赞一辞。即使是还能分析下去，也决不能说永远能分析下去。那种“万世不竭”的想法，恐怕只是一种空想。反正一向自认为已经抓到了真理，无所不适、无所不能的自然科学家并不能解决或者解释自然界和人类躯体上的一切问题，这已经是有目共睹的了。

西方文化衰竭了以后怎样呢？我的看法是：自有东方文化在。

可是，李慎之先生在这里又提出了问题。他在《辨同异　合东西》这一篇发言里说：“首先是，所谓东方与西方文化究竟何所指，就很难弄清楚。”这话自有其道理。一直到今天，主张东西文化有别的人还没有哪一个能够条分缕析地，详实而又确凿地，令人完全信服地说出个道理来。这有待于我们进一步地思考与研究。但是决不能因噎废食，就说东西文化分不清楚了。世界上万事万物，没有哪一个是绝对地纯的，连“真空”也不是百分之百地“真”。自其大者而言之，东西文化确有差别，而且差别极为明显，这一点无法否认。人类创造的文化很多，但是从总体上来看，可以分为东西两大文化体系。人类的思维模式，尽管名目繁多；但是从总体上来看也只能分为两大体系：综合的思维模式与分析的思维模式。这与东西两大文化体系相对应。我在上面已经谈到，西方文化决不能万岁千秋，西方的科学技术也决非万能。自然界和人体内许多现象，西方科技无法解释。比如人体特异功能、中国的气功，还有中国傩文化中的一些现象，按照西方自然科学的规律是无法说得通的。把这些东西过分夸大，说得神乎其神，我并不相信；但是这种现象确实存在，又无法否认。

怎样来解释这些现象呢？西方的科学技术已经无能为力，也就是说，西方以分析思维模式为主导的探讨问题的方式已经无能为力了。换一个方式试试看怎样呢？在这里，alternative只有东方文化，只有以综合思维模式为主导的东方探讨问题的方式。实迫处此，不得不尔。一个人的个人爱好在这里是无能为力的。

东西方文化的差别表现在众多的地方。原来我以为只有在社会科学和人文科学方面是这样的。后来我读了一些书和文章，才知道区别并不限于上述两种科学，连自然科学也不例外。给我启发最大的两篇文章，一篇是吴文俊教授的《关于研究数学在中国的历史与现状》，副标题是《东方数学典籍（九章算术）及其刘徽注研究》序言，发表在《自然辩证法通讯》1990年第四期，页37～39上。第二篇是关士续先生的《科学历史的辩证法与辩证唯物论的历史观》，副标题是《由吴文俊教授一篇序言引起的思考和讨论》，发表在《自然辩证法研究》，1991年第七卷第五期，页27～31上。两位作者都根本不是讨论东西方文化的问题，然而对探讨这两种文化之差别时有非常深刻的启发意义。我郑重推荐给对这个问题有兴趣的同行们读一读。

话扯得有点太远了，是收回来的时候了。话虽然多，但我深信并不是废话。看了这些话以后，读者自然就能明白，我理解的东西文化融合与慎之理解的大相径庭。我理解的不是对等的融合，而是两个文化发展阶段前后衔接的融合，而是必以一方为主的融合，就是“东风压倒西风”吧。试问一个以综合思维为基础的文化怎样能同一个以分析思维为基础的文化对等地融合呢？那样产生出来的究竟会是一种什么样的文化？

这里有一个十分关键的问题，必须加以解决，否则的话，我上面的那一些论证都成了肥皂泡，一吹就破。这就是：中国文化，或者泛而言之的东方文化，也已有了若干千年的历史，难道这个文化就不受我在上面提出来的文化发展的五个阶段的制约吗？难道在这里必须给东方文化以“特权”吗？否，否，东方文化也必须受那五个阶段的制约。在规律面前，方方平等。我拿中国文化作一个例子来解释一下这个问题。汤因比在他的书中曾把中国文化分为几个文明。其说能否成立，姑置不论。但是中国作为一个整体，在几千年的发展过程中，有过几次“输液”或者甚至“换血”的过程。印度佛教思想传入中国，是第一次“输液”。明清之际西方思想传入，是第二次“输液”。五四运动也可以算是第三次“输液”。有这样几次“输液”的过程，中国文化才得以葆其青春。这样的“输液”西方文化是不明显的。工业革命以后的繁荣阶段，更是根本没有。这是东西方文化最显著的区别之一。

基于上述理由，我不能同意慎之的意见。

六、正—反—正

慎之在“后记”里十分强调说：“季先生所提出的‘三十年河东，三十年河西’论，是我最不能同意的。”因此，我觉得还有必要，再唠叨上几句。

这个问题，与其说是一个理论（慎之的“论”）毋宁说它是一个历史事实。既然在人类历史上有过许多文化或者文明，生生灭灭，变动不已，从广义上来看，这就是“三十年河东，三十年河西”。把范围缩小一点，缩为东西两大文化体系，情况稍有不同。在这里，历史上曾有过“三十年河东”，现在正是“三十年河西”，是否能再有一个“三十年河东”，这就有点理论味道了，因为历史还没有证明其“是”与“否”。我认为是“是”，至于究竟如何，那就有待于历史的证明。黑格尔用正—反—合这个公式说明事物发展规律。我觉得，在东西文化的关系上应该是正—反—正。但是我对于理论不是内行，提出来求教于通人。

写到这里，我想起了一个古老的笑话，是关于两个近视眼看匾的，内容大家都知道的。我同慎之以及其他先生讨论的问题，等于还没拿出来的那一块匾。这样的问题只有历史的发展能最终解决，理论不管多么完美，多么奇妙，在没有被事实证明以前，都只能说是空想。因此，我对这个问题的考虑就到此为止，今后不想再写21世纪“畅想曲”了。这个问题留给文学家，留给诗人去处理吧。

七、雪莱预言工业发展的恶果

郑敏教授的《诗歌与科学：世纪末重读雪莱（诗辨）的震动与困惑》一文，发表在《外国文学评论》1993年第一期上。雪莱（1792～1822）这篇文章是一篇极为重要的文章，真正闪耀着“天才的火化”。西人有言：“诗人是预言家”，这话极有见地。诗人大概比我在上面提到的看（猜）匾的近视眼要高明得多了。郑敏先生又以自己诗人的敏感写出了重读这篇文章的震动与困惑，极具有启发性。这与我在“新解”中提出的看法几乎完全符合。我不禁有点沾沾自喜了。

英国浪漫主义诗人雪莱以诗人的惊人的敏感，在西方工业发展正如火如荼地上升的时候，预先看到了它能产生的恶果。因为我自己没有读《诗辨》，我只能依靠郑敏先生的介绍，我还是抄一点她的文章吧：

> 在他的感受里，19世纪上半期的英国文化和人民的心态可谓病入膏肓。人们醉心于利用新兴的科学占领财富，一味放纵钻营的才能，而忽视心灵的培养。人们以机械的生产压制真正的创造性，而只有创造性才是真正的知识的源。在《诗辨》中雪莱指控工业革命将人们引上贪财、自私、愚昧的道路。

郑敏先生接下去又写道：

> 从17世纪到19世纪，西方文明在强大富裕的路上疾驰，价值观念经受强大的冲击，科技的惊人成就使得人文科学黯然失色。

为积累财富所需的知识和理性活动成为文教界所重视的，而诗和想像力由于其无助于直接换取市场上的优势而受到忽视，前者雪莱称之为钻营的本领，诗人意识到物质的丰富并不必然促成文明自低向高发展。

这些话对我们今天的中国也还有其借鉴的意义。我并不主张一切的财富积累都必须反对。那是某些宗教教派的信条，为我所不取。但在积累财富的同时不应该进行点精神文明方面的教育吗？

接下去，郑敏教授根据雪莱的预言列举了一些随着高科技在20世纪的发展而产生出来的"罪恶"：原子弹、艾滋病、民族仇恨的战火、森林的被破坏、海洋受污染、动物种类不断减少、臭氧层遭破坏、吸毒的蔓延、国际贩毒活动猖狂、黑手党的暴力活动、灭绝种族的纳粹大屠杀、恐怖的夜间失踪、精神病院的黑暗等等。这同我在一些文章中列举的"弊端"大同而小异。真是触目惊心，令人不寒而栗。

八、药方

上面列举的那一些现象，不管称之为什么，反正都是确确实实存在的，必须有解救的办法，必须有治这些病的药方。

根据郑先生的介绍，雪莱开出来的药方是诗与想像力，再加上一个爱。

根据郑先生的解释，"诗"，在很多情况下指的是诗的功能。雪莱认为，诗是神圣的，它具有一种道德的威力，它能克服邪恶。"想像力"，雪莱在《诗辨》中提出了它作为对物质崇拜和金钱专政相对抗的解毒剂。这种想像力的成分有柏拉图的理念、康德的先验主义，以及大量带有非理性（不是反理性）色彩的人文主义。在《诗辨》看来，那在富与高尚之间遗失的环节，就是想像力和诗。

雪莱医治人类创伤的另一剂良药就是"爱"。在《解放了的普罗米修斯》中，地下凶神德漠高更说爱这双有医疗功能的翅膀拥抱满目疮痍的世界。

总之，雪莱的浪漫主义想以爱来医治人的创伤，以想像力来开拓人的崇高，以诗来滋润久旱的土地。他的这一些想法，我们不见得都能接受。但是，这对我们会有很大的启发，则是必须肯定的。

一讲到爱，就会同人与大自然的关系挂上了钩。在这个问题上，郑敏教授有非常中肯的论述。我在下面抄一段她的话：

> 譬如当一部分人为了发财而疯狂地破坏自然时，诗心使得一些人抗议滥杀野生动物，破坏原始森林，破坏臭氧层。愈来愈多的人走出以“人”为中心的狭隘、愚昧的宇宙观，认识到自然并不是为人而存在的，反之，人若要存在下去，就要了解自然、保护自然。盲目破坏自然环境，最终是要受到自然的惩罚的。在工业的初期，人类兴奋于一些科技的发明而以为人类万能，自我膨胀……使人类在愚蠢的谋财过程中大量伤害了自然，今天我们已看到人和自然间的文本的关系，人的存在因自然受伤也面临危机。

这些意见同我在“新解”和其他文章中的意见完全一致。我们必须承认这些意见的正确。中国和东方一些国家自古以来的“天人合一”的思想，表达的正是这种思想和感情。拯救全人类灭亡的金丹灵药，雪莱提出来的是想像力、诗和爱，我们东方人提出来的是“天人合一”的思想，殊途同归，不必硬加轩轾。

九、西方向东方学习

写到这里，已经接近西方必须向东方学习的问题了。

关于这个问题，郑敏先生介绍了一些情况。她说，随着西方社会走向后工业化时代，西方思潮中发展了一股向东方文化寻找清热解毒的良药的潜流。她举出了一些例子，比如本世纪初的费诺罗萨（Fenollosa）和庞德（Ezra Pound）对中国文字和古典文学的兴趣。

1998 年，伊朗驻华大使代表德黑兰大学授予季羡林博士学位。

"这一支向东方文明寻找生机的学派虽然在 20 世纪以前已经开始，但在 19 世纪与 20 世纪发展成西方文化中是一支颇有影响的亚文化。从道家、儒家、印度佛教近年在西方文化中的影响来讲，就可以看出西方思想家是如何希望将东方文化作为一种良药来疏浚西方文化血管中物质沉淀的阻塞。"在这里，郑敏教授举出了 F.卡普拉（Fritjof Capra）和海德格尔，还有日本学者 Tezuka（手塚），以及德里达关于语言的讨论。

总之，西方向东方学习古已有之，于今为烈。我个人认为这是不可避免的，而且是一件大好的事情。特别值得思考的是这样一个事实：西方在第一次世界大战和第二次世界大战以后，都曾掀起了向东方学习的高潮。其中原因实在值得我们认真去思考。

十、两种思维方式

几年以前，我提出了世界上两大思维模式的想法，东方的综合的思维模式和西方的分析的思维模式。我有点自知之明，自己决不是什么哲学家，至多不过胡思乱想而已。可是对这种胡思乱想偏偏又有点沾沾自喜。这或许是人类的弱点之一吧，我也未能免俗。虽然对读者同意的反应和不同意的反应我并不怎样介意，但看到赞成的意见，心里总是有点舒服。这或许是人类的另一个弱点吧。

在郑敏教授的这一篇文章里，我无意中找到了同我的看法几乎完全相同的论述，窃以为慰。我先把有关的地方抄在下面：

> 20世纪后半期，西方结构主义与解构思维都以语言为突破口，对人类文化的各方面进行阐释，最后落实到两类思维模式，结构主义带着浓厚的崇尚科学的客观性的倾向，企图将文字、语言及文化的各个方面纳入脱离人性及主观想像力的活动而独立存在的结构符号系统的世界。解构思维则对这种崇尚逻辑分析并以此为中心的智性活动的垄断进行反抗。

再往下，郑敏先生又从人类智能的倾向方面把智能分为两大类：

> 分析的、重实的和综合的重穿透和超越的。雪莱认为科技属于前者，而诗的想像为后者。

这同上面讲到的人类的两种思维模式完全相当。根据郑先生的论述，这两种模式表现在很多方面，我先归纳一下，列出一个简明扼要的表，然后再逐项稍加解释：

> 分析知性（理性）分析力结构主义
> 综合悟性想像力解构思维

为了真实和准确起见，我在解释时少用自己的话，而多用郑文原文。

先谈分析和综合。“从18世纪以来，由于科技的突飞猛进，人们更重视分析的逻辑思维，而忽视想像力的海阔天空的创造性。”（郑文，页48b）“但现在这类分析活动，正试用压倒创造发明的功能（指想像力——作者注）的直接表述。”（页49b）“综合”，上面引文中已有，不再重复。

谈知性和悟性。“忘记了想像力、悟性是保护人类崇高精神和创造能力的一种天性。”（页 49a）“但他坚信这一切必须置于诗的功能和想像力的悟性（非狭隘的理性）之下。”（页 48b 有“智性活动”这个词儿）“理性的运用强调分析、知性和实证，而忽略悟性，虽然悟性是凌驾于事实之上的一种超越的穿透性。”（页 48b）

谈分析力和想像力。上面的引文已经涉及这方面了。现在再引上几句话：

> 想像力的集中表现为诗和哲学，分析力的集中表现为科技（与科学理论有别）；想像力的发展走向是超越物质世界，走向无拘束、无边无限的精神世界，而分析活动的发展产生了人对征服自然的强烈欲望。（页 49a～b）

我在别的地方讲过，“征服自然”是西方文化有别于东方文化的重要特点。郑文还提到，雪莱的《诗辨》主张以诗的功能和想像力来与分析性的功利主义和实用主义抗衡。（页 49a）

结构主义和解构思维，上面已引过。我现在再补充上一条：

> 解构思维反对定型的僵化的系统和抽象，因此吸收了东方哲学的“道”、“无常道”、“无名天地始”、“常无观其妙”（羡林案：原文如此）、“玄者无形”等强调“无”的思维。（页 48b）

这样解构思维就同东方文化挂上了钩。

郑敏教授的论文就介绍到这里。

雪莱的《诗辨》和郑先生的文章，都是好文章。但是，是否我就完全同意不敢赞一词了呢？也不是的。我现在就根据自己的理解做一点补充，并且谈一谈自己的看法。

雪莱所谓的“诗”，不可能指世界上所有的诗。在过去的几千年中，各国人民创造了不少的种类繁多、内容和形式各异的诗，诗的功能也各种各样，有的诗显然并不具备雪莱所说的那一种“诗的功能”。我猜想，雪莱心目中的诗就是“浪漫主义”的诗。

其次，郑文中谈到了综合思维和分析思维，但是没有指出，这二者是否在地球上有所区别。我在上面已经指出，世界上没有绝对纯的东西，东西方都是既有综合思维，也有分析思维。但是，从宏观上来看，从总体上来看，这两种思维模式还是有地域区别的：东方以综合思维模式为主导，西方则是分析思维模式。这个区别表现在各个方面。东方哲学思维的特点的“天人合一”思想，就是以综合思维为基础的。

最后，我还想对诗人诅咒金钱谈上几句话。我觉得，金钱本身是没有什么善与恶的。善与恶决定于：金钱是怎样获得的，金钱又是怎样使用的。来的道路光明正大，使用的方式又合情合理，能造福人类，这就是善；否则就是恶。这个常识，很多人都会有的。

1993 年

走向天人合一

人类自从成为人类以来，最重要的是要处理好三个关系：（一）人与自然的关系；（二）人与人的关系，也就是社会关系；（三）个人内心思想、感情的平衡与不平衡的关系。其中尤以第一个关系为最重要，而且就目前现状看来，是迫在眉睫的问题。

人之所赖以生存的衣食住行等无不是取自大自然，关键问题是取之之方。在这里，东西双方至少在思想上是不相同的。西方采取的是强硬的手段，要“征服自然”，而东方则主张采用和平的友好的手段，也就是“天人合一”。要先与自然做朋友，然后再伸手向自然索取人类生存所需要的一切。宋代大哲学家张载说：“民，吾同胞，物，吾与也。”最鲜明地表达了这种思想。

东西方手段之所以不同，我个人认为，其基础是思维模式的差异。西方主分析，以中国文化为代表的东方主综合。西方自古希腊以来，以分析的方法对待自然。到了近代产业革命，达到了登峰造极的地步，其结果是人所共睹的。他们取得了辉煌的成就，上天入地，腾空泛海，生光电化，无所不及，一直发展到核能开发、宇宙卫星等等，全世界人民无不蒙受其利。这一点是无法否认的，这是他们“征服自然”的结果。然而自然虽无人格或神格，如孔子说：“天何言哉！四时行焉，百物生焉，天何言哉！”然而它却是能报复的，能惩罚的。西方滥用科技产生的弊端至今已日益显著，比如大气污染、环境污染、生态平衡破坏、臭氧层破坏、新疾病丛生、自然资源匮乏、人口爆炸，如此等等，不一而足。这些弊端，如果其中的任何一个得不到控制，则人类

1988 年 5 月，季羡林在长城。

前途实处危境。

这些弊端已经引起了全世界有识之士的深切关注。怎么办呢？我的看法是：人类必须悬崖勒马，正视弊端，痛改“征服自然”的思想，采用东方的“天人合一”的思想。这样一来，庶几乎可以改变这种危险局面。我把我这种想法称为“东西文化互补论”。

现在我们不但正处在一个世纪末，而且是一个千纪末。世纪末与千纪末和年不同，年是自然现象，而世纪千纪则是人为现象。如果没有耶稣，哪来什么世纪千纪？但是人一旦承认了这种人为的东西，它似乎就能起作用。19 世纪的世纪末以及眼前的世纪末，整个世界在政治和意识形态领域内，都出现了一些不寻常的现象，理不应如此，事却竟然如此，个中原因值得参悟。

我们人类是有理智有感情的，借这个世纪末的契机，回顾一下，前瞻一下，让脑筋清醒一下，是有好处的。何况我们回顾与前瞻的问题是关系到人类前途的问题，切不可掉以轻心，等闲视之。这样做不但是一般人的任务，有远见卓识的政治家们更应如此。

1997 年 3 月 22 日

《为无告的大自然请命》序

人类生活，在衣、食、住、行四个方面，所需要的最基本的资料，无一不取给于大自然，无一不需要向大自然伸手索取。这是一个极其简单明了的道理，皎如天日，应该是人人都能理解的。然而，事实却是，绝大多数的人懵懵懂懂，木然，茫然。

向大自然索取的方式，约略言之，可以有两种：一种是采用强制的手段，视大自然为敌人，要“征服自然”。这可以近代西方国家为代表。一种是用理解的方式，与大自然为友，然后再采用温和的手段，向大自然索取所需要的一切。这可以以中国思想为核心的东方思想为代表。中国自古以来就有“天人合一”的思想，不限于儒家一家，道家及其他一些家都有。什么叫“天”，各家解释不一。什么叫“合一”，各家解释也有分歧。我对此有一个“新解”。我认为“天”就是大自然，宋张载著名的话：“民，吾同胞；物，吾与（伙伴）也”，是众所周知的。

孔子说：“天何言哉！”大自然是不会讲话的，或者说是不讲话的。然而它却能报复，能惩罚。西方的征服自然，诛求无餍，就受到了大自然的报复和惩罚。例子很多，仅举污染大气、污染环境、破坏生态平衡、灭绝物种、破坏臭氧层、乱砍森林，等等，等等。中国虽然有上面提到的那种先进的思想，然而在行动上却未能实践。特别在几十年前歪风狂吹的时代，毁林造田等等一系列荒唐的举动，及今思之，简直令人感到愤慨，感到羞耻。

当前中国的以及世界的情况怎样呢？总起来看，有所改善，有所觉悟，现代世界各国的政府几乎都大力开展环保事业，就是一个证明。但是，根据我的看法，人们对人类所面临的危机的认识和觉悟还是很不够的。南美亚马孙河流域的大原始森林照砍不误，类似的现象还可以举出不少来。本书标题中有“无告的”几个字，这是警策鲜明生动的语言，我很赞成使用。然而，大自然的容忍是有限的，一旦容忍到了极限，大自然勃然哀怒，对人类进行报复，到了那时候，人类就要吃不了兜着走，要叹息悔之晚矣了。

从诚本来是一个历史学家，如果沿着这条路走下去的话，什么风险也不会冒，就能有所成就的。然而，他不甘心坐在象牙之塔里养尊处优；他毅然抛开那一条“无灾无难到公卿”的道路，由一个历史学家一变而为“自然之友”。这是他忧国忧民忧天下思想的表现，是顺乎人心应乎潮流之举。我对他只能表示钦佩与尊敬。宁愿丢一个历史学家，也要多一个“自然之友”。王国维在《人间词话》中说到李后主有点像如来佛那样“我不入地狱，谁入地狱?”的气概。我看，把这句话移赠从诚，是更恰当的。我相信，“自然之友”的事业一定会越来越发展，它带给中国人民和世界人民的幸福是无法估量的。一个人在仅有的一生中应当有为有不为。从诚勉乎哉!

1999年8月3日

《道统论》序

我平生为不中不西而又亦中亦西之学，偏考据而轻义理，此盖天性使然，不敢强求也。迨至耄耋之年，忽发少年之狂，对义理问题，妄有所论列；但局促门外，有若野狐，心情介于信疑之间，执着则逾意料之限。数年前曾写一长文《“天人合一”新解》，意在唤起有志之士正确处理人与大自然之关系。盖谓西方科技文明，彪炳辉煌，为时已久。造福人类，至深且巨。然时至今日，际此上世纪之末，新世纪之初，其弊害渐趋明显，举其荦荦大者，如环境污染，臭氧出洞，人口爆炸，疾病丛生，淡水匮乏，生态失衡，如此等等，不一而足。此皆大自然对人类征服之报复，而芸芸众生，尚懵懵懂懂，使人不禁有“直把杭州作汴州”之慨叹。此诸弊害，若其中任何一方阻止无方，则人类生存前途必处于极大危害之中，事实如此，非敢危言耸听也。

1998 年 3 月 4 日

教育公平

为北京民办圆明园学院题词

十年树木，百年树人，教育为立国之本，古有明训。纵观中国教育史，办教育总是两条腿走路。时至今日，民办教育的重要意义决不应再忽视。

[编者附记]

1994年，北京民办圆明园学院招收了第一批学生，担任该院名誉院长的季羡林为学院题词。

与圆明园学院学生的谈话

对于青年人来说，学习的目的不是为了个人，是为了建设我们的祖国。首先要把爱国主义摆在前面。一个人不爱国的话，就什么都谈不上。因此我希望受资助的学子们要明确自己的学习目的，要学好知识，做一个爱国、爱家乡的人。学成之后，为祖国、为家乡的建设贡献自己应尽的力量。

[编者附记]

1995 年，圆明园学院从革命老区招收了一批学生。季羡林惦记着这些孩子。冬天，他顶风冒雪来到学院为他们讲课。当时他感冒初愈，不顾医生劝阻，穿着厚厚的大衣来到学院。讲课之后，季羡林与同学们在校园里合影留念，并说了许多语重心长的话。

与采访圆明园学院的央视记者的谈话

我们圆明园学院坚持资助老区学生、始终关心革命老区教育事业的发展，为老区培养师资、培育人才，这是顺乎潮流，迎合时代的。学院之所以举办资助老区贫困学生的活动，主要道理在于从智力上帮助老区脱贫致富。老区过去在革命时期做出了极大的贡献，但由于历史上的种种原因，他们一直没有脱贫。贫困山区相对我们中国十二亿人口来说，教育水平应该得到普遍的提高，提高一部分不行，一部分地区不行，一部分人也不行。要普遍提高的话，必须从年轻一代着手，就必须从老少边区特别是老区的青少年着手。当年他们的父母，或者祖父祖母为我们革命做过贡献，像人家那样的孩子就应该首先得到受教育的机会，通过教育提高他们的素质，进而加快老区科技致富、知识脱贫的步伐。这也正是我们圆明园学院资助老区学生的主要意义所在。

1995 年

尊师重道

尊师重道

季羡林在指导博士研究生——我国著名梵文学家、北大东方学研究院院长王邦维。

《礼记·学记》说："凡学之道，严师为难。师严，然后道尊；道尊，然后民知敬学。"郑玄注："严，尊敬也。尊师重道焉。"从那以后，"尊师重道"这句话，就广泛流行于神州大地。这也确实反映了中华民族优秀文化的一个方面，不只是停留在字面上。

先师陈寅恪先生在《王观堂先生挽词·序》中说："吾中国文化之定义，具于《白虎通》三纲六纪之说，其意义为抽象理想最高之境，犹希腊柏拉图所谓 Eidos 者。""六纪"中之一纪即为师长。可见尊师也属于抽象理想最高之境，是中华民族优秀文化传统的一个组成部分，绝不可等闲视之。

我并不是说，西方国家不尊重师长。然而同中国比较起来，犹如小巫见大巫，迴手不侔矣。因此，谁要是想找一个尊师重道的大国，他必须到中国来。

尊师重道的传统，在中国流传了几千年。到了十年空前浩劫期间，遭到了毁灭性的破坏。拨乱反正以后，虽有所恢复，然而已非昔比了。好学深思之士，关心我国文化教育发展的前途，愁然忧之。

现在，童宗盛先生编选了这一部《最可敬的人——中国大学校长忆恩师》。这虽然只能说是尊师重道的一个方面，然而其意义是绝不能低估的。如果我说，童宗盛先生是颇有一点“挽狂澜于既倒”的劲头的，这恐怕绝非过誉吧。我相信，全国有识之士，承认尊师重道的必要性的人，关心中华文化教育发展的人，志在弘扬中华优秀文化的人，会欢迎这一部书的。因此，我怀着愉快而又渴望的心情，写了这一篇短序。

1993年6月30日

[编者附记]

本文是作者为《最可敬的人——中国大学校长忆恩师》一书写的序言。

对“尊师重道”的评论

尊师重道是中国文化的一个重要组成部分，在当今社会，对弘扬中国文化的意义很重要。

2001 年 4 月 15 日

[编者附记]

2001 年 4 月 15 日，季羡林就以他为主人公拍摄的公益宣传片对记者说了这句话。这部公益宣传片提倡和宣传中国人“尊师重道，薪火相传”的传统美德，曾在中央电视台和山东电视台等数次播出。

两行写在泥土地上的字

夜里有雷阵雨，转瞬即停。“薄云疏雨不成泥”，门外荷塘岸边，绿草坪畔，没有积水，也没有成泥，土地只是湿漉漉的。一切同平常一样，没有什么特异之处。

我早晨出门，想到外面呼吸点新鲜空气，这也同平常一样，并没有什么特异之处。然而，我的眼睛一亮，蓦地瞥见塘边泥土地上有一行用树枝写成的字：

季老好　98级日语

回头，在临窗玉兰花前的泥土地上也有一行字：

来访　98级日语

我一时懵然，莫名其妙。还不到一瞬间，我恍然大悟：98级是今年的新生。今天上午，全校召开迎新大会；下午，东方学系召开迎新大会。在两大盛会之前，这一群（我不知道准确数目）从未谋面的十七八九岁男女大孩子们，先到我家来，带给我无法用言语形容这一番深情厚谊。但他们恐怕是怕打扰我，便想出了这一个惊人的匪夷所思的办法，用树枝把他们的深情写在了泥土地上。他们估计我会看到的，便悄然离开了我的家门。

我果然看到他们留下的字了。我现在已经望九之年，我走过的桥比这一帮大孩子走过的路还要长，我吃过的盐比他们吃过的面还要多，自谓已经达到了“悲欢离合总无情”的境界。然而，今天，我一看到

季羡林和学生们在一起

这两行写在泥土地上的字，我却真正动了感情，眼泪一下子涌出了眼眶，双双落到了泥土地上。

我是一个平凡的人。生平靠自己那一点勤奋，做出了一点微不足道成绩。对此我并没有多大信心。独独对于青年，我却有自己一套看法。我认为，我们中年人或老年人，不应当一过了青年阶段，就忘记了自己当年穿开裆裤的样子，好像自己一下生就老成持重，对青年总是横挑鼻子竖挑眼。我们应当努力理解青年，同情青年，帮助青年，爱护青年；不能要求他们总是四平八稳，总是温良恭俭让。我相信，中国青年都是爱国的，爱真理的。即使有什么“逾矩”的地方，也只能耐心加以劝说，惩罚是万不得已而为之的。一个国家，一个民族，如果对自己的青年失掉了信心，那它就失掉了希望，失掉了前途。我常常这样想，也努力这样做。在风和日丽时是这样，在阴霾蔽天时也是这样。这要不要冒一点风险呢？要的。但我人微言轻，人小力薄，除了手中的一支圆珠笔以外，就只有嘴里那三寸不烂之舌，除了这样做以外，也没有别的办法。

大概就由于这些情况，再加上我的一些所谓文章，时常出现在报刊杂志上，有的甚至被选入中学教科书，于是普天下青年男女颇有知道我的姓名的。青年们容易轻信，他们认为报刊杂志上所说的都是真实的，就轻易对我产生了一种好感，一种情意。我现在几乎每天都能收到全国各地，甚至穷乡僻壤、边远地区青年们的来信，大中小学生都有。他们大概认为我无所不能，无所不通，而又颇为值得信赖，向我提出各种各样的问题，有的简直石破天惊；有的向我倾诉衷情。我想，有的事情他们对自己的父母也未必肯讲的，比如想轻生自杀之类，他们却肯对我讲。我读到这些书信，感动不已。我已经到了风烛残年，对人生看得透而又透，只等造化小儿给我的生命画上句号。然而这些素昧平生的男女大孩子的信，却给我重新注入了生命的活力。苏东坡的词说："谁道人生无再少？门前流水尚能西。休将白发唱黄鸡。"我确实有"再少"之感了，这一切我都要感谢这些男女大孩子们。

东方学系 98 级日语专业的新生，一定就属于我在这里所说的男女大孩子们。他（她）们在五湖四海的什么中学里，读过我写的什么文章，听到过关于我的一些传闻，脑海里留下了我的影子。所以，一进燕园，赶在开学之前，就迫不及待地把自己那一份情意，用他们自己发明出来的也许从来还没有被别人使用过的方式，送到了我的家门来，惊出了我的两行老泪。我连他们的身影都没有看到，我看到的只是清塘里面的荷叶。此时虽已是初秋，却依然绿叶擎天，水影映日，满塘一片浓绿。回头看到窗前那一棵玉兰，也是翠叶满枝，一片浓绿。绿是生命的颜色，绿是青春的颜色，绿是希望的颜色，绿是活力的颜色。这一群男女大孩子正处在平常人们所说的绿色年华中，荷叶和玉兰所象征的正是他们。我想，他们一定已经看到了绿色的荷叶和绿色的玉兰。他们的影子一定已经倒映在荷塘的清水中。虽然是转瞬即逝，连他们自己也未必注意到。可他们与这一片浓绿真可以说是相得益彰，溢满了活力，充满了希望，将来左右这个世界的，决定人类前途的正是这一群年轻的男女大孩子们。他们真正让我"再少"，他们在这方面的力量决不亚于我在上面提到的那些全国各地青年的来信，我虔心默祷——虽然我并不相信——造物主能从我眼前的八十七岁中抹掉七十年，把我变成一个十七岁的少年，使我同他们一起学习，一起娱乐，共同分享普天下的凉热。

1998 年 9 月 25 日

教授价值

与助手蔡德贵的谈话

德国学术非常严谨，德国的大学，一个系一般是一个教授，英国也是这样。这个教授退休，另外一个才有机会晋升。而美国则不限。博士生的毕业论文，在德国通过特别严格，一般是先在研究所报告，教授提意见，然后送到欧洲的其他大学审读，再送到美国的大学审读，经过这几道关口，论文的质量可以得到保证，这些经验值得我们借鉴。

2006 年 8 月 19 日

论博士

中国的博士和西方的博士不一样。

在一些中国人心目中，博士是学术生活的终结，而在西方国家，博士则只是学术研究的开端。

博士这个词儿，中国古代就有。唐代的韩愈就曾当过“国子博士”。这同今天的博士显然是不同的。今天的博士制度是继学士、硕士之后而建立起来的，是地地道道的舶来品。在这里，有人会提意见了：既然源于西方，为什么又同西方不一样呢？

这意见提得有理。但是，中国古代晏子说：“橘生淮南，则为橘；生淮北，则为枳。”土壤和气候条件一变，则其种亦必随之而变。在中国，除了土壤和气候条件以外，还有思想条件。西洋的博士到了中国，就是由于这个思想条件而变了味的。

在世界各国的历史中，中国封建阶段的历史最长。在长达两千多年的封建社会中，中国的知识分子上进之途只有一条，就是科举制度。这真是千军万马，独木小桥。从考秀才起，有的人历尽八十一难，还未必能从秀才而举人，从举人而进士，从进士而殿试点状元等等，最有幸运的人才能进入翰林院，往往已达垂暮之年，老夫耄矣。一生志愿满足矣，一个士子的一生可以画句号矣。

自从清末废科举以后，秀才、举人、进士之名已佚，而思想中的形象犹在。一推行西洋的教育制度，出现了小学、中学、大学、研究院等等级别，于是就有人来做新旧对比：中学毕业等于秀才；大学毕业等于举人；研究生毕业等于进士；到了翰林等于院士。这两项都隐含着“博士”这一顶桂冠的影子。顺理成章，天衣无缝，新旧相当，如影随形。于是对比者心安理得，胸无凝滞了。如果让我打一个比方的话，我只能拿今天的素斋一定要烹调成鸡鱼鸭肉的形状来相比。隐含在背后的心理状态，实在是耐人寻味的。

君不见在今天的大学中，博士热已经颇为普遍，有的副教授，甚至有的教授，都急起直追，申报在职博士生。是否有向原来是自己的学生而今顿成博导的教授名下申请做博士生的例子，我不敢乱说。反正向比自己晚一辈的顿成博导的教授申请的则是有的，甚至还听说有位教授申请做博士生后自己却被批准为博导。万没有自己做自己的博士生的道理，不知这位教授如何处理这个问题。从前读前代笔记，说清代有一个人，自己的儿子已经成为大学士，当上了会试主考官。他因此不能再参加进士会试，大骂自己的儿子：“这畜生让我戴假乌纱帽！”难道这位教授也会大发牢骚：“批准我为博导让我戴假乌纱帽吗？”

中国眼前这种情况实为老外所难解。即如“老内”如不佞者，最初也迷惑不解。现在，我一旦顿悟：在中国当前社会中，封建思想意识仍极浓厚。在许多人的下意识里，西方传进来的博士的背后隐约闪动着进士和翰林的影子。

1998 年 9 月 19 日

论教授

论了博士论教授。

教授，同博士一样，在中国是“古已有之”的，而今天大学里的教授，都是地地道道的舶来品，恐怕还是从日本转口输入的。

在中国古代，教授似乎只不过是一个芝麻绿豆大的小官。然而，成了舶来品以后，至少是在抗日战争之前，教授却是一个显赫的头衔。虽然没有法子给他定个几品官，然而一些教授却成了大丈夫，能屈能伸。进可以攻，退可以守，身子在北京，眼里看的，心里想的却在南京。有朝一日风雷动，南京一招手，便骑鹤下金陵，当个什么行政院新闻局长，或是什么部的司长之类的官，在清代恐怕抵得上一个三四品官，是“高干”了。一旦失意，仍然回到北京某个大学，教授的宝座还在等他哩。连那些没有这样神通的教授，也是工资待遇优厚，社会地位清高。存在决定意识，于是教授就有了架子，产生了一个专门名词：“教授架子”。

日军侵华，衣冠南渡。大批的教授会集在昆明、重庆。此时，神州板荡，生活维艰。教授们连自己的肚子都填不饱，想尽种种办法，为稻粱谋。社会上没有人瞧得起。连抬滑竿的苦力都敢向教授怒吼：“愿你下一辈子仍当教授！”斯文扫地，至此已极。原来的“架子”现在已经没有地方去“摆”了。

建国以后，50 年代，工资相对优厚，似乎又有了点摆架子的基础。但是又有人说：“知识分子翘尾巴，给他泼一盆凉水！”教授们从此一蹶不振，每况愈下。到了“十年浩劫”中，变成了“资产阶级反动学术权威”，不齿于士林。最后沦为“老九”，地位在“引车卖浆者流”之下了。

二十年前，十一届三中全会之后，拨乱反正，天日重明，教授们的工资待遇没有提高，而社会地位则有了改善，教授这一个行当又有点香了起来。从世界的教授制度来看，中国接近美国，数目没有严格限制，非若西欧国家，每个系基本上只有一两个教授。这两个制度孰优孰劣，暂且不谈。在中国，数目一不限制，便逐渐泛滥起来，逐渐膨胀起来，有如通货膨胀，教授膨胀导致贬值。前几年，某一省人民群众在街头巷尾说着一句顺口溜：“教授满街走，××多如狗。”教授贬值的情况可见一斑。

现在，在大学中，一登“学途”，则有“不到教授非好汉”之概，于是一马当先，所向无前，目标就是教授。但是，从表面上看上去，达到目标就要过五关，其困难难于上青天。可是事实上却正相反，一转瞬间，教授可坐一礼堂矣。其中奥妙，我至今未能参悟。然而，跟着来的当然是教授贬值。这是事物的规律，是无法抗御的。

于是为了提高积极性，有关方面又提出了博士生导师（简称博导）的办法。无奈转瞬之间，博导又盈室盈堂，走上了贬值的道路。令人更担忧的是，连最高学术称号院士这个合唱队里也出现了不协调的音符。如果连院士都贬了值，我们将何去何从？

1998年10月2日

出国留学

颂中华民族故土园

中华民族，立国于东亚大地，垂五千年。文化昌明，光华复旦；对全人类之文化，贡献至大。在先秦时期，周室陵夷，群雄割据，实有类于今日之欧洲。但自秦皇统一，直至中华人民共和国之建立，两千余年间，征诸史实，实合多而分少，至今仍为统一之大国。近日香港复归，澳门回归有日，全国真正之统一，亦指日可待。其故焉在？不出两端，一曰爱国之心切，二曰凝聚之力强。前者实为后者之基础，而后者则为前者之表现，斯二者又均源于中华文化积淀之既厚且深。三者实一而三三而一者也。

值此中华民族故土园创建之际，恭撰颂词曰：

山高水长，中华之风。
功被寰宇，勋此彪炳。
镌芳名于石壁，表国土之共拥。
扬炎黄之国威，振华夏之无声。
承先民之余绪，开万世之太平。
树兹石于吉地，共三光而永明。

1997年7月1日

漫谈出国

当前，在青年中，特别是大学生中，一片出国热颇为流行。已经考过托福或GRE的人比比皆是，准备考试者人数更多。在他们心目中，外国，特别是太平洋对岸的那个大国，简直像佛经中描绘的宝渚一样，到处是黄金珠宝，有四时不谢之花，八节长春之草，宛如人间仙境，地上乐园。

遥想六七十年前，当我们这一辈人还在念大学的时候，也流行着一股强烈的出国热。那时出国的道路还不像现在这样宽阔，可能性很小，竞争性极强，这反而更增强了出国热的热度。古人说："凡所难

七十年前，季羡林（左二）和中国留学生在德国。

求皆绝好，及能如愿便平常。”“难求”是事实，“如愿”则渺茫。如果我们能有“前知五百年，后知五百年”的神通，我们当时真会十分羡慕今天的青年了。

但是，倘若谈到出国的动机，则当时和现在有如天渊之别。我们出国的动机，说得冠冕堂皇一点就是想科学救国，说得坦白直率一点则是出国“镀金”，回国后抢得一只好饭碗而已。我们绝没有幻想使居留证变成绿色，久留不归，异化为外国人。我这话毫无贬义。一个人的国籍并不是不能改变的。说句不好听的话，国籍等于公园的门票，人们在里面玩够了，可以随时走出来的。

但是，请读者注意，我这样说，只有在世界各国的贫富方面都完全等同的情况下，才能体现其真实意义，直白地说就是，人们不是为了寻求更多的福利才改变国籍的。

可是眼前的情况怎样呢？眼前是全世界国家贫富悬殊有如天壤，一个穷国的人民追求到一个富国去落户，难免有追求福利之嫌。到了那里确实比在家里多享些福；但是也难免被人看做第几流公民，嗟来之食的味道有时会极丑恶的。

但是，我不但不反对出国，而是极端赞成。出国看一看，能扩大人们的视野，有利于自己的学习和工作。可是我坚决反对像俗话所说的那样：“牛肉包子打狗，一去不回。”我一向主张，作为一个人，必须有点骨气。作为一个穷国的人，骨气就表现在要把自己的国家弄好，别人能富，我们为什么就不能呢？如果连点硬骨头都没有，这样的人生岂不大可哀哉！

专就中国而论，我并不悲观。中国人民的爱国主义是根深蒂固的，这都是几千年来的历史环境造成的，不是天上掉下来的。现在中国人出国的极多，即使有的已经取得外国国籍，我相信，他们仍然有一颗中国心。

1998年11月12日

我对出国留学的看法

读了上面我写的那一些话，也许有人会怀疑我是反对出国留学的。

不，不，绝对不是这样。我不但不反对中国青年学生出国留学，而且真诚地积极地希望和帮助他们这样做。不但年轻学生，连并不年轻的教员，不管是哪一门学科的，我都希望他们能够出国看一看，学一学，时间可长可短，走的国家可多可少，访问和学习的方式可以多种多样。多少年来，世界各国的人士都承认，现在的世界越变越小了。不但“鸡犬之声相闻，老死不相往来”的时代早已被我们远远地抛在后面，连法显、玄奘、义净时代到天竺去取经要经过艰难跋涉，千辛万苦的情况，也早已成为历史陈迹。当今之世，出国千里万里，朝发夕至，人类连当年被认为是“天上宫阙”的月球都能够登上。要想再当井底之蛙，是决无可能的。何况我们这一些在大学或其他科研机构学习和工作的人，更需要放眼世界，否则学习和工作都决无前途。因此我才有上面说到的那些想法和希望。

但是，我希望我们中国的老、中、青年的学者们，甚至包括一些学生在内都能够到国外去看一看，学一学，其目的同当前的人数不能算是太少的青年们努力通过托福和 GRE 考试的目的是绝对不相同的，是针锋相对的。我希望，他们看一看，学一学之后还要回到我们的祖国来，用看到的和学到的本领来建设我们的国家。而那些兀兀穷年，废寝忘食努力学习外语，通过必要的测试终于到了外国的青年人，他们的最终目的是能拿到绿卡，放弃中国国籍。正如中国俗话所说的那样：牛肉包子打狗，一去不回。

我是坚决反对和蔑视这种行为的。

但我自己并不是一个极端狭隘的民族主义者。在今天的世界上，放弃一个国籍，取得一个新国籍，这完全是个人的行动，并不是犯法的行为。可是我觉得对这个问题必须作具体的分析，不能眉毛胡子一把抓。所谓“具体的分析”者，就是要看为什么，在什么时候，加入什么国家，放弃什么国家。这话太玄虚，还是直白地说为好。我不讲别的国家，只讲中国与美国。中国是一个穷国，而美国是一个富国，就眼前来说，这是最大的区别。嫌贫爱富，虽然说是人之常情，但是却一向为中国伦理道德所鄙视。西方国家的伦理道德可能是完全不一样的，他们可能认为这是正常和正当的行为，别人无权说三道四。

但是，在中国则不然。前几年，我曾写过一篇文章《一个老知识分子的心声》。其中我谈到，几千年来，中国的知识分子养成了两个突出的特点。一个是爱国主义，一个是讲骨气，二者有联系，又有区别。存在决定意识，这两个特点也是中国历史存在所决定的。中国从先秦起。每一个朝代都有“边患”，也就是外敌的侵略和骚扰。这些外敌今天可能已融入中华民族大家庭中；但在当年却确是敌人，屠杀我人民，强占我土地。这种长达几千年的外敌压境的情况，就决定了中华传统的爱国主义。像岳飞、文天祥、林则徐等等家喻户晓的爱国人物，没有外敌的国家是不会产生的。

至于讲骨气，则与此有联系，又有区别。在外寇的斧钺面前，决不贪生怕死，这也是爱国主义的一种表现。在别的地方，中国人也讲骨气。宁愿饿死也不吃嗟来之食，几千年来在中国传为美谈。三国时候，祢衡击鼓骂曹；民国时候，章太炎赤足持扇胸佩大勋章站在新华门前痛骂袁世凯；解放前夕，朱自清忍饥不吃美援面粉，如此等等，都传为佳话，表现了中国人民的硬骨头。

眼前，我们国家社会正处在转型时期，由于众多的原因造成了我们仍然是一个穷国，人们，当然包括知识分子在内，工资极低，同国外比较起来，简直让人感到寒碜和脸红。我认为，这只能是一个暂时的过渡现象，将来一定会改变的。我们眼前的日子确实过得非常紧，可并没有看到哪一个知识分子真正挨饿的。而且按照中国古老的传统，越是在困难中越应该显出我们的骨气。“岁寒然后知松柏之后凋也”，这句话道出了中国知识分子的心声。

然而，可悲的是，这一个在世界民族之林中也能称得上独特的值得称扬的优良传统，今天已被许多中国青年人忘掉了，忘得无影无踪了。为了生活得好一点，多捞一些美元，竟忍气吞声心甘情愿地住在一个中国人被视为不知是几等（反正连二等也够不上）公民的国家里，天天吃着嗟来之食，我真想问一声：美国的黄油面包你咽得下去吗？自己国家的事办不好，有骨气的人都应当咬一咬牙，排除万难，把自己的事办好。焉得厚着脸皮赖在人家的国家里不走！

请大家千万不要误会，我并不是笼统地反对加入外国国籍。有的中国人，虽然入了美国籍，但身在异域，心悬中华，想方设法，帮助祖国办好教育，搞好科研，希望祖国真正富强起来。这样的人，在别的国家是极少见的。有的西方国家的人，一旦异化为美国人，就弃自己原来的祖国若敝屣，这同他们缺少真正的爱国主义这一件事实是密切相连的。

但是，话又说了回来，我对那些极少数身处异域，心悬中华的人，虽然有点尊敬，但是，我的尊敬是有限度的。在我的心理天平上，这种人同学成回国宁愿一箪饲一瓢饮的人，分量是有相当大的悬殊的。

1997 年

《神州学人丛书》序

我是一个老留学生，在国外学习和工作了十年有余，后来我又到过全世界许多国家，对于留学生的情况，我应该说是了解的。但是，俗话说：“老年的皇历看不得了。”我回国至今已有半个世纪，可谓“老矣”，我这一本皇历早已经看不得了。可为什么我现在竟斗胆来写这样一篇序呢?

原因当然是有的。虽然相距半个世纪，在这期间，沧海桑田，世界发生了天翻地覆的变化，留学生自不能例外。但是，既同称留学生，必然仍有其共同之处。我的一些看来似已过时的看法和经验，未必对今天的留学生没有用处。这有点像翻看旧书，偶尔会发现不知多少年前压在书中的一片红叶，岁月虽已流逝，叶片却仍红艳如新，它会勾引起我和别人一些对往事栩栩如在目前的回忆。

我现在就把这些回忆从心中移到纸上来。

中国之有“留学热”，不自今日始。30年代初起一直到后来很长的时间内，此“热”未消，而且逐年增温。当年的大学生，一谈到留学，喜者有之，悲者亦有之。虽同样炽热，而心态却又天地悬殊。父母有权、有势、有钱，出国门易如反掌，自然是心旷神怡，睥睨一切。无此条件者，惟有考取官费一途，而官费则名额只有几名，僧多粥少，向隅而叹者，比比皆是，他们哪能不悲呢?我曾亲眼看到，有的人望“洋”兴叹，羡慕得浑身发抖，遍体生热。

留学的动机何在呢?高者胸怀“科学救国”的大志，当时“科学”只能到外国去学。低者则一心只想“镀金”。在当时大学毕业生找“饭碗”十分困难的情况下，想出国镀一下金，用现在的话说，就是“包装”。以便回国后在抢饭碗的搏斗中靠自己身上的金色来震撼有权势、有用人权者的心，其用心良苦，实亦未可厚非，我们大可以不必察察为明，细细地去追究别人心中的“活思想”和“一闪念”，像“四人帮”那样，这一帮人是彻头彻尾的伪君子。

尽管在当时留学生出国的目的各不相同，但是也有共同的地方。据我的观察，这个共同性是普遍的，几乎没有任何例外的。这就是：出国是为了回国，想待在或者赖在外国不回来的想法，我们连影儿都没有，甚至连“一闪念”中也没有闪过。

写到这里，我再也无法抑制住同今天的留学生比一比的念头。根据我所看到的或者听到的情况来看，今天的留学生，其数目大大地超过了五十年前。其中决不缺少有“出国是为了回国”的仁人志士。但是大部分——大到什么程度，我没有做过统计，不敢乱说——却是“出国为了不回来”的。这种现象，自然会有其根源，而且根源还是明摆着的。无论什么根源也决不能为这个现象辩解。我虽年迈，但尚未昏聩。对于这个现象我真是大为吃惊，大为浩叹，不经意中竟成了九斤老太的信徒。

根据我多年的观察与思考，我觉得，世界上各国都有自己的知识分子。既然同为知识分子，必然有其共同点。这个共同点并不神秘，不用说人们也明白，这就是：他们都有知识，否则，没有知识，就不能成其为“知识分子”。但是，最重要的，还是他们都有不同之处。别的国家，我先不谈，只谈中国。同别的国家的知识分子比较起来，中国知识分子的特点是异常鲜明，异常突出的。也许有人会问：你不是正讲留学生吗?怎么忽然讲开了知识分子？原因十分清楚，因为留学生都是知识分子，是知识分子中一个独特的部分。所以讲留学生必须讲知识分子。

那么，中国知识分子的异常鲜明、异常突出之处究竟何在呢？归纳起来，我认为有两点：一是讲骨气，二是讲爱国。所谓“骨气”，就是我们常说的“有骨头”、“有硬骨头”等等。还有“不吃嗟来之食”

“我觉得，我们中国人民，我们中国知识分子，我们中国留学生都必须爱国。”（季羡林）

也属于这一类。至于“宁死不屈”、“宁为玉碎，不为瓦全”等等一类的话，更是俯拾即是。《孟子·滕文公上》说：“富贵不能淫，贫贱不能屈，威武不能移，此之谓大丈夫。”这说得多么具体，多么生动，掷地可作金石声。我们不但这样说，而且这样做。三国时祢衡击鼓骂曹，被曹操假黄祖之手砍掉了脑袋。近代章太炎胸佩大勋章，赤足站在新华门前，大骂住在里面的袁世凯，更是传为佳话，引起普遍的尊重。这种例子，中国历史上还多得很。其他国家，不能说一点也不提倡骨气；但决没有中国这样普遍，这样源远流长。

我觉得，我们中国人民，我们中国知识分子，我们中国留学生都必须有这样的骨气。

说到爱国，中国更为突出。在世界上众国之林中，没有哪一个国家宣传不爱国的。任何国家的人民都有权利和义务爱自己的国家。但是，我们必须对爱国主义加以分析。不能一见爱国主义，就认为是好东西。我个人认为，世界上有两种爱国主义，一真一假；一善一恶。被压迫、被侵略、被剥削国家和人民的爱国主义，是真爱国主义，是善的正义的爱国主义。而压迫人、侵略人、剥削人的国家和人民的爱国主义，是邪恶的，非正义的，假爱国主义，实际上应该称之为“害国主义”。这情况一想就能明白。德国法西斯和日本军国主义者狂喊“爱国主义”，喊得震天价响。这样的国能爱吗？值得爱吗？谁爱这样的国，谁就沦为帮凶。而我们中国，以汉族为基础的中国，虽号称天朝大国，实则每一个朝代都有“边患”，我们反而是被侵略、被屠杀者。这些少数民族，现在已融入中华民族这个大家庭中；但在历史上却确是敌人。我们不能把古代史现代化。因为中国人民始终处在被侵略、被屠杀的环境中，存在决定意识，我们就形成了连绵数千年根深蒂固的爱国主义。中国历史上有名的爱国者灿如列星，光被四表。汉朝的苏武，宋朝的岳飞、文天祥、辛弃疾、陆游等等，至今都是家喻户晓的人物，为中华民族增添了正气，为我们后代做出了榜样，永远照亮我们前进的道路。

我觉得，我们中国人民，我们中国知识分子，我们中国留学生都必须爱国。

说到这里，我不妨讲几个我们五六十年前老留学生的故事。在二战期间，我正在德国留学和工作。我们住在小城哥廷根的几个留学生，其中有原清华大学副校长、中国科学院院士张维教授等。我们常想，一个人在国内要讲人格。在国外，除了人格，还要讲国格。因为你在国外，在外国人眼中，你就是中国的代表。他们没有到过中国，你是什么样子，他们就认为中国是什么样子。你的一举一动，都不能掉以轻心。我们常讲，如果同德国学生有了冲突，他出言不逊，侮辱了我们自身，这样的情况还可以酌情原谅。如果他侮辱我们国家，我们必须跟他玩儿命。幸而，我们从来没有碰到这样的情况。我们十分感谢诚实可靠待人以礼的伟大的德国人民。

1942 年，国民党政府的使馆从柏林撤走，取而代之的是日军走狗汉奸汪精卫的使馆。这对我们来说是一个十分关键、意义异常重大的事情。我同张维等商议，决不能同汉奸使馆发生任何关系。我们毅然走到德国警察局，宣布我们无国籍。要知道，宣布无国籍是有极大的危险性的。一个无国籍的人，就等于天空中的一只飞鸟，任何人都可以捕杀它，受不到任何方面的保护。我们冒着风险这样做了。一个有良心的中国人也只能这样去做。然而我们内心中却是十分欣慰的，认为自己还不是孬种，还够算得上一个堂堂正正的中国人。我们没有失掉人格，也没有失掉国格。

我说这一番话，好像是“老王卖瓜，自卖自夸”，意在吹擂自己。

我全没有这样的想法。我比今天的留学生年龄要大上五六十岁。我不愿意专门说些好听的话，取悦于你们。如果我还有什么优点的话，那就是：我敢于讲点真话，肯讲点真话。我上面讲到的今天留学生的情况，也全是真话，没有半句谎言。

如果真是这样的话，我岂不是认为“今不如昔”了吗？岂不是认为“黄鼬降老鼠，一窝不如一窝”了吗？我决不这样相信。我上面虽然说到：我成了九斤老太的信徒。其实并没有。我的信条一向是“长江后浪推前浪，世上新人换旧人”。我始终相信“雏凤清于老凤声”。我总认为人类总会越来越好的，而决不是相反。今天留学生的情况只能是暂时的现象。目前我们国家在生活福利方面还赶不上发达的国家，还有一些不尽如人意的地方。但这也只能是暂时的现象。我们有朝一日总会好起来的。今天有些留学生不想回国，我不谴责他们，我相信他们仍然是爱国的。即使已经“旧化”了其他国家的人，他们的腔子里仍然会有一颗中国的心。那种手执刀叉，口咽大菜，怀里揣满了美元而认为心满意足，认为是实现了人生的意义与价值的人，毕竟只能是极少数。

我倚老卖老，刺刺不休，在上面讲了这一些并不是每一个人都爱听的话。俗话说：“良药苦口利于病，忠言逆耳利于行。”我相信，我的话不会没有用处的。话中如果有可取之处，则请大家取之。如果认为根本没有用，则请大家弃之如敝屣，我决不会有任何怨言。是为序。

1995年11月5日

外语教学

大学外国语教学法刍议

我们学习外国语，不是在大学里才开始的。从中学起，有的人甚至从小学起已经学起外国语来了。但是小学生和中学生智力发育尚未成熟，所以他们应该有他们独特的学法，我们在这里不谈。我们要讨论的只是大学里外国语的教学法。

我这里说的外国语是指平常所谓的第二、第三外国语，就是在大学里才开始学的。在中国读过大学的人大概都有学习第二外国语甚至第三外国语的经验。有的学一年，有的学二年、三年，甚至四年。学习的期间虽有短长，但倘若问一个学过的人，他学的成绩怎样，恐怕很少有不摇头的。

我也在大学里学过两种外国语。教务处注册股的先生们或者认为我已经学成了。因为在他们的本子里我的分数都是非常好的。而且还因了其中一种的分数特别好而得到出国的机会。但是我却真惭愧。送我出国的这一种外国语还是我到了它的本国以后才学好的。另外一种也是在那个国度里学到能看书的程度。同我同时学的朋友们情形也同我差不多。当然，这里也正像别处一样天才是缺不了的。他们念上十页八页的文法，一百个上下的单字，再学会了查词典。以后写起文章来，就知道怎样把英文的“as if”翻成德文的“als ob”，括弧里面全是洋字，希腊、拉丁、德文、法文全有。这样就很可以吓倒一个人。至于他们能不能看书呢，那就只有天知道了。

虽然有这样的天才撑场面，但人们还是要问，为什么中国大学生学外国语的成绩这样不高明？难道他们的资质真不行吗？我想无论谁只要同外国大学生在一块儿念过书都会承认，我们中国学生的天资并不比外国学生差。原因并不在这里。

但原因究竟在哪里呢？这问题我觉得也并不难回答，我们只要一回想我们自己学习外国语的经过和当时教员所用的方法就够了。普遍大概都是这样：教员选定一本为初学者写的文法，念过字母以后，就照着书本一课一课地教下去，学生也就一课一课地学。速度快的，一年以内可以把普通文法教完；慢的第二学年开始还在教初级文法。有的性急的教员等不到把文法学完就又选定一本浅明的读本一课一课地讲下去。学生在下面用不着怎样预备，只把上一次讲过的稍稍看一看，上堂时教员若问到能够抵挡一阵，不管怎样糊涂，也就行了。反正新课有教员逐字逐句讲解，学生只需在半醒半睡中用耳朵捉住几句话或几个字就很够很够了，词典是不用自己查的。于是考试及格，无论必修或选修都得了很好的分数，堂皇地写在教务处注册股的大本子里。教员学生，皆大欢喜。

就这样，学上两年甚至三年外国语，除了极少数极少数的例外以外，普通学生大概都不能看书。最初也许还能说那么十句八句的话，但过上些时候，连这些话也忘净了，于是自己也就同这外国语言绝了交。

这真是一个莫大的损失。大好光阴白白消耗掉，这已经很可惜了。但更重要的却是放掉一个学习现代学者治学最重要的工具的机会。现代无论哪一国哪一门的学者最少也要懂几种外国语，何况在我们这学术落后处处仰给别人的中国？而且这机会还是一放过手就不容易再得到，因为等到大学毕业自己做了事或开始独立研究学问的时候，就很难再有兴致和时间来念作为工具用的外国语了。

这简直有点近于一个悲剧。这悲剧的主要原因，据我看，就在教学法的不健全。自从学字母起，学生就完全依赖教员。教员教一句，学生念一句。一直到后来学到浅近的读本，还是教员逐字逐句地讲。学生从来不需要自动地去查词典，教员讲得再好，学生仍然不能知道

1999 年，季羡林在北大外语学院成立大会上发言。

直接去念外国书的困难，仿佛一个小孩子，从下生起就吃大人在嘴里嚼烂的饭，一直吃得长大起来，还不能自己嚼饭吃，以后虽然自己想嚼也觉得困难而无从嚼起了。

我们既然知道了原因所在，就不难想出一个挽救的方法，这方法据我看就在竭力减少学生的依赖性。教员应该让学生尽早利用词典去念原文，他们应该拼命查词典，翻文法，努力设法，把原文的意思弄明白。实在自己真弄不明白了，或者有的字在词典上查不到，或者有的句子构造不清楚，然后才用得着教员。在这时候，学生已经自己碰过钉子，知道困难的所在，而且满心在期待着得到一个解答，如大旱之望甘霖，教员一讲解，学生蓦地豁然贯通，虽然想让学生记不住也不可能了。这样练习久了，我不信他们会学不好外国语。这方法并不是什么新发明，在外国，最少是在我去过的那个国度里，是最平常的。我现在举一个学俄文的例子。第一点钟教员上去，用了半点钟的时间讲明白俄文在世界语言里尤其是印欧语系里的地位，接着就念字母。第二点钟仍然念字母。第三点钟讲了讲名词的性别和极基本浅近的文法知识，就分给学生每人一本果戈理的短篇讽刺小说《鼻子》，指定了一部词典，让每个人念十行。我脑筋里立刻糊涂起来，下了堂用了一早晨的力量才查了六行，有的字只查到前面的一半，有的字根本查不到，意思当然更不易明白。心里仿佛有火在燃烧着，我恨不能立刻就得到一个解答。好容易盼到第二堂上课。教员先让学生讲解，但没有一个人能够讲一个整句。结果还是他讲，大家都恍然大悟，不自觉地轻松地笑起来。他接着又讲了半点钟的文法，才下了课。就这样，在一个学期内念完了初级文法和果戈理的《鼻子》。

这教法或者有点霸道，我承认。学生在课外非有充分的时间来预备不可。但是成绩却的确比我们大学里流行的教法好。除非学生低能，在两年内一定可以看普通的书。与其让学生不痛不痒地学上两年结果是等于白学，何如让学生多费点力量而真得其实惠呢？

19 世纪德国大语言学家 Ewalp 就用这方法教学生，而且应用得还特别认真。跟他念过书的学生一谈起来没有一个不头痛的。后来他自己也听到了，就对人说：

> 学外国语就像学游泳。只是站在游泳池旁讲理论，一辈子也学不会游泳。我的方法是，只要有学生到我这里来，我立刻把他推下水去。只要他淹不死，游泳就学会了。

我希望中国的教员先生们有推学生下水的勇气，青年同学们有让教员推下水去的决心。

1946 年

学习哪一种外国语

我在上面多次谈到学习外语的重要性。但是，在世界上，民族林立，几乎都各有各的语言或方言，其数目到现在仍然处在估计阶段：究竟有多少，没有人能说得清楚。至于语言的系属和分类的方法，更是众说纷纭，一直也没有大家都承认的定论。

一个明显的问题摆在我们眼前：我们中国人要学习哪一种或几种外语呢？这个问题在中国实际上已经解决了，学校里，科研单位，社会上，都在学习英语，而这个解决方式是完全正确的。

当年马克思和恩格斯共同领导世界共运时，根据传记的记载，他们二人之间也有所分工，马克思主要搞经济问题和理论研究，恩格斯分工之一是搞军事研究。在他们的圈子里，恩格斯有一个绰号叫“将军”。至手语言，二人都能掌握很多种。希腊文和拉丁文在中学就都学过，马克思能整面整段地背诵古希腊文学作品。据说他们对印度的梵文也涉猎过。他们二人都能用德、英、法文写文章。德文以外，用英文写的文章最多，这是当时的环境使然，不足为怪。恩格斯更是一个语言天才，磕磕巴巴能说十几种外语。他们同家属一起到北欧去旅游，担任翻译的就是恩格斯。

总起来看，他们学习外语的方针是：需要和有用。

六十年前，当我在德国大学里念书的时候，德国文科高中毕业的大学生，在中学里至少要学三种外语：希腊文、拉丁文、英文或法文。拉丁文要学八年，高中毕业时能用拉丁文致词。德国大学生的外语水平，同我们中国简直不能同日而语；这对他们不管学习什么科都是有用的。欧洲文化的渊源是古希腊和罗马，他们掌握了这两种语言，给他们的人文素质打下了深厚广阔的基础。至于现代语言，比如英文、法文、荷兰和北欧诸国的语言，由于有语言亲属关系，只要有需要，他们用不着费多大的力量，顺手就能够捡起。据我的观察，他们几乎没有不通英文的。

总之，他们学习外语的方针依然是：需要和有用。

我们中国怎样呢？我们学习外语的目的和方针也不能不是需要和有用。

拿这两个标准来衡量，我们今天学习外语首当其冲的就是英语。而近百年来我们的实践过程正是自觉或不自觉地遵守了这个方针。五四运动前，英语已颇为流行。我们通过英语学习了大量的西方知识，连德、法、俄、意等国的著作，也往往是通过英语的媒介翻译成了汉文的。五四运动以后，有些地方从小学起就开始学英文。初中和高中都有英文课，自然不在话下。山东在教育方面不是最发达的省份，但是，高中毕业生都会英文。学习的课本大概都是《泰西五十轶事》《天方夜谭》《莎氏乐府本事》等等，英文文法则用《纳氏文法》。从这些书本来看，程度已经不算太浅了。可是，根据我的观察和经验，山东英文水平比不上北京、上海等地的高中毕业生。在这两个地方，还加上天津。有的高中物理学已经采用美国大学一年级的课本了。

总而言之，简短截说一句话：中国一百年以来，学习外语，选择了英文，是完全合情合理的，是顺乎世界潮流的。

大家都知道，英文是英国、美国、加拿大、澳大利亚、新西兰等国的国语。连在印度，英文也算是国语之一。印度独立后第一部宪法规定了英文作为印度使用的语言的使用期，意思是，过了那个时限，英文就不再是宪法规定的使用语言了。但是，由于印度语言和方言十分繁杂，如果不使用英文，则连国会也难以开成。英文的使用期不能不无限期地延长了。在非洲，有一些国家也不得不使用英文。我们中国人，如果能掌握了英文，则游遍世界无困难。在今天的世界上，英文实际上已经成了“世界语”了。

说到“世界语”，大家会想到 1887 年波兰人柴门霍夫创造的 Esperanto。这种“世界语”确实在世界上流行过一阵。中国人学习的也不少，并且还成立了世界语协会，用世界语创作文学作品。但是，到了今天，势头已过，很少有人再提起了。此外还有一些语言学家制造过一些类似 Esperanto 之类的人造语言，没有产生什么效果。有的专家就认为，语言是自然形成的，人造语言是不会行得通的。

“中国一百年以来，学习外语，选择了英文，是完全合情合理的，是顺乎世界潮流的。”(季羡林)

可是，据我所了解到的，有人总相信，世界上林林总总的人民，将来有朝一日，总会共同走向大同之域，人类总会有，也总需要有一种共同的语言。这种共同语言不是人造的，而是自然形成的。但形成也总需要一个基础，这个基础是哪一种语言呢？从眼前的形势来看，英文占优先地位。但是，英文能不能成为真正的“世界语”呢？我听有人说。英文单独难成为“世界语”的。英文的结构还有一些不合乎人类思维逻辑的地方。有的人就说，最理想的“世界语”是英文词汇加汉语的语法。这话初听起来有点近似开玩笑。但是，认真考虑起来，这并非完全是开玩笑。好久以来，就有一种汉文称之为“洋泾浜英语”，英文称之为 Pidgin English 的语言，是旧日通商口岸使用的语言。出于需要，非说英语不行，然而那里的中国人文化程度极低，没有时间，也没有能力去认真学习英语，只好英汉杂烩，勉强能交流思想而已。这种洋泾浜英语，好久没有听说了。不意最近读到《读书》，1998 年第三期，其中有一篇文章《外语为何难学？》一文中讲到：语言具有表达形式与表达功能两套系统。两套系统的“一分为二”还是“合二而一”，直接影响到语文本身的学习。作者举英语为例，儿童学话，但求达意，疏于形式，其错误百出，常令外人惊愕。如 I done it（I did it）（我做了它）；She no sleeping（She is not sleeping）（她没有睡）；Nobody don't like me（Nobody like me）（没有人喜欢我）。这表示功能与形式有了矛盾，等到上学时，才一一纠正。至于文盲则“终身无悔”了。当它作为外语时，这一顺序则正相反，即学者已经具备表达功能，缺少的仅仅是一套表达形式。作者这些论述给了我许多启发。三句例子中，至少有两句合乎洋泾浜英语的规律。据说洋泾浜英语中有 no can do 这样的说法，换成汉语就是“不能做”。为什么英国小孩学说话竟有与洋泾浜英语相类似之处呢？这可能表示汉语没有形式变化，而思维逻辑则接近人类天然的思维方式。英语那一套表达形式中有的属于画蛇添足之类。因此，使用英语词汇，统之以汉语语法，从而形成的一种世界语，这想法不一定全是幻想。这样语言功能与表达形式可以统一起来。这种语言是人造的，但似乎又是天然形成的，与柴门霍夫等的人造的世界语，迥异其趣。

怎样学习外国语

这是我经常碰到的一个问题，也是学外语的人容易问的一个问题。我在 1997 年给上海《新民晚报》“夜光杯”这一栏一连写了三篇《学外语》，其中也回答了怎样学习外语的问题。现在让我再写，也无非是那一些话，我索性把那三篇短文抄在这里，倒不全是为了偷懒。其中一些话难免与上面重复，我也不再去改写了，目的在保存那三篇文章的完整性。话只要说得正确：多听几遍，料无大妨。

一

现在全国正弥漫着学外语的风气，学习的主要是英语，而这个选择是完全正确的。因为英语实际上已经成了一种世界语。学会了英语，几乎可以走遍天下，碰不到语言不通的困难。水平差的，有时要辅之以一点手势。那也无伤大雅，语言的作用就在于沟通思想。在一般生活中，思想决不会太复杂的。懂一点外语，即使有点洋泾浜，也无大碍，只要“老内”和“老外”的思想能够沟通，也就行了。

学外语难不难呢？有什么捷径呢？俗话说：“天下无难事，只怕有心人。”所谓“有心人”，我理解，就是有志向去学习又肯动脑筋的人。高卧不起，等天上落下馅儿饼来的人是绝对学不好外语的，别的东西也不会学好的。

至于“捷径”问题，我想先引欧洲古代大几何学家欧几里得（也许是另一个人，年老昏聩，没有把握）对国王说：“几何学里面没有御道!”“御道”，就是皇帝走的道路。学外语也没有捷径，人人平等，都要付出劳动。市场卖的这种学习法、那种学习法，多不可信，什么方法也离不开个人的努力和勤奋。这些话都是老生常谈，但是，说一说决不会有坏处。

根据我个人经验，学外语学到百分之五六十，甚至七八十，也并不十分难。但是，我们不学则已，要学就要学到百分之九十以上，越高越好。不到这个水平你的外语是没有用的，甚至会出娄子的。我这样说，同上面讲的并不矛盾。上面讲的只是沟通简单的思想，这里讲的却是治学、译书、做重要口译工作。现在市面上出售为数不太少的译本，错误百出，译文离奇。这些都是一些急功近利，水平极低而又懒得连字典都不肯查的译者所为。说句不好听的话，这些都是假冒伪劣的产品，应该归入严打之列的。

我常有一个比喻：我们这些学习外语的人，好像是一群鲤鱼，在外语的龙门下湫游。有天资肯努力的鲤鱼，经过艰苦的努力，认真钻研，锲而不舍，一不耍花招，二不找捷径，有朝一日风雷动，一跳跳过了龙门，从此变成了一条外语的龙，他就成了外语的主人，外语就为他所用。如果不这样做的话，则在龙门下游来游去，不肯努力，不肯钻研，就是游上一百年，他仍然是一条鲤鱼。如果是一条安分守己的鲤鱼，则还不至于害人。如果不安分守己，则必然堕入假冒伪劣之列，害人又害己。

做人要老实，学外语也要老实。学外语没有什么万能的窍门。俗语说：“书山有路勤为径，学海无涯苦作舟。”这就是窍门。

二

前不久，我写过一篇《学外语》，限于篇幅，意犹未尽，现在再补充几点。

学外语与教外语有关，也就是与教学法有关，而据我所知，外语教学法国与国之间是不相同的，仅以中国与德国对比，其悬殊立见。

中国是慢吞吞地循序渐进，学了好久，还不让学生自己动手查字典，读原著。而在德国，则正相反。据说 19 世纪一位大语言学家说过：“学外语有如学游泳，把学生带到游泳池旁，一一推下水去；只要淹不死，游泳就学会了，而淹死的事是绝无仅有的。”我学俄文时，教师只教我念了念字母，教了点名词变化和动词变化，立即让我们读果戈里的《鼻子》，天天拼命查字典，苦不堪言。然而学生的主动性完全调动起来了。一个学期，就念完了《鼻子》和一本教科书。实践是检验真理的唯一标准，德国的实践证明，这样做是有成效的。在那场空前的灾难中，当我被戴上种种莫须有的帽子时，有的“革命小将”批判我提倡的这种教学法是法西斯式的方法，使我欲哭无泪，欲笑不能。

我还想根据我的经验和观察在这里提个醒：那些已经跳过了外语龙门的学者们是否就可以一劳永逸地吃自己的老本呢？我认为，这吃老本的思想是非常危险的。一个简单的事实往往为人们所忽略，世界上万事万物无不在随时变化，语言何独不然！一个外语学者，即使已经十分纯熟地掌握了一门外语。倘若不随时追踪这一门外语的变化，有朝一日，他必然会发现自己已经落伍了，连自己的母语也不例外。一个人在外国待久了，一旦回到故乡，即使自己“乡音未改”，然而故乡的语言，特别是词汇却有了变化，有时你会听不懂了。

我讲点个人的经验。当我在欧洲待了将近十一年回国时，途经西贡和香港，从华侨和华人口中听到了“搞”这个字和“伤脑筋”这个词儿，就极使我“伤脑筋”。我出国之前没有听说过。“搞”字是一个极有用的字，有点像英文的 do。现在“搞”字已满天飞了。当我在 80 年代重访德国时，走进了饭馆，按照四五十年前的老习惯，呼服务员为 hever ofer，他瞠目以对。原来这种称呼早已被废掉了。

因此，我就想到，不管你今天外语多么好，不管你是一条多么精明的龙，你必须随时注意语言的变化，否则就会出笑话。中国古人说：“学如逆水行舟，不进则退。”要时刻记住这句话。我还想建议：今天在大学或中学教外语的老师，最好是每隔五年就出国进修半年，这样才不至被时代抛在后面。

三

前不久，我在“夜光杯”上发表了两篇谈学习外语的千字文，谈了点个人的体会，卑之无甚高论，不意竟得了一些反响。有的读者直接写信给我，有的写信给“夜光杯”的编辑，看来非再写一篇不行了。我不可能在一篇短文中答复所有的问题，我现在先对上海胡英琼同志提出的问题说一点个人的意见，这意见带有点普遍意义，所以仍占“夜光杯”的篇幅。

我在上述两篇千字文中提出的意见，归纳起来，不出以下诸端：第一，要尽快接触原文，不要让语法缠住手脚，语法在接触原文过程中逐步深化。第二，天资与勤奋都需要，而后者占绝大的比重。第三，不要妄想捷径，外语中没有“御道”。

学习了英语再学第二外语德语，应该说是比较容易的。英语和德语同一语言系属，语法前者表面上简单，熟练掌握颇难；后者变化复杂，特别是名词的阴、阳、中三性，记得极为麻烦，连本国人都头痛。背单词时，要连同词性 der，die，das 一起背，不能像英文那样只背单词。发音则英文极难，英文字典必须使用国际音标。德文则一字一音，用不着国际音标。

学习方法仍然是我讲的那一套：尽快接触原文，不惮勤查字典，懒人是学不好任何外语的，连本国语也不会学好。胡英琼同志的具体情况和具体要求，我完全不清楚。信中只谈到德文科技资料，大概胡同志目前是想集中精力攻克这个难关。

我想斗胆提出一个“无师自通”的办法，供胡同志和其他读者参考。你只需要找一位通德语的人，用上二三个小时，把字母读音学好，从此你就可以丢掉老师这个拐棍，自己行走了。你找一本有可靠的汉文译文的德文科技图书，伴之以一本浅易的德文语法。先把语法了解个大概的情况，不必太深入，就立即读德文原文，字典反正不能离手，语法也放在手边。一开始必然如堕入五里雾中。读不懂，再读，也许不止一遍两遍。等到你认为对原文已经有了一个大概的了解，为了验证自己了解的正确程度，只是到了此时，才把那一本可靠的译本拿过来，看看自己了解得究竟如何。就这样一页页读下去，一本原文读完了，再加以努力，你慢慢就能够读没有汉译本的德文原文了。

科技名词，英德颇有相似之处，记起来并不难，而且一般说来，科技书的语法都极严格而规范，不像文学作品那样不可捉摸。我为什么再三说“可靠的”译本呢？原因极简单，现在不可靠的译本太多太多了。

1997 年

谈翻译

2006年9月26日，中国翻译协会授予季羡林“翻译文化终身成就奖”。

题目虽然是《谈翻译》，但并不想在这里谈翻译原理，说什么信达雅。只是自己十几年来看了无数的翻译，有从古代文字译出来的，有从近代文字译出来的，种类很复杂，看了就不免有许多杂感。但因为自己对翻译没有多大兴趣，并不想创造一个理论，无论“软译”或“硬译”，也不想写什么翻译学入门，所以这些杂感终于只是杂感堆在脑子里。现在偶有所感，想把它们写出来。因为没有适当的标题，就叫做《谈翻译》。

题目虽然有了，但杂感仍然只是杂感。我不想而且也不能把这些杂感归纳到一个系统里面去。以下就分两方面来谈。

一、论重译

世界上的语言非常多，无论谁也不能尽通全世界的语言。连专门研究比较语言学的学者顶多也不过懂几十种语言。一般人大概只能懂一种，文盲当然又除外。在这种情况下，我们就非要翻译不行。

但我们不要忘记，翻译只是无可奈何中的一个补救办法。《晏子春秋·内篇》说："橘生淮南则为橘，生于淮北则为枳，叶徒相似，其实味不同。所以然者何？水土异也。"橘移到淮北，叶还能相似。一篇文章，尤其是文学作品，倘若译成另外一种文字，连叶也不能相似，当然更谈不到味了。

譬如说，我们都读过《红楼梦》。我想没有一个人不惊叹里面描绘的细腻和韵味的深远的。倘若我们现在再来读英文译本，无论英文程度多么好，没有人会不摇头的。因为这里面只是把故事用另外一种文字重述了一遍，至于原文字里行间的意味却一点影子都没有了。这就是所谓"其实味不同"。

但在中国却竟有许多人把移到淮北化成枳了果子又变味的橘树再移远一次。可惜晏子没有告诉我们，这棵树又化成什么。其实我们稍用点幻想力就可以想像到它会变成什么离奇古怪的东西。倘我们再读过中国重译的书而又把原文拿来校对过的话，那么很好的例子就在眼前，连幻想也用不着了。

十几年前，当我还在中学里的时候，当时最流行的是许多从俄文译出来的文艺理论的书籍，像蒲力汗诺夫的《艺术论》，卢那卡尔斯基的什么什么之类。这些书出现不久，就有人称之曰天书，因为普通凡人们看了就如丈二和尚摸不着头脑。我自己当时也对这些书籍感到莫大的狂热。有很长的时间，几乎天天都在拼命念这些书。意义似乎明白，又似乎不明白。念一句就像念西藏喇嘛的番咒。用铅笔记出哪是主词，哪是动词，哪是副词，开头似乎还有径可循，但愈来愈糊涂，一个长到两三行充满了"底"、"地"、"的"的句子念到一半的时候，已经如坠入五里雾中，再也难挣扎出来了。因而就很失眠过几次。译者虽然再三声明，希望读者硬着头皮看下去，据说里面还有好东西，但我宁愿空看一次宝山，再没有勇气进去了。而且我还怀疑译者自己也不明白，除非他是一个超人。这些天书为什么这样难明白呢？原因很简单，这些书，无论译者写明白不写明白，反正都是从日文译出来的，而日本译者对俄文原文也似乎没有看懂。

写到这里，也许有人抗议，认为我是无的放矢；因为这样的书究竟不多，在书店我们只找到很少几本书是写明重译的。其余大多数的译本，无论从希腊文拉丁文和其他中国很少有人会的文字译出来的，都只写原著者和译者的名字。为什么我竟会说中国有许多人在转译呢？这原因很复杂。我以前认识一个人，我确切知道他一个俄文字母也不能念，但他从俄文译出来的文艺作品却是汗牛又充栋。诸位只要去问一问这位专家，就保险可以探得其中的奥秘了。

像这样的人又是滔滔者天下皆是。我现在只再举一个例。一位上海的大学者，以译俄国社会科学的书籍出了大名，他对无论谁都说他是从俄文原文直接译出来的。但认识他的人却说，他把俄文原本摆在书桌上，抽屉里面却放了日译本。这样他工作的时候当然是低头的时候多而抬头的时候少，也许根本就不抬头。倘若有人访他，却只看到桌上摆的俄文原本而震惊于这位大学者的语言天才了。

我们现在并不想拆穿这些大学者的真相，这种人也有权利生活的。我们只是反对一切的重译本，无论写明的也好，不写明的也好。把原文摆在桌子上，把日译本放在抽屉里，我们也仍然是反对。科学和哲学的著作不得已时当然可以重译，但文艺作品则万万不能。也许有人要说，我们在中国普通只能学到英文或日文，从英文或日文转译，也未始不是一个办法。是的，这是一个办法，我承认。但这只是一个懒人的办法。倘若对一个外国的诗人、戏剧家或小说家真有兴趣的话，就应该有勇气去学他那一国的语言。倘若连这一点勇气都没有，就应该自己知趣走开，到应该去的地方去。不要在这里越俎代庖，鱼目混珠。我们只要有勇气的人！

二、著者与译者

著者和译者究竟谁用的力量多呢？不用思索就可以回答，当然是著者。所以在欧洲有许多译本封面上只写著者的姓名，译者的姓名只用很小的字印在反面，费许多力量才能发现。在杂志上题目的下面往往也只看到著者的姓名，译者的姓名写在文章的后面，读者念完文章才能看到。他们的意思也不过表示译者和著者不敢抗衡而已。

在中国却又不然。我看到过很多的书，封面上只印着译者的姓名，两个或三个大金字倨傲地站在那里，这几个字的光辉也许太大了，著者的姓名只好逃到书里面一个角落里去躲避。在杂志的封面上或里面的目录上有时我们只能找到译者的姓名，甚至在本文的上面也只印着译者的姓名，著者就只能在本文后面一个括弧里找到一块安身立命的地方。从心理上来看，这是一个很有趣的现象。译者就害怕读者只注意著者的姓名，但又没有勇气把著者一笔抹煞，好在文章既然到了他手里，原著者已经没有权利说话，只好任他处置，他也就毫不客气地把著者拼命往阴影里挤了。我不是心理学者，但我能猜想到，变态心理学家一定在他们的书里替这些人保留一块很大的地盘的。

我还看到几个比较客气一点的译者，他们居然肯让著者的姓名同他们自己的列在一块。但也总觉得心有所不甘，于是就把自己的姓名用大号字排印，著者的姓名用小号字，让读者一看就有大小偏正之感，方法也颇显明。我立刻想到德国大选时希特勒的作风。现在被谥为希魔的德国独裁者当时正兴高采烈，在各个城市里大街小巷的墙壁上都贴满了放大了的选举票的式样。上面写了他自己和戈林、戈培尔、赫斯、福利克的名字，下面印了两个圈，一个很大，一个很小，像是太阳和地球。年纪大一点的或眼睛近视的无论如何也不会看到那小圈。这当然有它的作用，因为赞成希特勒的人要在大圈里画一个记号，小圈却是为反对他的人预备的。结果希特勒果然成了功，百分之九十八的德国人都选举了他。我总怀疑有些人根本没看到那小圈，既然每个人都必须画一个记号，他们只好拿起笔来向大圈里一抹了。我们中国这些客气的译者的心理同希特勒大概差不多，这真可以说是东西映辉，各有千秋。至于他们究竟像不像希特勒那样成功呢？这我可就有点儿说不上来了。

我前面说过，有的译者没有勇气把著者一笔抹煞。但这里正像别处也并不缺少有勇气的人。有一位姓丁双名福保的大学者"著"了一部几十册厚的佛学字典。我们一看就知道这里面有问题，因为这种工作需要多年的搜集和研究。我们从来没听说中国有这样一位专家，现在却凭空掉出了这样一部大著，不由人不怀疑。书的序里提到日本织田得能的佛教大词典，我们拿来一对，才知道原来就是这部书的翻译。但丁先生却绝对否认是“译”，只承认是“著”，因为他添了些新东西进去。我又有点糊涂起来。译一部几百万字的大著只要增加十个字八个字的新材料就可以把这部书据为己有，恐怕世界上每个人都要来译书了。但丁先生的大“著”并非毫无可取，里面插入许多丁先生的玉照，例如研究生理时代之丁福保，研究医学时代之丁福保，也颇琳琅满目。丁先生的尊容也还过得去，虽然比畹华博士还差一筹。但我终于恍然大悟。以前有的人想把自己的玉照登在报纸上，但苦于没有机会，只好给兜安氏大药房写信，当然附上玉照，信里说吃了某某药，自己的某某病已经好了，特此致谢。于是隔了不久，自己的尊容就可以同名人一样出现在报纸上，虽然地方不大对，也顾不了那样许多了。现在丁先生又发明了一个方法，使以后想出名的人再也不必冒充自己有梅毒或瘾君子写信给大药房了。真是功德莫大。我们能不佩服丁先生的发明能力吗？

另外还有一位更有勇气的人，当然也是一位学者。他译了几篇日本人著的关于鲜卑和匈奴的论文，写上自己的名字发表了。后来有人查出原文来去信质问，他才声明因时间仓猝把作者的名字忘掉了。这当然理由充足，因为倘若在别人和自己的名字中间非忘掉一个不行的话，当然会忘掉别人的，谁不爱自己的名字呢？

我上面只是随便举出两个例子。像这样的有勇气的人，在我们中真是俯拾即是，比雨后的春笋还要多。只是在我们国内耍这一套，关系还不太大，因为好多人都是彼此彼此，心照不宣，但偶尔让外国学者知道了，就不免替我们丢人。我上面说的丁福保的字典，一位现在剑桥大学任教授的德国汉学家就同日文原文对照过，他把结果告诉了我，弄得我面红耳赤半天说不上话来。在外国这是法律问题。倘若一个人在自己的博士论文里偷了人家的东西而不声明，以后发现了，立刻取消博士头衔，我希望中国的法律也会来制裁这一群英雄！

1946年

翻译的危机

这个题目看上去有点危言耸听，但是我自认是实事求是的，毫无哗众取宠之意。

中国是世界上第一翻译大国，历史长，数量大，无论哪一个国家都难望其项背。这是中外都熟悉的事实，用不着再论证，也用不着再重复。

从清末民初开始，中经“五四”，一直到解放后，一直到今天，中国的翻译工作者做了大量的工作，翻译了大量的书，文、理、法、农、工、医，各科都有。这些翻译对促进中国文化教育事业的发展，对启迪中国人民大众，起了无法估量的作用。我简直无法设想，如果没有这些翻译，中国今天的教育文化和国家建设事业会是什么样子。

关于翻译问题，我自己曾涉猎过一些书籍，古今中外都有。对于翻译理论，我也特有兴趣。中国古代的翻译理论，内容异常丰富，涉及的面也很广。到了近现代，西方的理论蜂拥而至，五花八门，争奇斗艳。有一些理论分析得非常细致，显得十分深奥；然而细究其实，却如绣花枕头，无补于实用。在这一方面，同在别的方面一样，我是一个保守主义者。我认为，为一些人所非议的严又陵的一句话：“译事三难，信，达，雅”，仍然是可以信守的。道理十分简洁明确，然而又切中肯綮，真可谓“要言不繁”了。这三个字，缺一不可；多一个也似乎没有必要。能做到这三个字，也可以说是尽翻译之能事了。

我个人觉得，三个字中，以第一个“信”字为基础，为根本。这个字做不到，就根本谈不到翻译。我探讨翻译问题，评论翻译作品，首先就是看它信不信，也就是，看它是否忠实于原文。如果这一点做不到，那就不叫翻译。什么“达”，什么“雅”，就如无根之木，无本之草，无所附丽。严复定下了这三条标准以后，自己是认真遵守的。翻译《天演论》时，因为是借题发挥，不是真正的翻译，所以他不叫“译”，而叫“达旨”。

我这篇短文的题目是《翻译的危机》，危机正出在不遵守“信”这个标准上。

我最近若干年来没有从事翻译工作。但是，由于主编一些刊物和丛书，有时候也难免接触一些译稿。去年，友人推荐了一部译稿，想收入我主编的一套丛书中。友人介绍说，译者英文水平是高的，曾多次担任口译工作，胜任愉快；在笔译方面，也已出过两部书。这样一个译者应该说是能信得过的，友人又是我的老朋友，一位在国内外声名远扬的学者，也应该说是能绝对信得过的。译稿就要寄出版社付排了，不知为什么，我一时心血来潮，非要看一看译稿不行。于是向译者要来了原文。我仔细对了几页，就发现了一些问题。我自己拿不准，又央求周一良教授把译文同原文对上几页。结果他的意见同我的完全一样：译文有问题，不能寄出版社。我仍然相信，这位青年译者的英文是有水平的，他胜任口译也是可信的。但是，口译与笔译不同，口译要求达到百分之百的准确，是很难做到的。一个译者能译百分之七八十，就很不错了。过去周恩来总理和郭沫若先生我都亲耳听他们说过这样的意见。但是，笔译由于有充分的思考的时间，必须要求极高，即使不能达到百分之百，也必须接近这个水平。我认为，我这个意见是通情达理的，必能得到大家的赞同。

上面说到的这位青年译者已经出版的那两部书，情况怎样呢？我没有读原文，不敢瞎说。但是，根据合理的推测，它同我看的译稿差别不会太大。我们很难设想，送给我看的这一部译稿碰巧了水平特别低，而已经出版的则水平特别高，这是不大可能的。

我们的思想从这里生发开去，想得远一点，再远一点，想到了最近几十年来全国已经出版的若干千种万种的翻译，我就有点不寒而栗了。我们不能否认，这些翻译的著作中，有水平很高的，能达到信、达、雅三个标准的。但是，同样也不能否认，其中必有相当多的一批译本是有问题的。我没有法子去做细致的统计，我说不出这些坏译本究竟占多大的比例。我估计，坏译本的数量也许要超过好译本。

什么叫做“坏”译本，什么又叫做“好”译本呢？我觉得关键就在于“信”或不“信”。首先要“信”，要忠实于原文，然后才能谈“达”和“雅”。如果不“信”，“达”、“雅”都毫无意义。译本大体上可以分为三类：第一类，“信”、“达”、“雅”都合乎标准，这是上等。第二类，能“信”而“达”“雅”不足，这是中等。第三类，不“信”，不“达”，不“雅”，这是下等。有的译文，“达”、“雅”够，而“信”不足。这勉强可以归入第二类。当前颇有一些非常流行的译本，译文极流利畅达，极“中国化”。但是“信”不“信”呢？我没有核对原文，不敢乱说。我是怀疑的。如果我的怀疑是正确的话，我认为，这种译风无论如何是不应提倡的。

我现在要探讨一个问题：为什么译而不信呢？我觉得这里有两个基本条件：一是外语水平，一是工作态度。

先谈外语水平问题。学习外语，至少应该有两个认识：一不要认为外语很神秘，简直无法学好，因而望而却步；二不要认为学外语很容易，不费吹灰之力就能够掌握。我们必须认为外语能够学好，但又要付出艰苦的劳动。学外语同学习任何别的东西一样，必须有点天赋，又必须勤奋，二者缺一不可。学习任何外语，学一点皮毛，并不困难。但要基本上能够掌握，却又不那么简单。根据我自己的经验，学习外语，有如鲤鱼在黄河中逆水上溯。前一段也许并不太困难。但是，一旦到了龙门跟前，想要跳过龙门，却万分困难。有的人就是一辈子也跳不过这个龙门，只能糊里糊涂，终生是一条鲤鱼，变不成龙。拿学习外语来说，每一种外语都有一个龙门。这座龙门在什么地方呢？因人而异。天赋高而又勤奋者，龙门近一点；否则就远。只有能跳过外语这个龙门，你才勉强有一点语感，这一门外语就算是为你掌握了，被你征服了，它能为你所用了。这时你就变成了一条龙。这一突变是用艰苦的劳动换来的。

上面谈的是外语水平，现在来谈工作态度。工作态度，不是天赋问题，而是认识问题。有的人缺乏自知之明——顺便说一句，这种人是并不老少的——当自己还是一条鱼的时候，便傲然认为自己已经成了龙。本来查一查字典就可以解决的问题，他连字典也懒得查了。其结果并不美妙。当年赵景深教授把 milky way（天河，银河）译为“牛奶路”，受到了鲁迅先生的讥讽，成为译界的笑话。今天这样的例子真是比比皆是，数量和严重性都远远超过了“牛奶路”。有的人把 Man of the God（牧师）译为“上帝的人”。有的人把 so far the introduction（导论到此为止）译为“导论是这样远了”。类似这样的例子，我还能够举出很多很多来。举一反三，这两个也就够了。这是由于缺乏自知之明或者由于懒惰而造成的笑话。

还有比这更糟糕的，原文有的地方看不懂，他自己心里非常清楚，可是却一不请教人，二不查字典，胡译一通，企图蒙混过关；或者干脆删掉，反正没有人来核对原文，马脚不会露出来的。这简直应该归入假冒伪劣一类，为我们所应该反对的。

把上面所说的外语水平和工作态度两个标准综合起来评论，我觉得，翻译工作可以分为上、中、下三个等次。外语水平高工作态度好，这当然是上等。外语水平高工作态度差，或者外语水平差工作态度好，这属于中等。外语水平差工作态度又不好，这当然就是下等。我在这里所说的翻译危机，主要来自下等的翻译工作，中等也可能沾点边。在翻译工作中这三个等次所占的百分比，我说不上来。从我所接触过的现象来看，下等所占的百分比不会很低，这一点可以不必怀疑。

也许有人认为，翻译出点小错误，古今中外概所难免。在中国翻译佛经的历史上，就不知道出现了多少错误，有的错误简直离奇可笑；然而这并不碍于佛经的流通。这种意见不能说没有道理。但是，那是过去的事，在今天这样的新时代中，我们不能为这种意见张目。而且，今天的下等翻译似乎已经成为一种痼疾，成为一种风气。许多人习焉不察，当事者则沾沾自喜。这样的风气我们还能熟视无睹不起来反对吗？

反对之法其实也并不复杂，无非是加强翻译评论，加强监督而已。

这种办法我们曾经使用过。在50年代，在当时出版的《翻译通报》上，时不时会出现几篇评论翻译书刊的文章。这种文章往往很长，因为一要引用原文和译文，二要提出自己的意见，对译文加以仔细的分析和评论。这都是踏踏实实的、动真格儿的工作，不能徒托空言，因此非长不可。据我自己的回忆，这种评论工作起过很好的作用，受到读者的欢迎。但是，不知道是为什么，后来没有继续下去。我真正感到惋惜。

时至今日，翻译书刊之多，远迈前古。今天我们建设我们的国家，不借鉴他国，完全是不能想像的，而借鉴就需要翻译。我在上面已经说过，好的译品是有的，但也未免鱼龙混杂，泥沙俱下。报章杂志上有时也会见到几篇评论翻译的文章，但是同已经出版的翻译书刊的数量比起来，却显得非常微弱无力。我们毫不夸大地说，今天的翻译已经失去了监督。有良心有本领的译者，也就是我在上面所说的上等的翻译，是用不着监督的。但是中等翻译，特别是下等翻译，则是非监督不行。非监督不行却又缺少监督，于是就来了危机。

克服这个危机的出路何在呢？我原来想得非常单纯，非常天真：不过是加强监督而已。我曾同《中国翻译》杂志的一位负责人谈到这个问题，我劝他多刊登一些评论翻译的文章。我原以为，他会立即接受我的建议，并付诸实施。对他来说，这并不困难。然而，真是大出我意料，他竟似乎有难言之隐，对我诉了许多苦，其中最主要的是，许多被批评的译者喜欢纠缠。一旦受到批评，决不反躬自省，而是胡搅蛮缠，颠倒黑白，明明是自己译错了，却愣不承认。写信，打电话，写文章，闹得乌烟瘴气。一旦碰到这样的主儿，编辑部就苦不堪言。

我恍然大悟，很同情这位负责人的意见。环顾我们今天的社会，在其他领域里也有类似的现象。个别的人不知道怎样使用自己的民主权利。不给民主，他们怨气冲天；给了民主，他们又忘乎所以。看来正确运用民主权利，也还需要有一定的水平。有些人认为民主就是打官司。最近看到报上刊登了一个消息：在某部电影中，有一个群众场面。当时拍摄时，拍上了一个他或她。现在电影一旦上演，他或她看到了自己的形象，于是拍案而起，告到法院，说是侵犯了他的肖像权，索要五位数字的赔偿费。我不懂法律，但总觉得这样做是“民主”过了头。回到我们翻译界，难道不会出现类似的事件吗？我有点担心。

我原以为克服翻译危机并不困难。现在看来，并非如此。我现在是正如俗话所说的：变戏法的跪下，没辙了。

可是，我并不气馁。我呼吁翻译界的同行们和广大的读者，大家起来，群策群力，共同想出克服翻译危机的办法。我相信，办法总会想出来的，正如路是人走出来的那样。

1994年

《中国翻译词典》序

最近半个多世纪以来，在世界上一些大国中，颇有一些有识之士，在认真地思考讨论人类文化的演变和走向问题。英国学者汤因比可以作为一个代表。他的大著《历史研究》已被译为汉文。他把世界上过去所有的文明分为二十三或二十六个，说明没有任何文明是能永存的。我的想法同这个说法相似。我把文化（文明）的发展分为五个阶段：诞生、成长、繁荣、衰竭、消逝。具体的例子请参看汤因比的著作。我在这里声明一句：他的例子我并不完全赞同。

汤因比把整个中华文化（他称之为“文明”）分为几个。这意见我认为有点牵强，机械。我觉得，不能把中华文化分成几个，中华文化是一个整体。

但是，这里就出现了一个尖锐的问题：你既然主张任何文化都不能永存，都是一个发展过程，为什么中华文化竟能成为例外？为什么中华文化竟能延续不断地一直存在到今天呢？这个问题提得好，提到了点子上。我必须认真地予以答复。

倘若对中华五千年的文化发展史加以分析，中间确能分出若干阶段，中华文化并不是前后一致地、毫无变化地发展下来的。试以汉唐文化同其他朝代的文化相比，就能看出巨大的差别。汉唐时代，中华文化在世界上占领导地位，当时的长安是世界上文化的中心。其他朝代则不行。到了近代，世界文化中心西移，我们则努力“西化”，非复汉唐之光辉灿烂了。

但是，不管经过多少波折，走过多少坎坷的道路，既有阳关大道，也有独木小桥，中华文化反正没有消逝。原因何在呢？我的答复是：倘若拿河流来做比，中华文化这一条长河，有水满的时候，也有水少的时候；但从未枯竭。原因就是有新水注入。注入的次数大大小小是颇多的。最大的有两次：一次是从印度来的水，一次是从西方来的水。而这两次大注入依靠的都是翻译。中华文化之所以能常葆青春，万应灵药就是翻译。翻译之为用大矣哉！

1993 年 10 月

教育经费

答(原)凤凰卫视主持人杨澜问

杨澜：现在好像有一种教授泛滥的现象，过去评一个教授是一种很荣誉的事，现在基本上谁都能够评得上了。

季羡林：就是这样子。我开过玩笑，将来只要进“北大”，包括工人在内，一进来就定教授，工资可以有区别。

杨澜：有一种“提退”的说法，就是提你当了正教授，然后又请你退休，这算是照顾面子了吧？

季羡林：有一句话很难听：“教授满街走，讲师多如狗”，不过确实如此。

杨澜：教师队伍恐怕面临一个很严重的问题，就是青黄不接。

季羡林：我用了一个名词叫“海洋主义”，出洋，下海。

杨澜：有些人说，留学生之所以不回来，很多是因为那边的物质生活条件好，我在想，在您留学的那个时代，中国的生活水平和西欧比，差距比现在还要大，为什么那个时候留学生都回来了呢？

季羡林：那时候差距不大。

杨澜：不大？

季羡林：他们回来后在国内的生活水平是高级的，所拿的工资是三百块“大头”，四百块“大头”，那很高级了。反正起码不比国外低。

杨澜：我们总说要创办世界一流的大学，您对这个口号怎么看？

季羡林：这个口号很含糊，一流几流，有个条件就是经费，而经费，咱们只好甘拜下风。

杨澜：所以这不是一个个人素质和能力的问题。

季羡林：现在，最需要解决的是经济问题，你把工资提高五倍、十倍，他的地位就提高了。不论“科教兴国”，什么兴国，先给增加教育经费。

杨澜：如果教师的待遇能够得到实质的改变，那么刚才我们说的所谓青黄不接的问题，留学经商风气问题，还有教育经费的问题，可能都能得到很大程度的改变。

季羡林：这样没有问题。我们现在教授工资等于香港中文大学教授一个月工资的 1 %，就平均而言，1 %。

1999 年 12 月

附 录

季羡林年谱简编

1911 年

8 月 2 日，生于山东省清平县（后划归临清市）官庄村。六岁以前在官庄随马景恭老师识字。

1917 年（六岁）

去济南投靠叔父季嗣诚，在曹家巷私塾读《百家姓》《千字文》《四书》等。

1918 年（七岁）

秋，进山东省立第一师范附属小学。

1820 年（九岁）

转学到济南新育小学读高小，课余在尚实英文社学习英文。

1923 年（十二岁）

秋，高小毕业，考入正谊中学，从初中一年级下学期开始学习。课后参加古文学习班，读《左传》《战国策》《史记》等。晚上继续学习英文。

1925 年（十四岁）

夏，父亲季嗣廉病逝。

1926 年（十五岁）

春，初中毕业后在正谊中学读高中半年。

秋，转入济南北园白鹤庄山东大学附属高中文科班。由于学习成绩优异，受到校长王寿彭表彰。作文《〈徐文长传〉书后》受到王昆玉老师赞扬。自学《韩昌黎集》《柳宗元集》以及欧阳修、三苏的文集，并开始学习德文。

1928 年（十七岁）

日本军队侵占济南，辍学一年。创作短篇小说《文明人的公理》《医学士》《观剧》，发表在天津《益世报》，署名“希逋”。

1929 年（十八岁）

秋，转入济南杆石桥山东省立高中继续学习。受业师胡也频影响，阅读马克思主义文艺理论，写过一篇《现代文艺的使命》，因胡先生受到国民党反动派通缉，文章没有发表。在写作方面，受到董秋芳老师的指导和鼓励。

由叔父、婶母包办，与彭德华结婚。

1930 年（十九岁）

翻译屠格涅夫散文《老妇》《世界的末日》《老人》《玫瑰是多么美丽，多么新鲜啊！》等，先后发表于天津《益世报》、济南《国民新闻》和《趵突周刊》上。

高中毕业，投考邮局邮务生未果。

夏季，同时考取北京大学和清华大学。后入清华大学西洋文学系，主修方向为德文。

清平县政府在他大学学习期间提供奖学金。

大学期间，选修法文和俄文。旁听陈寅恪教授的《佛经翻译文学》、选修朱光潜教授《文艺心理学》获益良多，对后来的学术研究产生深远影响。

四年间，创作《年》《回忆》《枸杞树》《母与子》《红》《兔子》《老人》等十余篇散文。翻译史密斯、马奎斯、荷尔德林、杰克逊等外国作家的散文和诗歌多篇。协助业师吴宓教授编辑《大公报》文艺副刊。

1933 年（二十二岁）

秋，女儿婉如出生。

9 月，母亲赵氏在官庄病故。

1934 年（二十三岁）

夏，大学毕业，毕业论文题目是《荷尔德林早期的诗歌》。

秋，应济南山东省立高中校长宋还吾之邀，担任该校国文教员。

1935 年（二十四岁）

春，儿子延宗（季承）出生。

秋，清华大学同德国达成交换留学生协议，报名被批准。9 月赴德国哥廷根大学留学，主修印度学。先后师从瓦尔德施米特教授、西克教授学习梵文、巴利文、吐火罗文，同时学习俄文、斯拉夫文、阿拉伯文。继续散文创作。

1937 年（二十六岁）

经哈隆教授推荐，兼任哥廷根大学汉学研究所讲师。

1941 年（三十岁）

被哥廷根大学授予哲学博士学位。博士论文题目是 Die Konjugation des finiten Verbums in den Gāthās des Mahāvastu。（《〈大事〉中限定动词的变位》）

在博士后的五年内，写了几篇相当长的论文，发表在《德国东方学会杂志》和哥廷根科学院院刊上。有：《吐火罗文本的〈佛说福力太子因缘经〉诸异本》《中世纪印度语言中词尾 -aṃ 变为 -o 和 -u 的现象》《应用不定过去时的使用以断定佛典的产生时间和地区》等，每一篇都有新的创见。

1945 年（三十四岁）

10 月，与其他留学生一起离开德国去瑞士，等待大使馆安排回国。

1946 年（三十五岁）

春，经法国、越南、香港，回到上海。旅途中写论文《一个故事的演变》和《梵文〈五卷书〉—— 一部征服了世界的童话集》。

秋，被北京大学聘为教授兼东方语言文学系主任。

1947 年（三十六岁）

写论文《从比较文学的观点上看寓言和童话》等。

10月，论文《浮屠与佛》发表于《中央研究院史语所集刊》，论述佛教传入中国的路径问题。

1948年（三十七岁）

写论文《〈儒林外史〉取材的来源》《论梵文td的音译》等。

1949年（三十八岁）

发表论文《列子与佛典》。

写论文《三国两晋南北朝正史与印度传说》。

10月1日开国大典，应邀在天安门广场参加观礼。

1951年（四十岁）

参加中国文化代表团访问印度、缅甸。

译自德文的卡尔·马克思著《论印度》由人民出版社出版。

1953年（四十二岁）

当选北京市第一届人民代表大会代表。

1954年（四十三岁）

当选第二届中国人民政治协商会议全国委员会委员。

任中国文字改革委员会委员。

发表论文《中国纸和造纸法传入印度的时间和地点问题》。

1955年（四十四岁）

作为中国代表团成员，赴印度新德里参加亚非作家会议。

10月，赴德国参加国际东亚学术讨论会。

译自德文的《安娜·西格斯短篇小说集》出版。

叔父季嗣诚在济南病逝。

发表论文《吐火罗语的发现与考释及其在中印文化交流中的作用》《中国蚕丝输入印度问题的初步研究》。

1956年（四十五岁）

加入中国共产党。

当选中国亚非团结委员会委员。

任中国科学院哲学社会科学部委员。

译自梵文的迦梨陀娑剧本《沙恭达罗》由人民文学出版社出版，并由中国青年艺术剧院搬上舞台。

写论文《原始佛教的语言问题》。

1957 年（四十六岁）

论文集《中印文化关系史论丛》由人民出版社出版。

《印度简史》由湖北人民出版社出版。

1958 年（四十七岁）

《1857～1859 年印度民族起义》由人民出版社出版。

作为中国代表团成员，赴苏联塔什干参加亚非作家会议。

写论文《印度文学在中国》《再论原始佛教语言问题》。

1959 年（四十八岁）

当选第三届全国政协委员。

应邀参加缅甸研究会五十周年纪念大会，并在会刊发表论文《原始佛教语言问题》。

译自梵文的印度古代寓言集《五卷书》由人民文学出版社出版。

1960 年（四十九岁）

北京大学东方语言文学系招收第一批梵文巴利文本科生，同金克木一起为学生上课。

写论文《关于〈优哩婆湿〉》。

1961 年（五十岁）

著三篇关于泰戈尔的文章：《泰戈尔与中国》《泰戈尔的生平、思想与创作》《泰戈尔短篇小说的艺术风格》，因当时的政治气氛，只有最后一篇发表。

1962 年（五十一岁）

应邀赴伊拉克参加巴格达建城一千二百周年纪念大会，会后造访埃及、叙利亚。

当选亚非学会理事兼副秘书长。

译自梵文的迦梨陀娑剧本《优哩婆湿》由人民文学出版社出版。

夫人彭德华和婶母陈绍泽从济南迁至北京。

发表著名散文《春满燕园》。

1963 年（五十二岁）

写论文《关于巴利文〈佛本生故事〉》和《〈十王子传〉浅论》。

1964 年（五十三岁）

当选第四届全国政协委员。

参加中国教育代表团出访埃及、阿尔及利亚、马里、几内亚等国。

1965 年（五十四岁）

季羡林和金克木培养的新中国第一批梵文巴利文本科生毕业。

写论文《原始佛教的历史起源问题》。

1966～1976 年（五十五至六十五岁）

“文化大革命”中受到不公正对待，一度被关入“牛棚”。从 1973 年起，利用劳动空余翻译印度伟大史诗《罗摩衍那》。

1977 年（六十六岁）

继续翻译整理《罗摩衍那》译稿，这部一万八千七百五十五颂、八万行的鸿篇巨制年内完成。

1978 年（六十七岁）

当选第五届全国政协委员。

恢复北京大学东语系主任职务。

担任北京大学副校长。

担任北京大学与中国社会科学院合办的南亚研究所所长。1985 年北大与社科院分别办所，继续担任北大南亚研究所所长（至 1989 年底）。

参加对外友协代表团出访印度。

中国外国文学会成立，当选副会长。

发表散文名著《春归燕园》。

1979 年（六十八岁）

受聘担任《中国大百科全书·外国文学卷》编委会副主任兼南亚编写组主编。

中国南亚学会成立，当选会长。

专著《〈罗摩衍那〉初探》由外国文学出版社出版。

1980 年（六十九岁）

应日本友人室伏佑厚邀请赴日本参加印度学佛学会议。

《罗摩衍那》第一卷由人民文学出版社出版。

散文集《天竺心影》由百花文艺出版社出版。

8 月，被推选为中国民族古文字学会名誉会长。

10 月，中国语言学会成立，当选副会长。

参加国际笔会。

率领中国社会科学代表团赴德意志联邦共和国访问，在哥廷根拜会恩师瓦尔德施米特教授。

应聘担任哥廷根科学院《新疆吐鲁番出土佛典的梵文词典》顾问。

任国务院学位委员会委员。

散文集《季羡林选集》由香港文学研究社出版。

1981 年（七十岁）

散文集《朗润集》由上海文艺出版社出版。

《罗摩衍那》第二卷出版。

中国外语教学研究会成立，当选会长。

1982 年（七十一岁）

论文集《印度古代语言论集》由中国社会科学出版社出版。

《中印文化关系史论文集》由三联书店出版。

《罗摩衍那》第三卷、第四卷出版。

1983 年（七十二岁）

获北京市教育系统先进工作者称号。

当选第六届全国人民代表大会代表。

当选第六届全国人大常委会委员。

在中国语言学会第二届年会上当选会长。

中国敦煌吐鲁番学会成立，当选会长。

《罗摩衍那》第五卷出版。

1984 年（七十三岁）

任北京大学校务委员会副主任。

受聘为中国大百科全书语言编辑委员会主任。

受聘为中国大百科全书总编辑委员会委员。

当选中国史学会常务理事。

中国教育国际交流协会成立，当选副会长。

《罗摩衍那》第六卷、第七卷出版。

1985 年（七十四岁）

论文集《原始佛教的语言问题》由中国社会科学出版社出版。

主持《〈大唐西域记〉校注》并亲自撰写十万字的前言《玄奘与〈大唐西域记〉》，由中华书局出版。

赴新德里参加印度与世界文学讨论会和蚁蛭诗歌节。被大会指定为印度和亚洲文学（中国和日本）分会主席。

应香港中文大学邀请，作《印度文学在中国》的演讲。

组织翻译的《〈大唐西域记〉今译》，由陕西人民出版社出版。

以中国代表团顾问身份，赴斯图加特参加第十六届国际史学家大会，提交论文《商人与佛教》。

当选中国作家协会第四届理事会理事。

中国比较文学学会成立，被推举为名誉会长。

翻译的印度梅特丽耶·黛维《家庭中的泰戈尔》由漓江出版社出版。

1986 年（七十五岁）

主持中国亚非学会第二届代表会议，当选中国亚非学会副会长。

受聘为中国文化书院导师。

北京大学东语系举行“季羡林教授执教 40 周年”庆祝活动。

《印度古代语言论集》论文和《新博本吐火罗文 A(焉耆语)〈弥勒会见记〉1.3 1/2 1.3 1/1 1.9 1/1 1.9 1/2 四页译释》同时获得北京大学首届科研成果奖。

应中村元、室伏佑后邀请赴日本，商谈成立“国际文化交流中心”事宜。在早稻田大学作《东洋人的心》演讲；在日本经济界、学术界集会上作《经济与文化》演讲。

秋，率领中国教育国际交流协会访日赠书代表团访问日本。

参加全国人大常委会代表团访问尼泊尔。参加世界佛教联谊会第十五届大会。在特里普文大学作《中国的南亚研究——中国史籍中的尼泊尔史料》演讲。

受聘为冰岛大学《吐火罗文与印欧语系》研究顾问。

《季羡林散文集》由北京大学出版社出版。

1987 年（七十六岁）

应邀参加在香港中文大学举行的国际敦煌吐鲁番学术讨论会。会上宣读论文《吐火罗文（焉耆语）新博本〈弥勒会见记〉剧本 76YQ1.2 和 1.4 两张（四页）译释》。

《〈大唐西域记〉校注》和《〈大唐西域记〉今译》获陆文星、韩素音中印友谊奖。

《原始佛教的语言问题》获北京市哲学社会科学和政策研究成果奖。

1988 年（七十七岁）

主编的《东方文学作品选》（上下卷）获 1988 年中国图书奖。

论文《佛教开创时期一场被歪曲被遗忘了的“路线斗争”——提婆达多问题》获北京大学科学研究成果奖。

6 月，任中国文化书院院务委员会主席。

受聘为文化部中国文学翻译奖评委会委员。

受聘为江西人民出版社《东方文化》丛书主编。

11 月，应邀赴香港中文大学讲学，讲题为：吐火罗文剧本《弥勒会见记》与中国戏剧之关系；从大乘佛教之起源看宗教发展规律。

受聘为重庆出版社科学技术著作出版基金会指导委员会委员。

1989 年（七十八岁）

获中国民间文艺家协会“从事民间文艺工作三十年”荣誉证书。

受聘为重庆出版社《语言·社会·文化》丛书编委会顾问。

获国家语言文字委员会“从事语言文字工作三十年”荣誉证书。

发表题为《从宏观上看中国文化》的演讲，提出：人类的四个文化圈可以分成东方和西方两大文化体系，这两大文化体系之间的关系是互相学习的。仅就目前来看，统治世界的是西方文化，但是从历史上来看，二者的关系是“三十年河东，三十年河西。”

婶母陈绍泽在北京病逝。

1990 年（七十九岁）

论文集《佛教与中印文化交流》由江西人民出版社出版。

《中印文化关系史论文集》获中国比较文学会与《读书》杂志联合举办的首届比较文学评价活动“著作荣誉奖”。

受聘为《神州文化集成》丛书主编。

受聘为河北美术出版社《画说世界五千年》丛书编委员顾问。

当选中国亚非学会第三届会长。

受聘为香港佛教法学会《法言》双月刊编辑部顾问。

1991 年（八十岁）

主编《简明东方文学史》获北京大学第三届科学研究著作荣誉奖。

应邀参加教育国际交流协会代表团访问韩国。

担任《东方文化丛书》《东方文化集成》主编。

7 月，任北京大学校务委员会名誉副主任。

《佛教与中国文化》获北京市第二届哲学社会科学优秀成果一等奖。

1992 年（八十一岁）

发表论文《“天人合一”新解》，主张发扬东方的“天人合一”传统，人与自然和谐相处。

女儿季婉如在北京病故。

作为中方代表，参加人民日报与日本朝日新闻社举办的展望 21 世纪亚洲国际讨论会。

印度瓦拉纳西梵文大学授予最高荣誉奖“褒扬奖”。

1993 年（八十二岁）

赴澳门参加东西文化交流国际学术讨论会。

任民盟中央文化委员会副主任。

获北京大学“505”中国文化奖。

受聘为泰国东方文化书院国际学者顾问。

1994 年（八十三岁）

主持撰写的《〈大唐西域记〉校注》获第一届国家图书奖（古籍整理类）。

译著《罗摩衍那》获第一届国家图书奖（文学类）。

应邀赴泰国参加华侨崇圣大学揭幕典礼，受聘为该大学顾问。

散文《赋得永久的悔》获茅盾文学奖。

获中国作家协会中外文学交流委员会授予的彩虹翻译奖。

担任《传世藏书》《四库全市存目丛书》《百卷本中国历史》主编。

受聘为宝山钢铁集团公司宝钢教育基金会顾问。

12 月，夫人彭德华病故。

1995 年（八十四岁）

北京大学季羡林海外基金会建立。

主编《简明东方文学史》获全国高校外国文学教学研究会首届优秀著作奖。

《留德十年》获第二届新闻出版署直属出版社选题奖一等奖。

《中国翻译名家自选集·季羡林卷》由中国工人出版社出版。

1996 年（八十五岁）

北京大学举办“东语系建系五十周年暨季羡林教授执教五十周年庆祝大会”。

《人生絮语》《怀旧集》《我的心是一面镜子》《季羡林学术文化随笔》相继出版。

1997 年（八十六岁）

专著《糖史》由经济日报出版社出版。

主编的《东方文学史》获第三届国家图书奖。

《赋得永久的悔》获鲁迅文学奖。

1998 年（八十七岁）

伊朗德黑兰大学授予荣誉博士学位。

《吐火罗文 A〈弥勒会见记剧本〉》英译本在德国出版。

《季羡林文集》(二十四卷)由江西教育出版社出版。

《牛棚杂忆》由中央党校出版社出版。

1999年（八十八岁）

应邀赴台湾参加人文关怀与社会实践系列学术讨论会。归来写散文《台游随笔》，其中《站在胡适之墓前》获韬奋新闻奖并收入该年度《全国优秀散文选》。

《季羡林文集》获第四届国家图书奖。

印度文学院授予名誉院士头衔。

《季羡林散文全编》由中国广播电视出版社出版。

出席纪念五四运动八十周年国际学术讨论会。

2000年（八十九岁）

《学海泛槎——季羡林自述》由山西人民出版社出版。

《糖史》(国内篇)获长江图书奖。

接受德国哥廷根大学授予的博士学位金质证书（该证书专门发给获得博士学位五十年以上，且在学术上做出突出贡献者)。

写《新世纪新千年寄语》等文章，提出“我们人类要同大自然成为朋友”。

会见台湾学者马树理。

2001年（九十岁）

《千禧文存》由新世界出版社出版。

主编《东方民间故事精品评注丛书》(十五卷)，由辽宁少年儿童出版社出版，同时获冰心儿童图书奖。

《季羡林文丛》(四卷)由沈阳出版社出版。

北京大学出版社出版《季羡林与二十世纪中国学术》一书，全面总结季羡林的学术理论。

5月17日，北京大学举办庆祝季羡林先生九十华诞暨从事东方学研究六十六周年大会。时任国务院副总理李岚清、原全国人大常委会副委员长雷洁琼、外交部长唐家璇发来贺信；外交部副部长李肇星、中央统战部副部长刘延东以及印度、德国、伊朗驻华大使到会祝贺。

向北京大学捐赠图书、字画、手稿等。

在《漫谈伦理道德》一文中提出："人生一世，必须处理好三个关系：第一，人与大自然的关系，也就是天人关系；第二，人与人的关系，也就是社会关系；第三，个人身、口、意中正确与错误的关系，也就是修身问题。这三个关系紧密联系，互为因果，缺一不可。"

应国家档案局聘请，担任中国档案文献遗产工程全国咨询委员会名誉主任委员。

2002 年（九十一岁）

《新纪元文存》由新世界出版社出版。

10 月，写长文《在病中》，郑重提出：辞"国学大师"、辞"学界（术）泰斗"、辞"国宝"。

2003 年（九十二岁）

向清华大学捐赠十五万美元，建立"季羡林文化促进基金"。

1 月 27 日，国务委员、教育部长陈至立到 301 医院看望。

9 月 9 日，时任国务院总理温家宝到 301 医院看望。

9 月 18 日，《胡适全集》出版暨胡适学术思想研讨会召开，作为主编应邀出席大会并讲话。

2004 年（九十三岁）

散文集《清塘荷韵》出版。

9 月 26 日，来自印尼、马来西亚、菲律宾、泰国、新加坡的华文作家齐聚 301 医院，授予季羡林亚洲优秀作家奖，并举行授奖仪式。

当选中国译协名誉会长。

2005 年（九十四岁）

中国孔子基金会成立季羡林研究所。

7 月 29 日，温家宝到 301 医院看望。

2006 年（九十五岁）

《此情犹思——季羡林回忆文集》（五卷）由哈尔滨出版社出版。

《季羡林谈人生》由当代中国出版社出版。

5 月 14 日，北京大学举行"庆祝东方学学科建立六十周年、季羡林教授执教六十周年暨九十五华诞”大会。温家宝写来亲笔贺信，赞扬季羡林为“人中麟凤”。

8 月 6 日，温家宝总理到 301 医院看望，祝贺九十五岁生日。

受聘为 2008 年北京奥运会中国组委会顾问。

9 月，中国翻译协会授予“翻译文化终身成就奖”。

第十九届世界诗人大会在山东泰安召开，被大会授予世界桂冠诗人。

12 月 13 日，被北京大学授予“蔡元培奖”。

2007 年（九十六岁）

1 月 5 日，被中央电视台评为感动中国人物之一，颁奖词是：“智者乐，仁者寿，长者随心所欲。曾经的红衣少年，如今的白发先生，留德十年寒窗苦，牛棚杂忆密辛多。心有良知璞玉，笔下道德文章。一介布衣，言有物，行有格，贫贱不移，宠辱不惊。”

1 月，《病榻杂记》由新世界出版社出版。

3 月，在一次谈话中提出，国学应该是“大国学”概念。

6 月 18 日，香港著名作家金庸夫妇到 301 医院看望。

8 月 6 日，温家宝到 301 医院看望，祝贺九十六岁生日。

10 月 9 日，香港知名演员林青霞到 301 医院看望。

2008 年（九十七岁）

5 月 12 日，被日本学士院聘为客座院士。

6 月 6 日，印度外长慕克吉到 301 医院，代表印度总理辛格授予“莲花奖”（注：“莲花奖”是印度政府授予在科学、文学、艺术和学术方面取得卓越成就人士的最高荣誉）。

6 月，向北京大学捐赠稿费一百万元，建立北京大学季羡林助学金。

7 月，《季羡林全集》编纂在外研社启动。

8 月 2 日，温家宝到 301 医院看望，提前为他祝寿。

8 月 4 日，时任中共中央政治局委员、国务委员刘延东到 301 医院看望。

9 月 27 日，哥廷根大学授予季羡林杰出校友荣誉称号。

10 月 23 日，被评为山东精气神形象大使。

10 月 28 日，香港知名学者饶宗颐到 301 医院看望。

12 月上旬，《季羡林谈义理》由黑龙江人民出版社出版。

12 月 7 日，与儿子季承分别十三年后在 301 医院相见。

2009 年（九十八岁）

7 月 9 日上午，北京首届“成人传统礼仪”在孔庙和国子监隆重举行，一百六十名高中学生参加。当年北京高考文、理科状元刘庭梅和宁少阳受到媒体的高度关注，并收到一份意想不到的礼物，即季羡林赠送的以“高考状元”为抬头，亲笔题词“天道酬勤”、“至德要道”的匾额。

7 月 11 日上午 9 时，因病抢救无效在北京逝世。温家宝、刘延东先后到医院送别。